Martin Papenheim

Kleine Geschichte der Freimaurerei in Hamburg

salierverlag

für Klaus Francke

Martin Papenheim

Kleine Geschichte der Freimaurerei in Hamburg

Salier Verlag

Die 2. Auflage dieser Schrift ist erschienen
mit freundlicher Unterstützung
der Forschungsloge Quatuor Coronati Nr. 808
i. Or. Bayreuth

ISBN 978-3-96285-061-6

2. Auflage 2025

Umschlaggestaltung: Christine Friedrich-Leye
Satz & Layout: InDesign im Verlag
Herstellung: SalierGroup GmbH Salier Verlag,
Eichberg 21, 98673 Eisfeld
Printed in the E.U.

www.salierverlag.de

Inhalt

Einleitung

Seit dem frühen 18. Jahrhundert gehört Geschichtsschreibung zur Freimaurerei. Sie ist Teil ihres Kerngeschäfts. Anfangs handelte es sich um historisch-mythologische Herleitungen, die das Alter, die Würde und die Bedeutung der Freimaurerei dokumentieren und sichtbar machen sollten. Berühmte Vorfahren seien Gelehrte der Antike und die im Alten Testament erwähnten Bauherren gewesen. Dieses Legitimationsverfahren war keineswegs außergewöhnlich. Im Gegenteil: Von der Antike bis zum Beginn der Neuzeit an der Wende vom 18. zum 19. Jahrhundert war es eine allgegenwärtige Argumentationsstrategie, durch den Aufweis großer Herkunft, möglichst in grauer Vorzeit, Ansprüche und Bedeutsamkeit zu untermauern. Nicht das „Neue", sondern das „Alte" legitimierte Stellung und Würde. Dabei scheute man sich nicht, der Wahrheit etwas nachzuhelfen. Die eigene Geschichte wurde gerne bis in legendäre und mythologische Zeiten zurückgeführt. Nicht nur Herrscher, Adelsfamilien und Städte verteidigten so ihre Privilegien und stellten ihre Würde zur Schau, sondern auch Berufsgruppen: Schiffsbauer führten ihre Handwerkskunst etwa auf Noah, den Erbauer der Arche, zurück, Zimmerleute mindestens bis auf die Erbauer der antiken Weltwunder und Schreiner bis zum Heiligen Joseph. Die Steinmetzen, Vorläufer der heutigen Freimaurer, zählten den Baumeister des Tempels Salomon, Hiram Abiff, zu ihren Vorfahren, aber auch die Lehrmeister der Geometrie des klassischen Altertums. Die Freimaurerei übernahm also ein sehr altes Legitimationsverfahren. Nach *Anderson's Constitutions* in den 20er und 30er Jahren des 18. Jahrhunderts, die die Freimaurerei bis in biblische Zeiten zurückverfolgten, entstand eine ganze Reihe weiterer Ursprungslegenden, die die verschiedenen Zweige und Gradsysteme der Freimaurerei „historisch" herleiteten. Am bekanntesten ist die Templerlegende, nach der der Ritterorden im 14. Jahrhundert in Schottland überlebt und sich dort mit der Freimaurerei verbunden habe.

Aus der mittelalterlichen Handwerkertradition übernahm man die Gewohnheit, sich Statuten zu geben und diese wenigstens rudimentär schriftlich festzuhalten. Daraus entstand eine Art freimaurerisches Recht mit einer Unzahl von Organisationsplänen und Regularien – ein Phänomen, dessen Ursache und Erscheinungsformen bis heute nicht wissenschaftlich untersucht worden sind.

Aus praktischen Erwägungen, aber auch aus dem Bedürfnis heraus, sich selbst zu verewigen, wurden schon in der Frühzeit der Freimaurerei Protokolle der Logensitzungen sowie Mitglieder- und Besucherlisten geführt. Viele dieser Papiere sind uns überliefert und zu wichtigen Quellen der Freimaurergeschichte geworden.

Mit dem 19. Jahrhundert setzte dann die „positivistische" Geschichtsschreibung der Freimaurerei ein. Sie war quellenorientiert, versuchte Legenden von Tatsachen zu trennen und stützte sich auch auf das hinterlassene Verwaltungsschriftgut. Der Hamburger Friedrich Ludwig Schröder war mit seinen *Materialien zur Geschichte der Freimaurerey* Anfang des 19. Jahrhunderts ein Pionier dieser Freimaurerhistoriographie. Diese sich der Faktentreue verpflichtete Geschichtsschreibung wollte natürlich auch etwas über die Ursprünge und die Frühzeit der Freimaurerei in Erfahrung bringen und mitteilen. Sie wollte aber auch aufzeigen, dass man nach einer turbulenten Zeit verschiedenster freimaurerischer Systeme, der Irrungen und Wirrungen in der zweiten Hälfte des 18. Jahrhunderts jetzt zu Ruhe und Stabilität gekommen sei. Der Sprung in die Anfänge der Freimaurerei vom ausgehenden 16. bis zum frühen 18. Jahrhundert diente also dazu, gleichsam diese unruhige Phase zu überspringen und als Verirrung darzustellen.

Je weiter das 19. Jahrhundert voranschritt, desto mehr Logengeschichten und Festschriften erschienen anlässlich von Jubiläen, um der Freimaurerei ein Monument aus Worten zu errichten. Die Freimaurer teilen das Bedürfnis, durch schriftliche Veröffentlichungen sich immer wieder ihrer selbst zu vergewissern und sich Denkmäler zu setzen, mit der gesamten bürgerlichen Vereinskultur. Annalistisch aufgebaut, legen ihre Selbstbeschreibungen viel Wert auf die Darstellung der Organisation, führen die Logenbeamten, vor allem alle Meister vom Stuhl, einzeln auf – oft werden diese mit einem Porträt geehrt – und dokumentieren detailliert, wie Spannungen innerhalb der Bruderschaft erfolgreich überwunden worden sind. Sie schildern Feste und berichten von wohltätigen Aktionen. Die „profane Welt" spielt in diesen freimaurerischen Festschriften nur insofern eine Rolle, als sie sich stimulierend oder störend auf das Vereinsleben auswirkt oder Bühne großer Taten, vor allem sozialer Aktionen, ist. Auch die voluminösen Gesamtdarstellungen der deutschen Freimaurerei, die ab jetzt erscheinen, sind von einer solchen Binnensicht auf die Freimaurerei geprägt.

Seit den 1960er Jahren hat nun aber das Interesse der allgemeinen Geschichtswissenschaft an dem bürgerlichen Vereinswesen, wie es seit dem späten 17. Jahrhundert entstand und dann die europäischen Gesellschaften bis in die Gegenwart hinein durchzieht, stark zugenommen und neue Betrachtungsweisen, die über die Binnenperspektive auf einzelne Vereine hinausgehen, eröffnet.[1] Dies hängt mit der Hinwendung der historischen Disziplinen zu sozial- und später kulturwissenschaftlichen Fragestellungen zusammen. Herrschaft und politische Entscheidungen, so die Erkenntnis, spielen sich nicht nur in der Sphäre des Staates ab, sondern sind auch in der Gesellschaft verankert. Neben sozialen und wirtschaftlichen Strukturen interessieren sich die Forschenden deshalb für den gesellschaftlichen und politischen Einfluss von Unternehmen, Organisationen, Gruppen und Familien, und sie untersuchen soziale Netzwerke, die politische Karrieren, gesellschaftlichen Einfluss und wirtschaftlichen Erfolg hervorbringen oder stützen.

Solche Vernetzungen laufen in der modernen westlichen Gesellschaft seit der Wende vom 17. zum 18. Jahrhundert zu einem Gutteil über Vereine. Der moderne Verein entspricht der Vorstellung vom Bürger als sich selbst bestimmendes freies Subjekt. Der soziale Verkehr soll frei sein von fürstlich-staatlichem oder kirchlichem Reglement. Man will sich auch außerhalb der Familie, des Standes oder Berufes treffen. Im Gegensatz zu den viel älteren sogenannten Einungen, wie Nachbarschaften, Handwerksgilden und Bruderschaften, ist die Mitgliedschaft in diesen neuen Assoziationen deshalb immer freiwillig.

Die Freimaurerei, die in der Handwerkstradition der Bauhütten ihre Wurzeln hat, war ein Bindeglied zwischen diesen älteren Einungen und den modernen Assoziationen.

Nach den Sprachgesellschaften spielte sie in der bürgerlichen Vereinskultur schon früh im 18. Jahrhundert eine gewichtige Rolle. Dabei war ihre Hauptfunktion eine neue – von kirchlichen Autoritäten unabhängige – spirituell-moralische Reflexion über das Verhältnis von Göttlichkeit, Natur und menschlicher Sittlichkeit. Ihre Methoden waren Symbole und Rituale, die sie, wenigstens in ihrer Frühphase, den Aufnahme- und Beförderungsritualen der Bauhütten entlehnt hatten. Die Freimaurerei wurde zu einer Art Gewissensanstalt der entstehenden bürgerlichen Gesellschaft aus idealerweise freien, gleichen und verantwortungsvollen Individuen. Dementsprechend wurde sie –

allerdings mit beträchtlichen Einschränkungen – auch eine Art Schule, um ständeübergreifend demokratische Organisationsformen und Partizipationsmöglichkeiten einzuüben.

Neben diesem Hauptzweck, den „bürgerlichen Wertehimmel" (Manfred Hettling) abzustützen, hat die Freimaurerei von Anfang an eine Reihe von sekundären Funktionen gehabt, die für eine sozialwissenschaftlich orientierte Geschichtswissenschaft besonders interessant sind. Sie war und ist auch eine Freizeiteinrichtung. Ihr Gradsystem erlaubt es, eine Art Karriere zu machen, ihre Ämter vermitteln Bedeutung und Verantwortung. Der Freimaurerei anzugehören, kann prestigeträchtig sein. Vor allem schafft sie – wie die Mitgliedschaft in jedem Verein – die Möglichkeit, soziale Netzwerke aufzubauen. Im Falle der Freimaurerei können diese sich auf die jeweilige Lokalität der Loge beschränken, aber auch regionale, ja internationale Reichweite besitzen. Die Bedeutung dieses freimaurerischen Netzwerkes war zumindest bis Mitte des 19. Jahrhunderts, seitdem mit dem Telegrafen ein neues schnelles Kommunikationsmedium zur Verfügung stand, sehr groß und effizient. Die Zugehörigkeit zur Freimaurerei signalisierte eine große Vertrauenswürdigkeit unter Brüdern auch über große Entfernungen hinweg, wie sie ansonsten nur durch persönliche Empfehlungen oder durch Familienzugehörigkeit garantiert werden konnte. Vor allem im kaufmännischen Bereich war die „Ehre" des Geschäftspartners enorm wichtig.[2]

Hatte zunächst das Verhältnis von freimaurerischen Werten und Partizipationseinübungen zur entstehenden bürgerlichen Gesellschaft schon in den 50er und frühen 60er Jahren die Geschichtswissenschaft und die Soziologie interessiert,[3] wurde die Freimaurerei nun also hinsichtlich ihrer politischen, sozialen und kommunikativen Funktionen in viel breiterem Maße Thema wissenschaftlicher Untersuchungen.[4] Allerdings behinderten die Forschung Vorurteile gegenüber dieser „geheimen Gesellschaft" auf der einen und die zögerliche Öffnung vieler freimaurerischer Archive auf der anderen Seite.

Seit den 1990er Jahren hat jedoch eine historische, sozialwissenschaftlich orientierte Freimaurerforschung einen weiteren starken Aufschwung erlebt. Neue Fragestellungen der Geschichtswissenschaft, der Literatur- und Ritualwissenschaften werden nun dank der Zugänglichkeit vieler freimaurerischer Archivbestände aufgegriffen. Alte, als gesichert geltende „Tatsachen" werden durch neue Quellenstudien kritisch überprüft und gegebenenfalls korrigiert.[5]

Bis heute herrscht allerdings ein Mangel an Studien, die die Rolle der Freimaurerei in den deutschen Städten behandeln, die also die

Erforschung der Logen mit der ihrer lokalen Umgebung verbinden. Einige Publikationen sind jedoch zu nennen. Winfried Dotzauer beschäftigte sich mit der Ausbreitung der Aufklärung am Oberrhein im 18. und frühen 19. Jahrhundert und förderte dabei auch eine Reihe ortsgeschichtlicher Details zu Tage.[6] Holger Zaunstöck publizierte 1999[7] eine Studie zur mitteldeutschen Logenlandschaft im 18. Jahrhundert. 2010 hat Marcus Meyer eine Dissertation zur Freimaurerei und Bürgerlichkeit in Bremen vorgelegt, die eine gelungene Verklammerung von Stadt- und Freimaurergeschichte darstellt und den langen Zeitraum vom 18. bis zum 20. Jahrhundert behandelt.[8] Christian Wirkner untersuchte das Logenleben in Göttingen im 18. Jahrhundert. Seine Dissertation gibt unter anderem hochinteressante Auskünfte über die nationale und internationale Vernetzung der Göttinger Freimaurerei, jedoch kaum etwas zum Verhältnis von Stadt- und Freimaurergeschichte.[9] Demgegenüber bietet der Aufsatz von Karlheinz Gerlach über die Berliner Freimaurer im Jahr 1783 wertvolle Einsichten in die Berliner Stadtkultur.[10] Die bahnbrechende Studie von Stefan-Ludwig Hoffmann zur deutschen Freimaurerei im 19. und frühen 20. Jahrhundert vermittelt, obwohl keine Stadtgeschichte, eine Fülle interessanter Details über die Logen in Leipzig und Breslau und ihr städtisches Umfeld.[11] Ansonsten herrscht gerade für den Zeitraum ab dem Vormärz ein Mangel an Studien über die deutschen Logen und ihr Umfeld.[12]

Dabei ist die Verbindung von Freimaurer- und Stadtgeschichte äußerst fruchtbar. Freimaurerei ist nämlich ein städtisches Phänomen. Die europäische Stadt zeichnet sich dabei durch eine lange Tradition politischer, in diesem Sinne bürgerlicher Partizipation durch mindestens einen Teil der Bevölkerung aus. Bürgerlichkeit im Sinne des schichtenspezifischen Lebensstils ist dabei ebenfalls engstens verbunden mit der Sozialstruktur und der Kultur der Stadt. Sie ist der Raum, wo neue Kommunikationsformen, vom Kaffeehaus bis zum Verein, entstanden. Hier entwickelte sich eine von den Herrscherhöfen unabhängige Musik- und Theaterkultur. Anstelle fürstlicher Galerien wurden städtische Museen eröffnet. An die Stelle der fürstlichen Repräsentation trat die bürgerliche Selbstdarstellung. Und hier vor allem ist der bürgerliche Verein zuhause.

Wir wüssten nun gerne anhand ihrer Mitgliederzahlen und -struktur, welches Gewicht die Freimaurerlogen in der jeweiligen Stadt hatten. Eine präzise Einstufung der Freimaurer in die soziale Schichtung der Stadtgesellschaft könnte erfolgen, das Potenzial der Freimaurerei, Netzwerke zu bilden, ausgemessen werden. Dabei ist zu fragen, wie sich diese Netzwerke mit anderen sozialen Verflechtungen, wie mit weiteren Vereinen und vor allem Familienbünden verbinden. Sozialhistorische Studien könnten weiterhin der Rolle der Freimaurerlogen als Träger von Stiftungen und karitativen Einrichtungen nachgehen und kulturhistorische Untersuchungen sich der Festkultur der Logen widmen.

Quellenmaterial für solche Untersuchungen über die Rolle der Freimaurerei in der Stadtgesellschaft ist in aller Regel reichlich vorhanden. Notwendig für eine solche Arbeit wäre es, die verschiedenen Quellengattungen der Stadtgeschichte, der Geschichte von Vereinen, Familien und der Logen geschickt miteinander zu kombinieren.

Für die deutsche Freimaurerei war und ist Hamburg, Deutschlands bedeutendste Hafenstadt, eine ihrer wichtigsten Wirkungsstätten. Hier ging sie eine einzigartige Verbindung mit bürgerlicher Herrschaft, großstädtischer Kultur und internationalem Handel ein. Nur in Berlin hat es bis heute mehr Freimaurerlogen als in Hamburg gegeben. Für den vorliegenden Band konnten und sollten eigene Quellenstudien jedoch nicht durchgeführt werden. Diese „Kleine Geschichte der Freimaurerei in Hamburg“ kann nicht abschließend das Verhältnis von Freimaurerei und hamburgischer Stadtgeschichte darstellen. Stattdessen versteht sich der Band als eine Einführung in die Thematik und soll zu weiteren Forschungen auch über die Freimaurerei in anderen Städten anregen. Das Buch richtet sich nicht nur an Freimaurerinnen und Freimaurer, sondern an alle an der Freimaurerei oder an der hamburgischen Geschichte Interessierte.

Die Bandbreite der Themen, die angesprochen werden, ist indessen weit gespannt: Behandelt werden die Logengründungen in Hamburg, die soziale Stellung der Freimaurerei in der Stadtgesellschaft, ihre Rolle als über Hamburg ins Umland und später international ausgreifendes Netzwerk. Wie sich die Freimaurerei in die liberale und pragmatische Politik der Stadt zunächst einschrieb, aber später von der Veränderung der Bevölkerungsstruktur und den damit einhergehenden sozialen und politischen Problemen abkoppelte, ist genauso darzustellen, wie ihre Bedeutung für die städtische Musikkultur, die Kunst und die Architektur. Ihre philantropischen Leistungen sind zu würdigen. Weiterhin wird das Verhältnis des wirtschaftlich, sozial und kulturell bedeutenden jüdischen Bevölkerungsanteils zur Freimaurerei zu behandeln sein.

Die Studie kann sich auf eine Reihe von informativen Vorarbeiten stützen. Über die innere Geschichte der Freimaurerei in Hamburg sind wir vor allem dank der informativen Arbeiten von Carl Wiebe,

Friedrich Kneisner und Rudolf Appel gut informiert.[13] Sie liefern das Grundgerüst und zahlreiche Details für den vorliegenden Band. Besonders hervorgehoben werden muss das informative und ansprechend gestaltete Werk von Christian Polscher: „Streifzüge durch Hamburg".[14] Es ist für den Verfasser ein Vademecum durch das freimaurerische Hamburg gewesen. Aufbauend auf dieser Publikation hat Christian Polscher kürzlich zusammen mit Wolfgang Henkel ein weiteres, ähnliches Werk vorgelegt.[15] Neben weiterer gedruckter Literatur wurde auch eine Reihe von Internetseiten herangezogen.

Freimaurerische „Fachbegriffe" werden in einem Glossar im Anhang erläutert.

Zur Hamburger Stadtgeschichte steht die bei Hoffmann und Campe 1982 und 1986 erschienene zweibändige, von ausgewiesenen Fachleuten geschriebene Darstellung zur Verfügung. Ihr folgt das vorliegende Buch in dem, was die allgemeine Geschichte der Stadt angeht.[16] Neben einigen anderen Werken wurde Eckart Klessmanns Geschichte der Stadt Hamburg ergänzend herangezogen.[17] Darüber hinaus ist auf das kleine, aber gut geschriebene und gedankenreiche Buch zur Geschichte Hamburgs von Martin Krieger hinzuweisen.[18] Empfohlen werden muss das Buch „Zwischen Himmel und Elbe" des Germanisten Jan Bürger, das die Hamburger Geschichte von der Literatur her beleuchtet.[19] Für die Personengeschichte ist außer der „Hamburgischen Biographie"[20] die Website hamburgerpersoenlichkeiten.de eine gut aufbereitete und leicht zugängliche Informationsquelle.

Aber nicht nur auf den wissenschaftlichen und sachkundigen Vorarbeiten anderer beruht jedes Buch, sondern es bedarf auch immer weiterer Hilfestellungen unterschiedlicher Art, bis ein gedrucktes Werk das Licht der Welt erblickt. Monika Schneider hat hieran einen erheblichen Anteil gehabt. Bastian Salier hat für den letzten Schliff gesorgt und das Buch dankenswerter Weise in sein Verlagsprogramm aufgenommen. Vor allem aber hat erst die großzügige finanzielle Unterstützung durch die *Friederike und Werner Jahn Stiftung* mir die Möglichkeit gegeben, dieses Buch zu schreiben. Ihrem Vorstand Dr. Stephan Schmanns, Ralf Lühning und Michael Keller, gebührt deshalb mein aufrichtiger Dank.

Teil I

Die Freimaurerei in Hamburg von 1737 bis 1814:

Die Zeit der Gründungen und der Selbstfindung

Am Nikolausabend des Jahres 1737 kamen in einem Hinterzimmer des Weinlokals „D'Angleterre" in der Großen Bäckerstraße in Hamburg sechs Freimaurer zusammen, um nach englischer Sitte Loge zu halten. Sie nahmen, durchaus praktisch denkend, an diesem Abend den Wirt der Taverne, Jens Arbien, in den Freimaurerbund und in die Loge auf. Sie beschlossen, fortan sich an den ersten vier Samstagen des Monats abends um 8 Uhr zu versammeln. War ein Logenpatent, das der Großmeister der Großloge von London und Westminster, Earl of Strathmore, 1733 für eine Logengründung in Hamburg erteilt hatte, noch folgenlos geblieben,[21] so erblickte jetzt vier Jahre später die *Loge d'Hambourg* und damit die Freimaurerei in Deutschland das Licht der Welt.

Freimaurerei

Die Geschichte der Freimaurerei reicht bis ins späte 16. Jahrhundert zurück. Sie entstand in Schottland, England und Irland aus den Bauhütten der Steinmetzen, die seit altersher über einen reichen Legendenschatz und über besondere Gebräuche verfügten. Als Wanderarbeiter, die an Großbaustellen, vor allem Kirchenbauten, beschäftigt waren, waren sie besonders auf den Schutz und die Qualitätssicherung ihrer Arbeit angewiesen. Ihr Brauchtum übte ab dem 16. Jahrhundert auch einen Reiz auf an geheimem Wissen, Symbolik, Architektur und Geometrie interessierte Nicht-Maurer aus. Die Freimaurerei (*freemason* war der Maurer, der den *freestone*, also den besonders verzierten Schlussstein bearbeiten konnte) entwickelte sich zu einer Art spekulativer Erkenntnis- und Morallehre, die in den sogenannten „Arbeiten" durch Rituale und Symbole vermittelt wurde. Aus dem „Lehrling" der Handwerker wurde ein Mann,[22] der in die Freimaurerei eingetreten war und ihre Lehren erlernen wollte, das Winkelmaß zu einem Symbol der Rechtschaffenheit. Im Kern lehrte die Freimaurerei bürgerliche Rechtschaffenheit freier und gleicher Menschen in Respekt vor einer göttlichen Weltenordnung.

Die Freimaurerei war aber bis in das frühe 18. Jahrhundert hinein eine ziemlich unbedeutende Vereinigung, die sich von anderen *Societies* und *Clubs* kaum unterschied. Erst als 1721 der Duke de Montagu in London zum *Grand Master* der *Grand Lodge of London and Westminster* gewählt wurde, steigerte dies merklich ihr Ansehen im In- und Ausland. Englische und schottische Emigranten, adlige Persönlichkeiten, Diplomaten, Offiziere, aber auch Handwerker brachten die neue Sitte „Loge zu halten“ auf das Festland. Residenz- und Hafenstädte sowie Handelszentren waren die ersten Orte, in denen sich Logen gründeten.

Die ersten Logen in Kontinentaleuropa entstanden in Frankreich, wo die Freimaurerei durch jakobitische Emigranten in Paris schon um 1726 eingeführt wurde. Die Umgebung der Hauptstadt, die Hafenstädte Bordeaux und Marseille, Valenciennes, Avignon und Toulouse folgten. In den folgenden Jahrzehnten breitete sich die neue Sitte, Loge zu halten, in ganz Europa und in den europäischen Kolonien aus. Befördert wurde dies dadurch, dass nach dem „französischen“ Zeitalter Ludwigs XIV. im 18. Jahrhundert englische Kultur und Lebensart, die vergleichsweise liberalen politischen Gegebenheiten in Großbritannien und vor allem auch die empiristische Philosophie und Naturwissenschaft, allen voran die Isaac Newtons und der Royal Society, auf die aufklärerische Kultur in ganz Europa großen Einfluss ausübten. Diese Anglophilie begünstigte die Ausbreitung der Freimaurerei, wie diese umgekehrt die Englandbegeisterung auf dem europäischen Festland beförderte.

Mittelpunkt der städtischen adligen und gehoben-bürgerlichen Geselligkeit war bis weit ins 19. Jahrhundert hinein das „Haus“, wo man sich zu einem halböffentlichen Salon oder zur Abendstunde im Kreise von Freunden und Bekannten zusammenfand. Familien trafen sich zum gemeinsamen Essen, in Hamburg „Kränzchen“ genannt.[23] Als die Freimaurerei auf dem europäischen Kontinent ankam, gab es darüber hinaus schon einige Vereinigungen, in denen Adel und Bürgertum außerhalb der eigenen Anwesen regelmäßig miteinander verkehrten. Die an Bildung Interessierten trafen sich zum Beispiel in Gelehrtenvereinigungen und Sprachgesellschaften, in patriotischen Gesellschaften diejenigen, die sich zur öffentlichen Wohltat und Tugendförderung berufen fühlten. Außerdem sind noch das Schützenwesen und nachbarschaftliche Vereinigungen und in katholischen Gebieten die kirchlichen Bruderschaften zu nennen. Aber es gab bisher keine Vereinigungen, in denen man einem gewissen Interesse an Esoterischem und Geheimnisvollem nachgehen konnte, und was wohl noch wichtiger war, sich stände- und auch ortsübergreifend miteinander austauschen konnte. Während in der elitären Gelehrtenrepublik der intellektuelle Austausch allein aufgrund gemeinsamer Interessen vor Ort durch das Gespräch und in die Ferne vor allem durch Briefe schon lange möglich und üblich war, wurde es jetzt für jedermann, der Freimaurer wurde, möglich, sich vor Ort mit Mitgliedern anderer Stände, Berufe und religiöser Konfessionen auszutauschen und in der

Ferne um mögliche Ansprechpartner für Belange aller Art zu wissen. Die Freimaurerei war dabei weltanschaulich viel offener als kirchliche Vereinigungen, ja sie war sogar konfessionsübergreifend. Gegen Ende des 18. Jahrhunderts hat Joseph de Maistre deshalb die Freimaurerei als *passepartout des Lumières* bezeichnet.

Als die Freimaurerei 1737 nach Hamburg kam, fand sie in dieser kosmopolitischen und von Bürgersinn geprägten Stadt mit ihrer aufblühenden Vereinskultur ideale Startbedingungen vor. In keiner anderen deutschen Stadt, abgesehen von Berlin, spielte die Freimaurerei fortan eine solch große gesellschaftliche Rolle wie in Hamburg.

Hamburg im 18. Jahrhundert und während der Franzosenzeit

Die Reichsstadt Hamburg hatte 1710 75.000 Einwohner und wuchs bis Ende des Jahrhunderts auf 130.000 an. Nur ein kleiner Teil der Einwohnerschaft genoss allerdings das volle Bürgerrecht und konnte somit an den Wahlen zu den städtischen und kirchlichen Gremien teilnehmen und besaß die volle Handels- und Gewerbefreiheit. Regiert wurde die Stadt seit dem Hauptrezeß von 1712 von einem sich selbst kooptierenden Rat zusammen mit der Erbgesessenen Bürgerschaft.[24] Hamburg war im 18. Jahrhundert die bedeutendste Handelsmetropole in Deutschland und der wichtigste Warenumschlagplatz im nordwesteuropäischen Raum.

Zu Anfang des Jahrhunderts löste England die Niederlande als wichtigster Handelspartner ab. Von dort stammten mehr als 50 % aller Auslandsimporte, ehe in der zweiten Jahrhunderthälfte Frankreich der wichtigste Handelspartner wurde. Französische Kolonialwaren, vor allem Kaffee und Zucker, gelangten aus Westindien über Hamburg auf den deutschen und skandinavischen Markt.[25] Umgekehrt importierte Frankreich über Hamburg Getreide, Holz und andere Naturprodukte.[26] Handel wurde auch mit Russland, Skandinavien, der iberischen Halbinsel, den Vereinigten Staaten[27] und natürlich weiterhin mit den Niederlanden geführt. Neben dem Fernhandel blieb auch der wirtschaftliche Verkehr mit dem Umland, vor allem dem nahegelegenen Dänemark wichtig.

Hamburg exportierte auch eigene Produkte: der Zucker wurde in Siedereien raffiniert, Tran aus dem Walfang wurde in St. Pauli gekocht. Es gab eine Kattun-Manufaktur, Tabakfabriken, eine angesehene Goldschmiedekunst und Möbelproduktion.[28] Demgegenüber hatte das einst berühmte Hamburger Bier schon seit dem frühen 17. Jahrhundert an Bedeutung verloren. Insgesamt war im 18. Jahrhundert der Warenaustausch für Hamburg bedeutender als das Gewerbe.

Der rege Handel führte dazu, dass Hamburg zum, wie man heute sagen würde, wichtigsten Datenknotenpunkt im nordwesteuropäischen Raum wurde, weil die Kaufleute ständig auf verlässliche Nachrichten angewiesen waren.[29] Seit 1618 informierte die *Wöchentliche Zeitung* die Hamburger über das aktuelle Geschehen. Immer mehr Zeitungen erschienen in der Folgezeit, und die Elbstadt entwickelte sich zu einer bedeutenden Pressestadt im Reich – was sie bis heute geblieben ist. Auch der Buchhandel florierte, und die Stadt beheimatete eine Reihe von Literaten und Poeten, was auf die relativ liberale Zensur zurückzuführen war. Ebenfalls gediehen Malerei und Musik in diesem umtriebigen Klima. Eine Reihe bedeutender Kunstsammler und 140 nachweisbare Kunstauktionen im Laufe des 18. Jahrhunderts belegen den hohen Rang, den die Bildende Kunst für das Hamburger Bürgertum hatte. Seit 1678 verfügte die Stadt als erste im Reich über ein öffentliches Opernhaus, in dem bis Ende 1738 über 270 Opern zur Aufführung kamen. Das Gebäude am Gänsemarkt wurde danach

Hamburg 1735, zeitgenössischer Stich

mehr und mehr für Schauspiele genutzt, an dem eine Reihe von Freimaurern, darunter Friedrich Ludwig Schröder, Conrad Ekhof und Friedrich Ludwig Schmidt und für kurze Zeit Gotthold Ephraim Lessing tätig waren. In diesem sogenannten *Comödiantenhaus* erlebten eine Reihe von bedeutenden Theaterstücken ihre Premiere, darunter Lessings *Minna von Barnhelm*, Goethes *Clavigo* und Schillers *Don Carlos*.[30]

Zum lebhaften Kulturleben der Stadt gehörten auch die Kaffeehäuser. In der zweiten Hälfte des 17. Jahrhunderts war es im Bürgertum modern geworden, nicht das müde machende Bier, sondern den wachmachenden Kaffee zu trinken. 1677 gründete ein Engländer in Hamburg das erste Kaffeehaus in Deutschland. Um 1700 waren es schon sechs an der Zahl.[31] Daneben gab es weiterhin viele traditionelle Gasthäuser. Ein bekanntes Ausflugslokal war das *Baumhaus*, das 1662 erbaut, einen großen Konzertsaal für rund 200 Personen hatte und in dem bekannte Komponisten wie Georg Philipp Telemann ihre Werke aufführten.[32]

Hamburg verfügte im 18. Jahrhundert über ein vergleichsweise reiches Vereinsleben.[33] 1715 gab es den Literatur- und Sprachzirkel *Teutsch übende Gesellschaft*. 1723 gründete sich die *Patriotische Gesellschaft*, die ab 1724 die Zeitschrift *Der Patriot* herausgab. Sie erreichte eine Auflage von rund 4000 Exemplaren. Das Herausgebergremium, das sich hinter einem fiktiven Verfasser verbarg, bestand aus Ratsherren, Bürgermeistern und Akademikern. Führend waren drei Gymnasialprofessoren: Johann Albert Fabricius, Michael Richey und Johann Hübner, sowie der Dichter und Ratsherr Berthold Heinrich Brockes. Unter „Patriotismus" verstand man einerseits die Pflege der deutschen Sprache, wie sie in den älteren Sprachgesellschaften geübt wurde, andererseits nach englischem Vorbild die Beförderung der bürgerlichen Tugenden.[34] Er zielte darauf ab, nach dem Hauptrezeß von 1712, der das Verhältnis zwischen Rat und Bürgerschaft abschließend geregelt hatte, eine gemeinsame Identität der Hamburger Gesellschaft heranzubilden.[35] Einen zweiten aufklärerischen Zirkel gründeten Kaufleute und Gelehrte in den frühen 30er Jahren im *Dresserschen Kaffeehaus*. Schließlich gab es eine Reihe weiterer Vereinigungen, in denen praktisches Wissen, wie etwa seit 1690 in der *Kunstrechnungsliebenden Sozietät* gepflegt wurde, oder in denen bestimmte Berufe wie im *Freitags-Collegium von Rechtsgelehrten* seit 1722, zusammenkamen. 1737/38 gründete sich der erste Schülerverein am Akademischen Gymnasium.

Die erste *Patriotische Gesellschaft* scheint nur etwa zwei Jahrzehnte bestanden zu haben. Nach dem Siebenjährigen Krieg gründeten nach Londoner Vorbild der Jurist Johann Ulrich Pauli, der Pädagoge und Professor für Mathematik Johann Georg Büsch – ein Freimaurer –, der lutherische Theologe Theodor Hermann Samuel Reimarus, sein Sohn, der Arzt Johann Albert Heinrich Reimarus, und der Architekt Ernst Georg Sonnin, ebenfalls Freimaurer, 1765 eine zweite *Patriotische Gesellschaft*, die *Hamburgische Gesellschaft zur Beförderung der Künste und nützlichen Gewerbe*. Sie spielte fortan in der Hamburger Gesellschaft eine herausragende Rolle, wurde in ihr doch alles diskutiert, was aus aufklärerisch-sozialreformerischer Sicht für die Stadt wichtig war: Gesundheitswesen und öffentliche Hygiene, Schulen, Landwirtschaft und Gewerbe. Die Gesellschaft engagierte sich stark im berufsbildenden Schulwesen. Der sozialmoralische Diskurs, wie bei der ersten *Patriotischen Gesellschaft*, wich dem eines der sozialökonomischen Reformen.[36] Die *Patriotische Gesellschaft* stand auch Minderheiten offen, so dass neben Lutheranern auch Mennoniten, Reformierte und Katholiken Mitglieder wurden. Juden wurden erst nach 1800 aufgenommen.[37]

Neben weiteren kleineren patriotischen und praktisch-wohltätigen Vereinen entstanden ab 1770 die Lesegesellschaften und mit der Französischen Revolution einige mit den Entwicklungen in Frankreich sympathisierende Zirkel, die aber nicht lange Bestand hatten. 1789 wurde mit der Gesellschaft *Harmonie* ein neuer Typus von Sozietät gegründet: der Club, in dem man sich zum Dinieren, zum Spielen und anlässlich künstlerischer Darbietungen traf. Im Lesezimmer lagen die neuesten Journale aus, aufklärerisch gesinnt diskutierte man die tagesaktuellen Ereignisse und grundlegende Themen der Philosophie. Zehn Jahre später hatte die *Harmonie* schon mehr als 500 Mitglieder.[38]

In den Hamburger aufklärerisch gesinnten Vereinen waren Magistrate, Kaufleute, Gelehrte und Künstler gleichermaßen vertreten. Lediglich zur lutherischen Orthodoxie neigende Geistliche erschienen dort nicht. Die Vereine verbanden durchweg das Interesse an Philosophie, Sprache und Kunst mit dem an „nützlichen" Kenntnissen und Tätigkeiten und verknüpften das Räsonieren mit praktischer Wohlfahrts- und Bildungsarbeit. Die Vereine waren ein tragendes Element dessen, was wir heute als Zivilgesellschaft bezeichnen. Im späten 18. Jahrhundert gehörten auch Frauen zu den führenden Lesegesellschaften und Salons der Hamburger Gesellschaft. In der Lesegesellschaft, die 1770 Friedrich Gottlieb Klopstock gegründet hatte, wählten die

Frauen der Mitglieder die Lektüre aus.[39] Viele kamen auf der Durchreise nach Hamburg als bedeutendste Hafenstadt im Nordwesten des Reiches: Schiffer, Kaufleute, Diplomaten und Militärs machten hier Station. Von ihnen blieb mancher auch für eine gewisse Zeit in der Stadt. Andere ließen sich an der Elbe nieder. Von 1567 bis 1577 und dann durchgängig von 1611 bis 1806 unterhielten englische Kaufleute, die sogenannten *Merchant Adventurers,* in Hamburg eine Handelsniederlassung. Während diese von der einheimischen Bevölkerung weitgehend getrennt lebten,[40] gehörten Kaufmannsfamilien aus den Niederlanden und aus dem Aachener Raum, die als Glaubensflüchtlinge vor den katholischen Spaniern Anfang des 17. Jahrhunderts nach Hamburg gekommen waren, zu den einflussreichsten und reichsten Hamburger Kaufleuten. Nach der Aufhebung des Edikts von Nantes 1685 ließen sich eine Reihe von Hugenotten in Hamburg nieder. Ebenfalls suchten Juden Schutz in der Stadt und schätzten sie als Handelsmetropole. Aus Portugal stammende dominierten den Pfefferhandel und machten Hamburg zu einem wichtigen Umschlagplatz für Gewürze.[41]

Nicht alle aus der weiteren Fremde Zugezogene waren wohlhabende und einflussreiche Kaufleute. Glaubensflüchtlinge stammten aus allen Schichten. Auch diejenigen aus dem Umland, aus dem die meisten Zugezogenen stammten, suchten mit unterschiedlichem Erfolg ihr Glück in der großen Stadt. Bildende Künstler, Musiker und Poeten ließen sich in der lebhaften Stadt nieder und hofften auf Aufträge oder zeitweilige Engagements. Oftmals blieb ihre wirtschaftliche Lage prekär. Selbst Lessing musste Hamburg wieder verlassen, weil das Schauspielhaus wegen fehlender finanzieller Mittel zeitweilig geschlossen werden musste.[42]

Insgesamt herrschte im Hamburg des 18. Jahrhunderts ein im Vergleich zum übrigen Reich liberales Klima. „Stadtluft macht frei" galt für Hamburg in besonderem Maße, denn nur mit einer gewissen Toleranz gegenüber Fremden und Minderheiten war internationaler Handel überhaupt möglich. Allerdings hatte diese Toleranz auch ihre Grenzen. Der Einfluss des lutherischen Kirchenregiments auf die Politik und die Gesellschaft war bis in die 1760er Jahre nicht zu unterschätzen. Orthodoxe und Pietisten bekämpften sich, und der Fragmentenstreit um die nachgelassenen Schriften des Reimarus zwischen Lessing und dem lutherischen Pastor Johann Melchior Goeze fand landesweit Aufmerksamkeit. Letzterer wetterte gegen alles, was nicht seiner Vorstellung von lutherischer Orthodoxie entsprach. Er wurde zur Zielscheibe der Aufklärer und Freigeistigeren, vor allem der Sekretär der Herzöge von Holstein-Gottorp in Hamburg, Johann Matthias Deyer, setzte dem konservativen Pastor in Gedichten arg zu. Umgekehrt schaffte es Goeze 1763, dessen Schrift *Schöne Spielwerke beim Wein, Punsch, Bischof und Crambambuli* durch den Henker verbrennen und den Autor des Landes verweisen zu lassen.[43] Trotzdem war der Einfluss der lutherischen Orthodoxie im Schwinden. Die Aufklärung, die sich durch die Vereine, durch Musik und Schauspiel, in philosophischen und pädagogischen Schriften und in neuartigen Bildungseinrichtungen ausbreitete, gewann im Laufe des Jahrhunderts, vor allem ab den 1760er Jahren immer mehr an Einfluss, wobei auch der Rat in die Auseinandersetzungen mäßigend eingriff und sich von der lutherischen Orthodoxie distanzierte.[44]

Das Bürgerrecht war indessen nur männlichen Lutheranern vorbehalten.[45] Erst ab 1785 durften Reformierte und Katholiken öffentlich ihre Religion ausüben. Die Juden unterlagen Restriktionen, was ihre wirtschaftliche Betätigung anging. Gottesdienst durften sie nur im Privaten abhalten.[46] Ihre Diskriminierung stand gegen Ende des 18. Jahrhunderts zunehmend auf der öffentlichen Tagesordnung. Ihre gesellschaftliche und politische Ausgrenzung erschien angesichts des entstehenden modernen Nationalstaates, der auf der Gleichheit aller Bürger beruht, immer unzeitgemäßer. Für die Aufklärung, die den modernen Begriff der Menschheit und des Mensch-seins entwickelt, war „die Einbeziehung der Juden" geradezu der „Prüfstein" ihres universalen Anspruchs.[47]

Schließlich war die „Judenfrage" in Hamburg deshalb so virulent, weil mit 6500 Angehörigen um 1800 in keiner anderen deutschen Stadt die Zahl der Juden höher als in Hamburg lag, wenn auch prozentual im benachbarten dänischen Altona ihr Bevölkerungsanteil stärker war.[48] Und schließlich gab es in Hamburg und Altona jüdische Kaufleute, deren gesellschaftliche Diskriminierung angesichts ihrer wirtschaftlichen Bedeutung immer unglaubhafter erschien. Abgesehen von der Zeit französischer Herrschaft, war die rechtliche Gleichstellung der Juden jedoch erst nach Mitte des 19. Jahrhunderts abgeschlossen.

Immerhin wurde das Thema der Judenemanzipation aber seit den 90er Jahren des 18. Jahrhunderts lebhaft in publizistischen Beiträgen und in Flugschriften diskutiert, hatte doch die französische *Assemblée législative* die Juden als gleichberechtigte *citoyens* anerkannt – um den Preis, dass diese ihren Status als Gemeinde mit Sonderrechten aufgaben. Nur wenige Stimmen setzten sich aber in Hamburg für eine bedingungslose Gleichberechtigung der Juden ein. Meistens wurde diese von ihrer Assimilierung abhängig gemacht. Unterhalb der politisch-rechtlichen Ebene schritt die gesellschaftliche Integration der Juden jedoch wenigstens ein Stück voran. Sie konnten zum Beispiel jetzt der *Patriotischen Gesellschaft* beitreten. Da jedoch andererseits der führende gesellschaftliche Club, die 1789 gegründete *Harmonie*, keine Juden aufnahm, gründeten diese 1798 als Konkurrenz die *Ressource*.[49]

Die Vorbehalte gegenüber Juden blieben groß. Lessings *Nathan der Weise* wurde weiterhin nur in privaten Kreisen gelesen. Erst im 19. Jahrhundert konnte das Werk öffentlich aufgeführt werden.[50]

Die Französische Revolution nahmen die Hamburger intensiv war, schließlich war Frankreich ein wichtiger Handelspartner der Elbmetropole. Da zudem die Pressezensur in Hamburg liberal gehandhabt wurde, erschienen revolutionsfreundliche und demokratische Blätter für den norddeutschen Raum vornehmlich in Hamburg und im benachbarten, noch liberaleren Altona. Viel wurde publiziert, aber für die revolutionäre Tat fehlten in Hamburg alle Voraussetzungen. Die stadtrepublikanische Verfassung trug zur Stabilität des Gemeinwesens bei. Die Vereine boten dem Bürgergeist ein reiches Betätigungsfeld und fingen so die Wünsche nach gesellschaftlicher und politischer Teilhabe ab. Dies bedeutet nicht, dass es in Hamburg nicht auch Revolutionsfreunde gegeben hätte. Der bekannteste war zweifellos der Dichter Klopstock, der 1792 französischer Ehrenbürger wurde. Aber sie stellten eine räsonierende Minderheit und keine wirkliche politische Kraft dar.

Seit 1806 von den Franzosen besetzt, wurde Hamburg im Dezember 1810 direkt in das französische Staatsgebiet einverleibt und Hauptstadt des *Département des Bouches de l'Elbe*. Die Stadt wurde Sitz zahlreicher administrativer Behörden, Gerichte und militärischer Kommandos. Immerhin umfasste das Département, das bis nach Lübeck, Bremen und Osnabrück reichte, mehr als eine Million Menschen. Die alte Stadtverfassung wurde außer Kraft gesetzt. Die Stadt wurde nun von dem Bürgermeister Amandus Augustus Abendroth nach französischen Vorgaben geleitet. Dazu gehörte auch die rechtliche Gleichstellung aller Bürger, einschließlich der Juden, und die Neuordnung des Gerichtswesens.[51] Öffentliche Gebäude, darunter auch die Logenhäuser, wurden als Truppenunterkünfte und Pferdeställe requiriert. Abgesehen von einer kurzen Phase 1813, in der Hamburg von russischen Truppen besetzt war, blieb die Stadt bis Ende März 1814 in französischer Hand, dabei das letzte Jahr mit schweren Kontributionen belegt und als Festung ausgebaut.

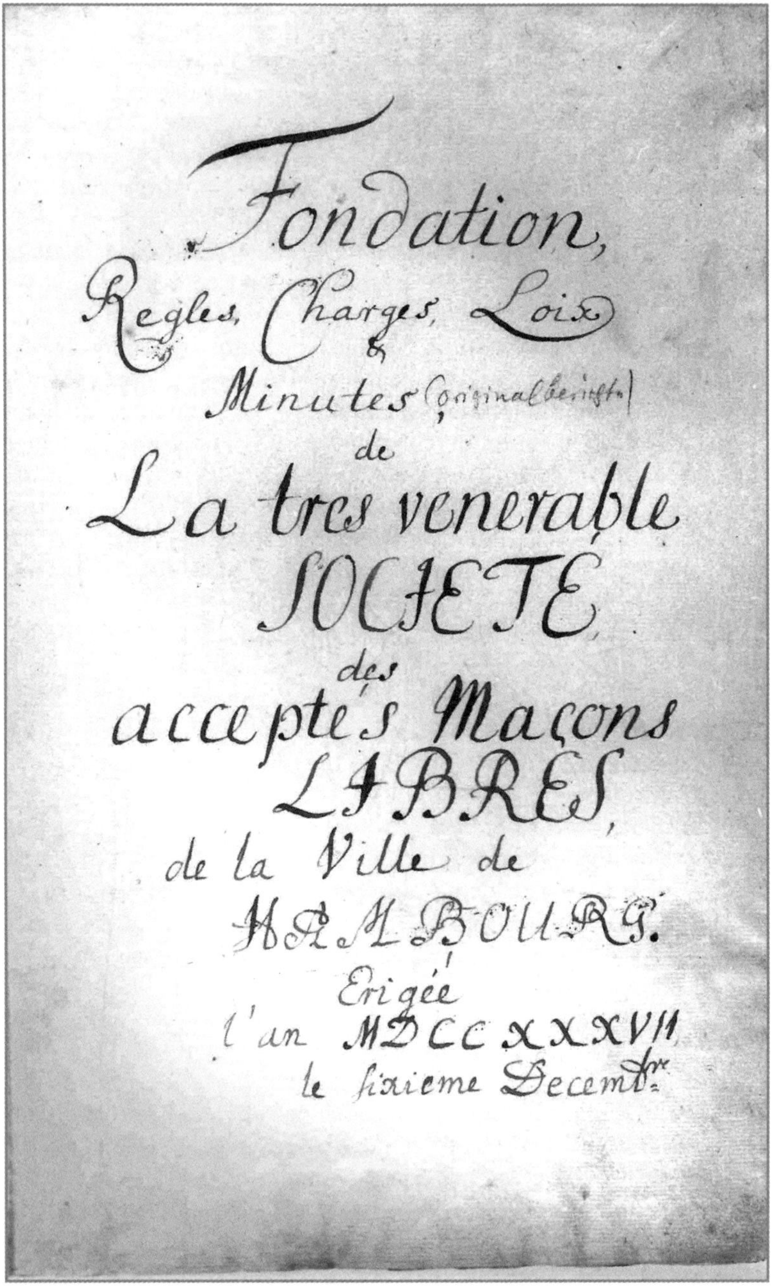

Fondation,
Regles, Charges, Loix
&
Minutes (Originalberichte)
de
La tres venerable
SOCIETE
des
acceptés Maçons
LIBRES,
de la Ville de
HAMBOURG.
Erigée
l'an MDCCXXXVII
le sixieme Decembre

Titelblatt des Protokollbuchs der Loge *d'Hambourg*

Die Anfänge der Hamburger Freimaurerei

Die Freimaurerei erschien 1737 in einer Bürgergesellschaft, die dabei war, sich aufklärerischen Gedanken zu öffnen und sich „patriotisch“ für die Stadt verantwortlich zu fühlen. Hamburg zeichnete sich, wie wir gesehen haben, dabei auch zunehmend durch ein reiches kulturelles Leben und eine gewisse Weltoffenheit aus. Das Vereinsleben wurde zu einem wichtigen Bestandteil des öffentlichen Lebens. Philanthropie und Lebensfreude gingen eine glückliche Verbindung ein. Dies war ein ideales Umfeld für die Freimaurerei, die im 18. Jahrhundert in keiner anderen deutschen Stadt, abgesehen von Berlin, zu solcher Bedeutung gelangen wird wie in Hamburg.[52]

Die erste Logenarbeit der sechs Freimaurer am 6. Dezember 1737 wurde von einem gewissen Charles Sarry geleitet.[53] Über ihn wissen wir nur sehr wenig. Der Name weist nach Frankreich. Hierfür spricht auch, dass Charles Sarry später mit drei anderen Franzosen die Berliner *Loge Aux Trois Globes* zeitweilig verließ, als diese Deutsch als Sprache einführte.[54] Vermutlich war er Offizier. In Hamburg hielt er sich nur vorübergehend auf, schon 1738 reiste er weiter nach Holland. Laut Protokollbuch besaß er ein Patent als *Deputé Grand Maitre de Prusse & de Brandenbourg*. Wer ihm diese Vollmachten verliehen hatte, wissen wir nicht. Sarry finden wir ab 1741 in Berlin, wo er Mitglied der *Loge Aux Trois Globes* und ein Jahr später ihr Meister vom Stuhl wird. 1748 wird er Mitglied der Berliner Schottenloge (eines weiterführenden Grades) *l'Union*, zu deren Meister vom Stuhl er 1749 gewählt wird. Ab 1751 verliert sich seine Spur.

Sarry leitete in der neuen *Loge d'Hambourg* nur drei Arbeiten im Dezember 1737, um seine Mitbrüder einzuarbeiten, die Loge zu führen. Schon in der zweiten Arbeit wurde aus dem Kreis der sechs Gründer Georg Ludwig von Oberg für sechs Monate zum Meister vom Stuhl gewählt. Dieser stammte aus einem hannoverschen Adelsgeschlecht. Nach Besuch der Ritterakademie war er dänischer Hofjunker geworden und lebte teilweise auf Gut Schwichelt, teilweise in Hamburg. – Der dritte Gründer, Peter Carpser, war ein bekannter Wundarzt (Chirurg). – Peter Stüven entstammte einer Hamburger Senatorenfamilie, war promovierter Jurist, naturwissenschaftlich und literarisch interessiert. Da er in Hamburg keine adäquate Stelle bekam, wurde er Hof- und Regierungsrat in Erlangen. – Johann Daniel Krafft war Kaufmann in Hamburg. – Schließlich war ein gewisser Gustav Schultze der dienende Bruder und Pförtner der Loge. Aufgenommen in die Freimaurerei und in die Loge wurde in der ersten Arbeit der Gastwirt Jens Arbien.[55]

Von Anbeginn an führte die Loge ein Protokollbuch, das zu einer der bedeutendsten Quellen der deutschen Freimaurerei wurde.

Die Loge gab sich ein Hausgesetz aus 42 kurzen Regeln.[56] Unklar ist, was das Vorbild für dieses Regelwerk war. Ein gewisser Einfluss von James Andersons *Old Charges* für die *Grand Lodge of London and Westminster* ist zu spüren, aber diese diente offensichtlich nicht als unmittelbare Vorlage.[57] Das Hamburger Regelwerk legte fest, dass man sich die ersten vier Samstage im Monat abends von 8 bis 10 Uhr versammelte. Der Vorsitzende (der Meister vom Stuhl) solle alle drei Monate neu gewählt werden, eine Anordnung, die aber schnell durchbrochen wurde. Dieser wählte sich dann zwei Aufseher und einen Sekretär. Religionsangelegenheiten, politische Themen und unanständige Redeweise waren wie in Anderson's *Old Charges* in der Loge tabu: „Aucun membre ne parlera de Religion et des affaires d'état, ni ne proferera quelques paroles indecentes ou obscenes sous peine d'un Marc."[58]

Die Sprache, in der die Loge arbeitete und ihre Protokolle führte, war Französisch. Vermutlich war also durch Sarry die Freimaurerei aus England über Frankreich nach Hamburg gekommen. Bis 1741 kannte man höchstwahrscheinlich nur zwei Grade: den Lehrling (*apprenti*) und den Meister (*maitre*), wobei letzterer in einer gesonderten Meisterloge erteilt wurde. Die Initiation als Freimaurer bedeutete damals nicht, zugleich in die Loge aufgenommen zu werden. In ihr wurde man Mitglied erst durch ein gesondertes positives Votum der Logenbrüder.[59] Schon in der zweiten Versammlung am 14. Dezember 1737 klopften eine Reihe von schon anderwärts initiierten Brüdern an die Tür der Loge, um aufgenommen zu werden. Es scheint also, als die Loge gegründet wurde, schon einige Freimaurer in Hamburg gegeben zu haben. Bis zum September 1738 wuchs die Loge auf 36 Mitglieder an. Schon im ersten Jahr zeichnete sich dabei ab, wo die sozialen Schwerpunkte der Hamburger Freimaurerei liegen werden: Bürgerliche waren vor (zumeist landständischen) Adligen in der Überzahl. Kaufleute, Offiziere, Juristen und Mediziner bestimmten das Bild. Einige (selbstständige) Handwerker wurden Freimaurer. Gelehrte und Schöngeister ergänzten dieses Profil. Die Freimaurerei war von nun an bis in die höchsten Kreise Hamburgs vertreten und wurde dadurch zu einer wichtigen sozialen Klammer der verschiedenen sozialen Gruppierungen und Schichten innerhalb der „besseren" Hamburger Gesellschaft.

Arbeiter, Dienstpersonal und Mitglieder der Unterschichten blieben vor der Tür. Die Abgrenzung „nach unten“ war eine Bedingung der Egalisierung „nach oben“.[60]

Die *Merchant Adventurers*, also die englische Handelsniederlassung, spielten weder bei der Gründung noch in der weiteren Geschichte der Hamburger Freimaurerei eine Rolle.

Außer den in Hamburg dominierenden Lutheranern wurden auch Katholiken und Reformierte aufgenommen, die Freimaurerei eilte also wie andere Vereinigungen der rechtlichen Gleichstellung der christlichen Konfessionen voraus.

Bevor die Freimaurerei jedoch zu einer bekannten und beliebten Institution der Hamburger Gesellschaft wurde, geriet sie kurzfristig ins Visier des Hamburger Senats. Die Freimaurerei war, als die Hamburger Loge Ende 1737 gegründet wurde, schon mehrfach in Europa verboten worden, so 1731 in Neapel, 1735 in den Generalstaaten und noch im September 1737 in Frankreich. Die Obrigkeiten, und zwar nicht nur die katholischen, hatten Vorbehalte gegen den verschwiegenen Bund. Das wusste auch der Hamburger Senat. Deshalb wurde 1738 der Bruder Carpser, der als Wundarzt im Dienste der Stadt stand, vorgeladen, nachdem er eine Freimaurerarbeit im bekannten Gasthaus *Baumhaus* geleitet hatte. Es wurde ihm mitgeteilt, dass eine Teilnahme von Stadtbediensteten an der Loge nicht erwünscht sei. Carpser trat sofort als Meister vom Stuhl zurück. Das war zwar kein Verbot der Freimaurerei in der Elbstadt, aber die Loge hielt es doch für klüger, wieder ins Gasthaus von Jens Arbien zurückzukehren und sich damit weniger in der Öffentlichkeit zu exponieren. Dieser Zwischenfall blieb jedoch der einzige seiner Art, und die Freimaurerlogen hatten in Zukunft keine Schwierigkeiten mehr mit der städtischen Obrigkeit.[61]

Die Aufnahme des preußischen Kronprinzen Friedrich in die Freimaurerei

Das zweifellos inner- und außerhalb des Freimaurerbundes bekannteste Ereignis in der deutschen Freimaurerei des 18. Jahrhunderts war die Aufnahme des preußischen Kronprinzen Friedrich durch eine Deputation der Hamburger Loge im Sommer 1738. Sie bedeutete einen erheblichen Prestigegewinn für die Freimaurerei und ihre Ausbreitung in Preußen, hatte aber auf die Hamburger Freimaurerei keine direkten Auswirkungen – abgesehen von der Tatsache, dass sie bis heute als das herausragendste Ereignis ihrer Annalen immer wieder geschildert wird, also für die Hamburger Freimaurerei eher von erinnerungspolitischer als von historischer Bedeutung ist.

Am 29. Juli 1738 wurde in der Loge ein Brief des Bruders Friedrich Christian von Albedyll, der seit dem 3. Februar Mitglied der Loge war, verlesen. Dieser teilte der Loge mit, vom Grafen von Schaumburg-Lippe beauftragt zu sein, die Aufnahme eines „illustre Postulant", der aber zunächst unbekannt bleiben wolle, zu veranlassen. Die Aufnahme solle durch eine Abordnung der Loge im Sommer in Braunschweig erfolgen. Ein Auszug des entsprechenden Schreibens des Grafen lag dem Brief bei.[62]

Kronprinz Friedrich begleitete zu jener Zeit seinen Vater, König Friedrich Wilhelm, auf einer Reise zu Wilhelm Karl Heinrich Friso Prinz von Oranien. Mit dieser Reise durch Norddeutschland und die Niederlande sollten den brandenburgischen Erbansprüchen am Niederrhein Nachdruck verliehen werden. Vermutlich bei einer Hoftafel in Apeldoorn kam die Rede auf die Freimaurerei, die der preußische König vehement ablehnte, aber den Kronprinzen umso mehr begeisterte. Grund für dieses Gesprächsthema dürfte die Anwesenheit des genannten Albrecht Wolfgang Graf zu Schaumburg-Lippe gewesen sein. Albrecht war mit dem Kurfürsten von Hannover, König Georg I. von Großbritannien, verwandt, dessen illegitime Tochter, Margarete Gräfin von Oeynhausen, er geheiratet hatte. Nach deren Tod 1726 hatte er 1730 die Witwe des Fürsten Leopold von Anhalt-Köthen geheiratet. Albrecht, der deshalb enge Beziehungen zu Kurhannover und England hatte, aber auch zu den Oraniern gute Kontakte pflegte, war also für den preußischen König eine nicht ganz unwichtige Figur im niederrheinischen Mächtespiel.[63] Zugleich war der Hof in Bückeburg ein Zentrum aufklärerischen Gedankenguts und Albrecht der erste deutsche Freimaurer aus regierendem Hause. Er war Mitglied der Loge *Rummer and Grapes*, einer der vier Gründerlogen der Großloge von London und Westminster. Angeblich war auf seine Veranlassung auch Franz Stephan Herzog von Lothringen, der spätere Kaiser Franz I., 1731 in Den Haag in den *Freimaurerorden* aufgenommen worden. Offensichtlich übte der Graf auf den jungen Kronprinzen, der, wo immer es möglich war, in Opposition zu seinem strengen, pietistisch gesinnten Vater stand, eine große Faszination aus und weckte in diesem den Wunsch, dem aufklärerisch gesinnten Bund beizutreten. Der Graf wandte sich nun an den gleichaltrigen Friedrich Christian von Albedyll, der vermutlich ebenfalls in England in die Freimaurerei aufgenommen worden war, in hannoverschen Diensten stand und der neuen *Loge d'Hambourg* angehörte, ihm zu helfen, dem Wunsche des Kronprinzen nachzukommen. Nach eigenem Bekunden war Albedyll der einzige deutsche Freimaurer, den Albrecht persönlich kannte, und aus seinem Schreiben klang eine gewisse Hilflosigkeit, denn er selbst sei, obwohl er Freimaurermeister sei, zu unkundig, um die Aufnahme zu leiten, und im Übrigen müsse man auch die dafür notwendige Mindestanzahl von Freimaurerbrüdern finden. Naheliegend war also, dass sich Albedyll an seine neue Loge in Hamburg wandte und sie bat, zur Aufnahme eines Unbekannten eine Deputation nach Braunschweig zu entsenden und einen Meister zu ernennen, der die Zeremonie leiten solle.

Die Hamburger, die sich über die Bedeutung dieses Wunsches jedoch sofort im Klaren waren, wählten den Meister vom Stuhl Georg Ludwig von Oberg als aufnehmenden Meister, Fabian Löwen als Ersten, Peter Stüven als Zweiten Aufseher[64] und Jakob Bielfeld als Sekretär. Die Abordnung traf am 11. August im Hotel Korn in Braunschweig ein. In der Nacht vom 14. auf den 15. August 1738 wurde Friedrich dort in die Freimaurerei aufgenommen und zum Meister erhoben. Freimaurer wurde auch der Generaladjutant des Königs, Leopold Alexander von Wartensleben. Anwesend waren außer der Hamburger Abordnung Albrecht Graf zu Schaumburg-Lippe, Friedrich Christian von Albedyll und Georg Ludwig Graf von Kielmannsegg, der 1732 in die Londoner Loge *Baer and Harrow* aufgenommen worden war. 1739 lud Kronprinz Friedrich von Oberg und Bielfeld auf Schloss Rheinsberg ein, um dort im Geheimen eine Loge einzurichten, die erste in Brandenburg-Preußen. In dieser *Loge première* versammelten sich Freunde und Verwandte des Kronprinzen. Nach seinem Regierungsantritt 1740 stellte sie Friedrich unter seinen offiziellen Schutz. 1741 wurde er von der Großloge von London und Westminster in seinen Ländern als „natürlicher *Großmeister*" anerkannt. Neben der Hofloge gründete Friedrich die Berliner Stadtloge *Aux trois Globes*, die allen Ständen offenstand und aus der die heutige Große National-Mutterloge *Zu den Drei Weltkugeln* hervorgegangen ist.[65]

Die *Loge d'Hambourg* hatte also einen gewichtigen Anteil an der Gründung der Freimaurerei in Preußen, ohne jedoch direkt davon zu profitieren. Im Gegenteil. Die Reise nach Braunschweig hatte ein Nachspiel, wie es im Vereinswesen gang und gäbe ist und unerfreulicher nicht sein kann: Es kam über die Reisekosten zum Streit. Von Oberg bediente sich, ohne die Prüfung der angefallenen Kosten abzuwarten, eigenmächtig aus der Logenkasse. Nach dem Protest von neun Brüdern verließen er und Stüven die Loge. Vier weitere Brüder folgten ihnen, darunter auch das Gründungsmitglied Peter Carpser und Jakob Bielfeld. Ein Teil von ihnen wird jedoch bald in die Loge zurückkehren. Die verbliebenen 30 Brüder wählten Matthias Albert Luttmann zum neuen Meister vom Stuhl, mit dem eine neue Ära der Hamburger Loge begann.[66]

Die Loge Absalom und die Provinzial-Großloge von Hamburg und Niedersachsen

Luttmann war Blaufärber und im Tuchgroßhandel tätig.[67] Jahrgang 1713 und schon Freimaurer, wurde er am 21. Dezember 1737 in die Loge aufgenommen. Am 10. September 1738 wurde er Meister vom Stuhl und hielt dieses Amt bis Juni 1741 inne. Unter seiner Leitung wurde 1739 Deutsch die „Amtssprache" der Loge. Zugleich wurden jetzt nachweislich drei Grade verliehen, was vermutlich auf englischen Einfluss zurückging. Luttmann reiste auf jeden Fall 1740 in geschäftlichen Angelegenheiten nach London. Zurück kam er mit einem Patent, mit dem bestätigt wurde, dass die Hamburger Loge als Lodge No. 108 in die Matrikel der Londoner Großloge nun eingetragen worden war.

Luttmann, den man ungerechtfertigterweise mehrfach nach seinem Tod als ungebildeten kleinen Handwerker hinstellte,[68] erwies sich als umtriebiger und kluger Meister vom Stuhl. Er reformierte die Hausgesetze der Loge und sorgte dafür, dass man neue Mitglieder sehr sorgfältig auswählte. Er legte Wert darauf, die Freimaurerei auch in den oberen Schichten der Hamburger Gesellschaft zu verankern, eine Politik, die auch seine Nachfolger verfolgten. 1741 wurde der Bruder von Jens Arbien, der bekannte Medailleur Magnus Gustav Arbien aufgenommen, der 1742 die erste deutsche Freimaurermedaille anfertigte. Im Juli 1743 nahm die Loge den Namen *Absalom* [Vater des Friedens] an. An ihren Arbeiten nahmen jeweils zwischen 12 und 24 Brüder teil. Von ihrer Gründung am 6. Dezember 1737 bis zu ihrer Umwidmung zu einer Loge der *Strikten Observanz* im Januar 1765 nahm die Loge 486 Männer, überwiegend Kaufleute, in den Freimaurerbund bzw. in die Loge auf.[69]

Unter Luttmanns Nachfolger, dem Freiherrn von Boenigk, wurde am 9. Januar 1743 im bekannten Ausflugslokal *Baumhaus* ein aufwändiger Maskenball gefeiert.[70] Das Fest war öffentlich. Persönlichkeiten von Rang und Namen, die man gerne unter den Gästen sehen wollte, hatte man angeschrieben, für die Teilnahme Billets verkauft. Finanziell gesehen war das Fest alles andere als ein Erfolg, mehr als die Hälfte der Kosten mussten aus der Logenkasse beigesteuert werden, aber viel entscheidender war, dass damit die Loge ihr „Entrée" in die bürgerliche Festkultur der Stadt gegeben hatte. Sie war nun nicht mehr nur ein geschlossener Kreis von ehrenwerten Männern, sondern Teil der Kommunikationskultur der gehobenen Hamburger Schichten, mit ihren besonderen Formen und Medien, wozu eben auch die einem strikten Reglement unterliegenden teuren Bälle und üppigen Dinners gehörten.[71] Dass damit auch eine Trennlinie „nach unten" gezogen wurde, ist offenkundig.

Luttmann erhielt von der Londoner Großloge auch ein Patent als *Provinzial-Großmeister* von Hamburg und Niedersachsen. Die Gründung einer solchen *Provinzial-Großloge* war deren übliches Vorgehen, um auf dem Kontinent weitere Logen zu gründen und diese in die eigene Organisationsstruktur einzubinden. Auch als 1751 sich die konkurrierende Großloge der sogenannten *Antiens* in London gegründet hatte, blieb die bisherige, nun landläufig *Moderns* genannte Großloge Dachorganisation der Hamburger *Provinzial-Großloge.*

Matthias Luttmann bekam in England auch die Vollmacht, Männer in den Bund aufzunehmen und Logen zu gründen.[72] Dabei habe er die Gesetze und Verordnungen der Londoner Großloge zu beachten. Er habe vierteljährlich Versammlungen zu halten, darunter eine an oder zeitlich nahe zum Fest Johannes des Täufers (24. Juni). Die *Provinzial-Großloge* solle für die bedürftigen Brüder eine Armenkasse unterhalten. Jährlich sei der Großloge in London Bericht zu erstatten, und für jede neu gegründete Loge seien für deren Armenkasse zwei Guineen zu entrichten.

Es wurde also nun eine *Provinzial-Großloge* mit einem Beamtenapparat errichtet und Abgeordnete *Großmeister* für einzelne Gebiete ernannt. 1744 wurde in Braunschweig die neue Loge *Jonathan* konstituiert, weitere Logen unter anderem in Kopenhagen, Hannover, Celle, Oldenburg und Schwerin folgten. Von Hamburg aus breitete sich die Freimaurerei so im nordwestlichen Deutschland und in Dänemark aus. Die Logen gründeten ihrerseits wieder Tochterlogen. Die Londoner Großloge errichtete auf dem Kontinent weitere *Provinzial-Großlogen*, so in Hannover 1754 und in Braunschweig 1764.

Auch in Hamburg selbst florierte die Maurerei. Im Gasthaus *Kaiserhof* tagte seit einiger Zeit eine zweite Loge zunächst unter einem Obristen von Osten, dann unter dem Wirt François Guillaumot. Vermutlich arbeitete die Loge in französischer Sprache. Im August 1743 ersuchte letzterer die *Provinzial-Großloge* um ein Konstitutionspatent. Ihm wurde aber beschieden, dass die Loge von Grund auf neu gegründet werden müsse, er selbst und andere würdige Mitglieder müssten hierzu neu initiiert werden. Im September wurde von dem *Provinzial-Großmeister* Luttmann dann die neue Loge *St. Georg* im Gasthaus *Kaiserhof* konstituiert.[73] Anschließend wurde sie in das Londoner Logenregister eingetragen. Neben Guillaumot bildeten vier weitere Mitglieder der ehemaligen Loge und 15 Brüder der Absalom-Loge diese neue Freimaurerloge. Sie war also de facto eine Tochterloge der ersten Hamburger Loge. Sie war mehr eine Loge von Kavalieren und Offizieren als von Kaufleuten.[74]

1742 war in Berlin die Schotten-Loge *l'Union* gegründet worden, die einen über die drei Grade des Lehrlings, Gesellen und Meisters hinausführenden Grad bearbeitete.[75] Im Frühjahr 1744 nahm der bekannte Militär und Freimaurer Woldemar Graf von Schmettau anlässlich eines Besuchs in Hamburg von Oberg, der offensichtlich, auch nachdem er die Loge von Hamburg 1738 verlassen hatte, der Freimaurerei treu geblieben war, sowie Carpser und Arbien in den Grad eines Schottischen Meisters auf. Im November des Jahres wurde die Hamburger Schottenloge unter Vorsitz von Carpser konstituiert. Sie soll zehn Mitglieder gehabt und bis 1760 bestanden haben.

Da nach den Vorfällen von 1738 von Oberg für Luttmann zur „Persona non grata" geworden war, veranlasste letzterer 1745 die Gründung einer weiteren Schottenloge, in der nur Brüder aufgenommen werden sollten, die Meister vom Stuhl oder Beamte einer Johannis-Loge gewesen waren. Diese neue Loge mit dem Namen *Judaica* war weitaus erfolgreicher als die Gründung Schmettaus, die 1760 mit der neuen Schottenloge vereinigt wurde. Die *Judaica* entwickelte vor allem unter ihrem Meister Georg Mehmet von Königstreu (1746–1749), der auch die Loge *Friedrich* in Hannover gründete, ein reiches Logenleben. Zwischen 1745 und 1764 wurden 342 Brüder nicht nur aus Hamburg in die neue Schottenloge aufgenommen, darunter der Freiherr von Knigge aus Hannover. Der Wirkungsgrad dieser Loge reichte somit weit über die Stadt hinaus, auch wenn die Beteiligung an den Logenarbeiten oft zu wünschen übrigließ.

Dieses von Hamburg aus wachsende Logennetzwerk war für das politische und gesellschaftliche Leben in Norddeutschland über die Freimaurerei hinaus von Bedeutung. Es schuf und festigte Kontakte zwischen den Verwaltungseliten, Militärs, Intellektuellen und Kaufleuten der Länder und Städte Nordwestdeutschlands und reichte bis nach Dänemark. Kontakte gab es nach Frankreich und England. Vor allem die Verbindungen zwischen den größeren Städten im nordwestdeutschen Raum wurden gestärkt. Auswärtige Brüder kamen als Besucher in die Logen, und mancher geschäftliche Kontakt wurde durch die gemeinsame Zugehörigkeit zum Bunde sicherlich erleichtert. Aber auch politisch und kulturell war dieses Logennetzwerk für Nordwestdeutschland nicht unbedeutend. Indem es der englischen Großloge gelang, die dortige Freimaurerei unter ihre Kontrolle zu bringen und ihr den eigenen Stempel aufzudrücken, dienten die Logen auch dazu, englische Lebensart, Werte und politische Orientierung zu verbreiten und in den führenden Schichten zu verankern. Zugleich war diese Verbindung zwischem dem hamburgisch-niedersächsischen Raum und Großbritannien auch politisch wichtig: Durch die Freimaurerei wurde auch die Rolle Kurhannovers, das in Personalunion mit Großbritannien verbunden war, gestärkt.[76] Ebenso der hannoversche Einfluss in England. Georg Mehmet von Königstreu, in hannoverschen Diensten stehend, führte nach der Schlacht von Culloden 1746, in der die Anhänger der Stuarts von den Engländern vernichtend geschlagen worden waren, in der Schottenloge *Judaica* den Trinkspruch auf Georg von Großbritannien „als rechtmäßigen Beherrscher von Schottland" ein.[77]

Es verwundert nicht, dass es im „geselligen Jahrhundert" (Ulrich Im Hof) in Hamburg noch eine Reihe anderer Vereinigungen freimaurerischer oder ähnlicher Ausrichtung gab, die teilweise auch Frauen aufnahmen. Die Rosenkreuzer hatten ab den 40er, die Illuminaten ab den 70er Jahren und die Mystik des Franzosen Louis Claude de Saint Martins einige Jahre später in Hamburg ihre Anhänger.[78] 1745 gründete der Freimaurer Kres von Kressenstein den *Orden der Glückseligkeit*. Es handelte sich um eine an die Freimaurerei angelehnte gesellige Vereinigung, die auch Frauen aufnahm. Sie soll bis 1759 bestanden und 71 Mitglieder gehabt haben. 1747 wurden die sogenannte *Schlüssel-Loge Gideon* und eine Loge der *Afrikanischen Bauherren* gegründet, die ebenfalls nur bis in die 50er Jahre bestanden. 1757 wurde die aus Frauen und Männern bestehende Adoptionsloge der Lehrart *Espérance* als Tochterloge der Loge *Minerva* in Jena gegründet. Ihrerseits gründete sie eine Tochterloge in Schleswig. Sie soll 72 Brüder und 23 Schwestern als Mitglieder gehabt haben. Es folgte 1758 eine Niederlassung des Universitätsordens *Kette der Pilgrime*, ein Jahr später eine weitere Adoptionsloge, ein *Orden der Tugend und Ehre*, ein *Orden der Weisheit* und ein solcher der *Einigkeit*. Seit 1769 wird von einer französisch sprechenden Loge *La Candeur* berichtet.

Alle diese Logen waren sehr kurzlebig. Ihre Vielfalt spiegelte aber das gesellschaftliche Interesse an der Freimaurerei wider, die ein attraktives Modell der Vereinsbildung darstellte.[79]

Die Strikte Observanz in Hamburg

Die *Strikte Observanz* hat unter Freimaurern einen schlechten Ruf. Sie gilt als eine der Verirrungen der Freimaurerei im 18. Jahrhundert, als eine Mischung von Phantasterei, Hochstapelei und dubioser Geschäftemacherei. Dabei war sie im 18. Jahrhundert das mit Abstand erfolgreichste auf der Freimaurerei aufbauende System. Viele der bedeutenderen Freimaurer der Zeit waren Mitglieder. Zu ihrer Hochzeit zwischen 1772 und 1782 gehörten 26 deutsche Hochadlige aus regierenden Häusern dem Bund an, darunter Herzog Ferdinand von Braunschweig als *Magnus Superior Ordinis per Germaniam inferior.* Der Herzog Karl von Södermannland, der Bruder des schwedischen Königs Gustav III. fungierte von 1772 bis 1778 als *Heermeister* für die Ordensprovinz Deutschland. Erfunden hatte das System der Reichsfreiherr Karl Gotthelf von Hund und Altengrotkau (1722–1776), der behauptete, 1742 in Paris am Hofe der exilierten Stuarts in den in Schottland fortlebenden Templerorden aufgenommen und zum *Heermeister der VIII. Ordensprovinz* (Deutschland) ernannt worden zu sein. Geleitet werde der Orden von *Geheimen Oberen.* Hund widmete sein ganzes Leben und Vermögen dem Aufbau dieses Ritterordens im Deutschland. Philosophisch-weltanschaulich ein ziemlich heterogenes Gebilde, baute dieser auf den drei Freimaurergraden des Lehrlings, Gesellen und Meisters auf, auf die ein Schottengrad und dann der sogenannte *Innere Orient* folgten. Letzterer bestand aus den zwei Stufen des Novizen und des *Eques* (Ritter). Die Freimaurerei war also nur der Unterbau des Ritterordens. Der Aufzunehmende musste eine sogenannte *Obödienzakte* unterzeichnen, womit er unbedingten Gehorsam den Oberen gelobte. Im *Inneren Orient* musste sich der Kandidat Einweihungsriten unterziehen, die an die alten Ritterorden erinnerten. Mit einem neuen lateinischen „Ritter“-Namen, einem Wappen und einer Devise versehen, durfte er dann eine Ordenstracht anlegen, deren hervorstechendstes Merkmal ein großes rotes Templerkreuz auf einem weißen Mantel war. Das System war deshalb so erfolgreich, weil es die für die Freimaurerei typische moralisch-geistige Entwicklung des Einzelnen in eine gesellschaftliche Utopie verwandelte. Im Kern handelte es sich um eine christlich-alchemistisch gefärbte Adelsgesellschaft, in der das höhere Bürgertum seine Sehnsucht nach adliger Standschaft zu erfüllen glaubte. Wenn man berücksichtigt, dass im 18. Jahrhundert Monarchen mehrfach versuchten, die Adelsregister von denen zu reinigen, die sich ihren Rang einfach ersessen hatten, und es immer schwerer wurde, durch adlige Lebensweise eines Tages einfach „adlig zu sein", erkennt man die Attraktivität des neuen Systems. Friedrich II. von Preußen geißelte diese Titelmanie als Unterminierung der sozialen Ordnung.[80]

Die *Strikte Observanz* war zugleich eine konservative Antwort von Kleinadligen auf den sich durchsetzenden Anstaltsstaat und ermöglichte es ihnen, sich im Reich zu vernetzen. Später war sie ebenfalls ein Bündnis zum Schutze der Reichsverfassung gegen die Hegemonie Preußens und Österreichs seitens kleinerer Fürstentümer, die durch nachgeborene Mitglieder der regierenden Häuser vertreten waren.[81] Die *Strikte Observanz* war, und das unterschied sie fundamental von der Freimaurerei, nicht nur ein Ritualgebäude, sondern sie schritt auch zur Tat. Geplant war eine Adelskolonie in Nordamerika (Labrador), und für die Ordensmitglieder wurde ein Pensionsfond eingerichtet. Hauptmotor dieses *Ökonomischen Plans* war ein gewisser Johann Christian Schubart Edler von dem Kleefelde (1737–1787). Seit 1762 Freimaurer, wurde er, der unter Friedrich II. von Preußen Kriegs- und Marschkommissar gewesen war, Vertrauter von Hunds und erwies sich als eifriger Organisator. Hund ernannte ihn zum Oberhaupt aller *Johannislogen* der *Strikten Observanz.* 1768 trat er nach internen Auseinandersetzungen von allen Ordensämtern zurück.[82]

Nachdem er 1764 die Berliner und die Stettiner Freimaurerlogen *rektifiziert*, das heißt, der *Strikten Observanz* inkorporiert, und in Berlin eine *Ritter-Kommende* gegründet hatte, gelang es Schubart Ende des Jahres nach einigem Widerstand, auch die Brüder in Hamburg zu überzeugen, sich dem neuen, scheinbar attraktiven Orden anzuschließen.[83] Treibende Kraft der Hinwendung zur *Strikten Observanz* waren die Brüder der Schottenloge. Eine Befragung der Brüder der ersten drei Grade hatte erst gar nicht stattgefunden.[84]

Vorbereitet wurde diese Übernahme dadurch, dass in Hamburg ein Kapitel des Clermontschen Systems, eines Hochgradsystems mit Rittergraden, schon existiert hatte. Dieses war nach einem Konvent in Altenberga 1764, wo sich das System des Freiherrn von Hund durchgesetzt hatte, zusammengebrochen.

Schubart gab zunächst vor, gegen die der Londoner Großloge unterstehende Freimaurerei nichts einzuwenden zu haben. Freimaurerei und Orden seien „ganz aparte [getrennte] Dinge".[85] Ein Mitglied des ehemaligen Hamburger Kapitels ließ sich schließlich in Berlin in den Ritterorden aufnehmen. Schubart reiste auf Kosten der dortigen Freimaurer nach Hamburg. Er kam, wie Jänisch es dann seinen Brüdern gegenüber erklärte, um „das Wahre von dem Falschen oder unrichtig in der erhabenen Kunst Gewordene, das Unordentliche in Ordnung zu bringen und uns in allen dahineinschlagenden Dingen redlich und getreulich zu unterrichten …"[86] Noch am Abend seiner Ankunft in Hamburg am 3. Januar 1765 nahm Schubart drei Hamburger Brüder, darunter den *Provinzial-Großmeister*, Gottfried Jacob Jänisch, und den Meister vom Stuhl der Loge *Absalom*, Gottfried von Exter, in den Inneren Orient auf. Gleich im selben Monat wurden die Logen *Absalom* und *St. Georg* rektifiziert. Am 30. Januar 1765 wischte auf Geheiß des *Provinzial-Großmeisters* Jänisch der dienende Bruder die auf den Boden aufgemalten Freimaurersymbole aus. Jänisch und die Meister der beiden Logen legten ihre Ämter nieder, die Logen wurden für aufgelöst erklärt. Die Kerzen wurden gelöscht, die Maurer legten ihre Bekleidung ab und verließen unter Führung von Jänisch den Versammlungsraum. Dann installierte Schubart die beiden Logen neu. Da Jänisch jetzt der *Eques ab Urtica* [Ritter von der Nessel] und von Exter der *Eques a pino vivente* [Ritter von der grünenden Fichte] waren, wurden ihnen zur Ehre nun die Logen in *Absalom zu den drei Nesseln* und *St. Georg zur grünenden Fichte* umbenannt: Namen, die sie bis heute tragen. Alle Brüder mussten die *Obödienzakte* unterzeichnen. Schubart übergab die Rituale der *Strikten Observanz* und reiste dann nach Kopenhagen weiter, um sein Rektifizierungswerk fortzusetzen.

Hamburg wurde nun zur Präfektur *Juvenal* der *Strikten Observanz*. Über den *Johannislogen* residierte 1773 bis 1779 eine neue Schottische Loge namens *Gottfried* (ab 1775 *Gottfried zu den sieben Sternen*).[87]

Die *Strikte Observanz* stieß zunächst durchaus auf gesellschaftliches Interesse und fand auch innerhalb der Freimaurerei Zustimmung. Die Ritterromantik und die Vorstellung, zu einer neuen Elite zu gehören, zu der in- und ausländische gekrönte Häupter zählten, verfehlten offensichtlich zunächst nicht ihre Wirkung. Insgesamt soll sich die Anzahl der *Equites* der *Strikten Observanz* auf insgesamt 60 Brüder belaufen haben, allesamt Kaufleute, zum Teil aus den bekanntesten Familien Hamburgs.[88]

Aber mit der Johannismaurerei ging es bergab. Man vergaß die Pflege der Basis, war sie ja der weniger interessante Teil des neuen Gebildes. Johann Joachim Christoph Bode nahm als Meister vom Stuhl der Loge *Absalom* (1765–1767) noch Brüder auf, aber die beiden Logen *Absalom* und *St. Georg* wurden am 2. Juli 1767 wegen Unstimmigkeiten mit den Ordensoberen geschlossen.[89] 1769 wurden sie aus dem Register der Londoner Großloge gestrichen.[90] Die Johannisgrade standen ganz im Schatten der neuen Ritter-Grade. Deshalb berief sich Gottfried Jänisch wieder auf sein *Provinzial-Großmeister*-Patent und lud zur Feier des Johannisfests am 3. August 1770 ein. Es dauerte aber noch bis 1773, bis die *Provinzial-Großloge* sich wieder regelmäßig versammelte und die Logen ihre Arbeiten erneut aufnahmen.[91] Da aber die englische Großloge inzwischen die *Große Landesloge* (s. u.) anerkannte, entzog sie im selben Jahr Jänisch das *Provinzial-Großmeister*patent.[92] 1774 wurde eine neue Loge *Emanuel zur Maienblume* konsekriert. 1776 folgte die Gründung der Loge *Ferdinande Caroline zu den drei Sternen*, die in französischer Sprache arbeitete. Die Namen spielten auf Ferdinand von Braunschweig und Carl von Hessen an. Die Logen erhielten sogar wieder starken Zulauf. Förderlich war, dass mit Herzog Ferdinand von Braunschweig, pensionierter Generalfeldmarschall und Schwager König Friedrichs II. von Preußen, und Landgraf Carl von Hessen, dänischer Statthalter von Schleswig und Holstein, zwei prominente hochadlige Freimaurer der *Strikten Observanz* in führender Position angehörten und sie protegierten. Gegenüber 44 Brüdern im Jahr 1765 belief sich der Mitgliederstand der Logen 1775 schließlich auf 167 und 1778 auf 237 Brüder zuzüglich 18 dienender Brüder für die anfallenden Verrichtungen.[93]

Aber das pompöse Gebäude der *Strikten Observanz* stand auf tönernen Füßen. Es entstanden Zweifel an der Seriosität des Rentenplans. Sich auf irgendwelche windigen Finanzprojekte einzulassen, entsprach nicht der Mentalität eines Hamburger Kaufmanns.[94] Auch Hunds Behauptung, an der Spitze des Ordens stünden Unbekannte Obere, wurde immer unglaubhafter. Hinzu kam, dass bei aller Ritterschwelgerei die wieder deutlich stärker gewordene freimaurerische Basis nun ihre Ansprüche anmeldete. Als nach dem Kongress von Wilhelmsbad 1782 die *Strikte Observanz* zusammenbrach, hatte man von den Ritterspielen auch in Hamburg genug. „Ein Rittermäßiges System", so hieß es in einer Erklärung der Hamburger Schottenbrüder, „[sei] für unsere Republicanische Verfassung gar nicht passend und schicklich".[95] Die Rittergrade verschwanden in der Versenkung.

Die Vereinigten fünf Hamburger Logen und die Provinzial-Großloge 1786–1811

Die Zeit nach dem Ende der *Strikten Observanz* bis zur Gründung der Großloge von Hamburg 1811 brachte für die Logen der ehemaligen englischen *Provinzial-Großloge* große Veränderungen mit sich, was ihre Organisation, ihr Selbstverständnis und die im Ritual vermittelten Inhalte anging. Es ist spannend zu beobachten, welche der großen politischen und gesellschaftlichen Umbrüche der Jahrhundertwende in der Freimaurerei ihren Niederschlag fanden und welche umgekehrt nur in geringem Maße rezipiert wurden. Die Zeit um 1800 ist in ihrer Bedeutung für die Entwicklung der Hamburger Freimaurerei nur mit den Jahrzehnten zwischen 1930 und 1960 zu vergleichen.

Die Rückkehr in die englische Freimaurerei

Johann Gottfried von Exter, der als Nachfolger von Jacob Jänisch die einstige Hamburger *Provinzial-Großloge* wieder der Großloge von England zuführen wollte, berief sich dabei auf sein Amt als Obermeister der Schottenloge, war ihm doch das Patent als *Provinzial-Großmeister* entzogen worden. Auch die Londoner Großloge hatte nach dem Zusammenbruch der *Strikten Observanz* wieder Interesse daran, in Deutschland Fuß zu fassen. Deshalb wurde der in englischen Diensten stehende Hauptmann August von Gräfe zum Repräsentanten der Großloge für ganz Deutschland ernannt. 1786 erhielt von Exter aus seiner Hand das Patent als *Provinzial-Großmeister* für Hamburg und Bremen und deren Distrikte. Die nunmehr vier Logen gehörten jetzt wieder offiziell einer englischen *Provinzial-Großloge* an.[96]

Die Rückkehr in die englische Freimaurerei 1786 sicherte ihnen eine gewisse Unabhängigkeit innerhalb der deutschen Freimaurerei, die es ihnen erlaubte, in Fragen des Rituals und der Organisation eigene neue Wege zu gehen. Die *Strikte Observanz* war seit 1783 aufgelöst, die Illuminaten zwischen 1784 und 1787 mehrfach im Reich verboten worden. Aber natürlich gab es personelle Kontinuitäten, angefangen von Gottfried von Exter, der an der Spitze der *Provinzial-Großloge* stand, bis hin zu Ferdinand von Braunschweig und Carl von Hessen, die in der norddeutschen Freimaurerei nach wie vor hoch angesehen waren. Und auch die Zusammensetzung der Bruderschaft änderte sich nicht grundsätzlich. Die Reformen beanspruchten dementsprechend eine gewisse Zeit.

Die Jahre nach 1786 waren so von verschiedenen konstitutionellen Unstimmigkeiten geprägt. Einerseits ging es um das Verhältnis der Logen der ersten drei Grade zur 1783 neu gegründeten (Alt-)Schottenloge, die in der englischen Konstitution gar nicht vorgesehen war. Wenn auch das Interesse an den Schottengraden merklich abnahm und die Schottenloge unter Mitgliederschwund litt, so beanspruchte sie jedoch immer noch die Logen der ersten drei Grade zu beaufsichtigen und vor allem deren finanzielle Angelegenheiten zu regeln. Dagegen regte sich Widerstand. Ab 1788 wurden bei den Beratungen der Finanzen auch die Meister vom Stuhl der *Johannislogen* stimmberechtigt hinzugezogen, die damit an Selbstständigkeit gewannen. Schließlich wurde in Folge dieser Streitigkeiten 1791 die Schottenloge aufgelöst. Weitere Punkte, die in der Zeit nach 1786 diskutiert wurden, betrafen das Verhältnis der Londoner Großloge, der *Provinzial-Großloge* und der Logen zueinander, wobei die wichtigste Neuregelung war, dass ab 1791 die Meister und Aufseher der Logen stimmberechtigte Mitglieder der *Provinzial-Großloge* wurden.[97]

Die vier Hamburger Logen waren 1778 zusammengelegt worden, was aber nur fünf Jahre Bestand hatte. Nach 1786 arbeiteten dann die vier Logen wieder zusammen, wobei die Kooperation sich nicht nur auf die gemeinsame Ökonomie beschränkte, sondern auch rituelle Arbeiten einschloß. Ein für alle vier Logen verpflichtendes umfangreiches, sehr detailliertes Gesetzbuch regelte die Logenarbeit und die moralischen Verpflichtungen, die die Brüder mit ihrem Eintritt in die Loge einzugehen hatten.[98] 1795 wurde auch die Loge *Ferdinand zum Felsen* in den Verbund aufgenommen, so dass ab jetzt von den *Vereinigten fünf Hamburgischen Logen* die Rede sein wird.

Friedrich Ludwig Schröder und die Ritualreform

Von allen Ereignissen Ende des 18. und zu Beginn des 19. Jahrhunderts ist zweifellos die Ritualreform von Friedrich Ludwig Schröder das bekannteste und nachhaltigste. Die Rituale sind in revidierter Form bis heute noch in Gebrauch.

Friedrich Ludwig Schröder ist eine Ikone in der deutschen Freimaurerei und – abgesehen von Lessing – der bekannteste Hamburger Freimaurerbruder.[99] 1744 in Schwerin geboren, war er als Schauspieler nach Hamburg gekommen und 1771 dort Theaterdirektor geworden, eine Tätigkeit, die er mit großem Einsatz und Erfolg ausübte. Auf Vorschlag Bodes wurde er am 8. September 1774 ohne vorhergehende Abstimmung unter den Brüdern zum Freimaurer initiiert und in die

Loge *Emanuel zur Maienblume* aufgenommen. Offensichtlich war er aber von dem, was er dort erlebte, enttäuscht. Er gründete eine eigene Loge, *Elia zum warmen Herzen*, in die er neben ehemaligen Brüdern des *Freimaurerordens* seine Schauspielerfreunde aufnahm. Sie bestand aber nur bis 1777.

Schröder wurde einer der führenden Köpfe der *Vereinigten fünf Logen*. Alle Neuerungen, Reformen und Gründungen bis 1816 wurden von ihm auf den Weg gebracht oder maßgeblich mitbestimmt.

Friedrich Ludwig Schröder

Schröder war ein nüchterner und pragmatischer, zum Teil harscher Organisator, der, beseelt von der Freimaurerei, mit all seinen Kräften ihr eine moderne zeitgemäße Gestalt geben wollte. 1787 wurde er Meister vom Stuhl der Loge *Emanuel.* In verschiedenen Funktionen der Vereinigten Logen und der *Provinzial-Großloge* tätig, wurde er schließlich 1811 stellvertretender *Großmeister* der neu gegründeten Großloge von Hamburg (s. u.). 1814 bis zu seinem Tode 1816 war er ihr *Großmeister.*

Als 1785 Hauptmann Gräfe als Repräsentant der englischen Großloge die bisherigen *Provinzial-Großlogen* reorganisieren sollte, unterwies er die Hamburger Brüder auch in den englischen Ritualen, die in der Zeit der *Strikten Observanz* – immerhin zwanzig Jahre – weitgehend in Vergessenheit geraten waren.[100]

Zugleich gab es in der deutschen Freimaurerei das Bedürfnis, nach der Zeit der neo-aristokratischen Rittergrade wieder zu einer schlichten Form der Freimaurerei zurückzukehren und darin das republikanische Ideal der Gleichheit aller Brüder zum Ausdruck zu bringen. Nicht allen genügten dabei die zeitgenössischen englischen Rituale, sondern für sie hieß das Gebot der Stunde, das ganze Ritualgebäude dergestalt zu reformieren, dass es sowohl näher am Ursprünglichen der Freimaurerei war, als auch besser ihren Idealen entsprach. Hinzukam das Bedürfnis, ein Ritual zu schaffen, das nicht nur eine Übersetzung, sondern eine Schöpfung in deutscher Sprache war.[101] Beides entsprach dem allgemeinen Zeitgeist, der auf der Suche nach dem „Eigentlichen" und nach dem war, was deutsche Kultur und Sprache auszeichnete.

Am 1. Juli 1789 wurde Georg Heinrich Sieveking zum Meister der Loge *St. Georg* gewählt, obwohl er noch gar nicht Mitglied der Loge war. Sieveking war nicht irgendwer, sondern führte mit seinem Geschäftspartner Caspar Voght eines der größten Handelshäuser Hamburgs.[102] Er war ein glühender Aufklärer und wurde ein begeisterter Anhänger der Französischen Revolution. Am 6. August hielt er in der Loge eine flammende Antrittsrede. Die Gebräuche, Symbole und den Eid der Freimaurerei erklärte er für „Possen". Er könne nur Meister der Loge sein, wenn seine Brüder „zur Errichtung einer vernünftigen, Herz und Geist befriedigenden, auf Freiheit und Gleichheit ruhenden Freimaurerei behilflich wären".[103] Daraus wurde nichts, aber eine Reform der Rituale lag in der Luft. Man wollte sich von dem Ballast des Erbes der *Strikten Observanz* befreien und zugleich ein Ritual pflegen, das den englischen Formen, aber zugleich den Eigentümlichkeiten deutscher Aufklärung entsprach.

Es war jedoch nicht Georg Heinrich Sieveking, sondern der Theaterdirektor Friedrich Ludwig Schröder, der die neuen Rituale entwarf. In einer Gegenrede wandte er sich gegen dessen Bilderstürmerei.[104] Als Schauspieler und Theaterdirektor hatte er mehr Sinn und Verständnis für Symbole und Rituale.

Schröder vertiefte sich in die Geschichte der Freimaurerei. Später wurden daraus die vier Bände „Materialien zur Geschichte der Freimaurerei seit der Wiederherstellung der *Großen Loge* in London 1717". Und wie Ignaz Aurelius Feßler in Berlin machte Friedrich Ludwig Schröder in Hamburg sich daran, ein neues Ritualwerk zu schaffen. Es wurde eine Arbeit von mehr als zehn Jahren. Die englischen Rituale dienten ihm als Grundlage, ohne dass er sich jedoch sklavisch an diese Vorlage hielt. An jedem Wort wurde gefeilt. Insbesondere mit Johann Gottfried Herder und mit Friedrich Ludwig Meyer tauschte er sich aus. Auch Lessings Denken beeinflusste den Text. Der *Provinzial-Großmeister* von Exter stimmte den Vorschlägen jedoch nicht zu.[105] Nach dessen Tod 1799 konnte Schröder schließlich ein revidiertes Ritual für alle drei Grade am 29. Juni 1801 der Meisterversammlung der Vereinigten fünf Logen zur Approbation vorlegen.[106] Erneut wurden Veränderungen gewünscht. Am 10. August wurde das Ritual dann genehmigt. Schnell fand es nicht nur in Hamburg Verbreitung. Die Überarbeitungen aber gingen weiter. Erst 1816 erschien die (vorläufig) endgültige gedruckte Fassung. 1853 wurde das Ritual erneut einer Revision unterzogen, um dann bis 1935 in Gebrauch zu bleiben. Nach dem Zweiten Weltkrieg wurde es noch einmal von Brüdern der Loge *Absalom zu den drei Nesseln* überarbeitet.[107] Gegenwärtig soll eine erneute Revision stattfinden.[108]

Welche Bedeutung hat nun das Ritual Schröders? Es zeichnet sich, ganz gemäß der Intention seines Schöpfers und des Geistes der Zeit, in der es entstand, durch große Schlichtheit aus. Es fehlt jede Dramatik. Das Ritual ist gut bürgerlich gemäßigt temperiert. Es atmet den Geist der Weimarer Klassik, vor allem Herders. Frei von aller kirchlichen Dogmatik und jedem Hinweis auf das Christentum, vertritt es das Ideal eines Menschen, der sich in Weisheit, Stärke und Schönheit übt und sich des Wohles seiner Mitmenschen als Bedingung seiner eigenen Glückseligkeit bewusst ist. Die Freimaurerei ist nach ihm ein Mittel zur Beförderung der Sittlichkeit der Menschen und der Menschheit.

Darin ist das Schrödersche Ritual dem bekanntesten englischen Ritual, dem 1823 entstandenen *Emulation Rite* sehr ähnlich,[109] aber es ist deutlich weniger dramatisch als die englischen und vor allem die schottischen und irischen Rituale. Es verbreitet auch eine andere Atmosphäre als die Rituale des *Rite français*, die vom Gedanken einer natürlichen Religion geprägt waren.[110] 1877 wird der *Grand Orient de France* die Symbole des *Großen Baumeisters aller Welten* und die Bibel als *Buch des Heiligen Gesetzes* abschaffen. An die Stelle der natürlichen Religion wird dann die *liberté absolue de conscience* treten. Eklatant sind die Unterschiede des Schröderschen Rituals zur christlichen Ausrichtung der schwedischen Lehrart, wie sie auch der *Freimaurerorden* in Deutschland vertritt. Langfristig bildet das Schrödersche Ritual zusammen mit anderen deutschen Ritualen, vor allem demjenigen von Feßler, neben der britischen und französischen und schwedischen Richtung der Freimaurerei eine eigene genuin deutsche, an dem Gedanken des (Neu-)humanismus orientierte Form der Freimaurerei. Kritisch ist anzumerken, dass die Schröderschen Reformen vieles an freimaurerischer Symbolik und von ihrer zum Teil sehr komplexen Bedeutungsgeschichte einem im Ritual streng durchgehaltenen Moralismus geopfert haben.

Schröder war, wie Feßler, ein Gegner aller Hochgrade. Für ihn war die ganze Wahrheit der Freimaurerei in den ersten drei Graden des Lehrlings, Gesellen und Meisters enthalten.[111] Anstelle weiterführender Grade gründete er, ähnlich wie Feßler, – ganz dem deutschen Bildungsgedanken verpflichtet – einen „Kreis der vertrauten Brüder", in dem sich Freimaurermeister zum gemeinsamen Studium trafen. Dieser später *Engbund* genannte Kreis bestand bis 1868, als er von den deutschen *Großmeister*n verboten wurde. Sie befürchteten ein neues Hochgradsystem, was der Intention Schröders völlig zuwidergelaufen wäre.[112]

Die sozialen Aktivitäten der Vereinigten Logen

Die vereinigten Logen waren gemeinsam zu viel größeren Aktivitäten in der Lage, als wenn sie nur getrennt sich betätigt hätten. Nach dem Selbstverständnis der Freimaurerei, vor allem in ihrer englischen Lehrart, ist Wohltätigkeit eine ihrer Säulen. Schon 1761 war von der *Provinzial-Großloge* nach englischem Vorbild eine Armenkasse eingerichtet worden, die aus den erhobenen Gebühren, Spenden und Strafgeldern der beiden beteiligten Logen *Absalom* und *St. Georg* gespeist wurde.[113] Gedacht war diese Armenkasse für bedürftige Brüder. 1784 wurde eine Sterbekasse von den nun vier Logen gemeinsam eingerichtet.[114] Die Sorge um ein angemessenes Begräbnis der Mitglieder gehörte seit altersher zu den Pflichten jeder Bruderschaft und jedes wohltätigen Vereins. Diese Sterbekasse bestand allerdings nur zwei Jahre. Zusammen mit Logen des *Freimaurerordens* (s. u.) wurde 1793 eine weitere Unterstützungskasse für bedürftige Brüder eingerichtet.[115] Die karitative Tätigkeit wurde auch auf Nicht-Mitglieder ausgedehnt. Auf Initiative von Friedrich Ludwig Schröder wurde ein gemeinsamer Verwaltungsausschuss gegründet, dessen Aufgabe es war, „ein unsern Kräften gemäßes Institut zu ersinnen und auszuführen, das uns in die Reihe wirkender und thätiger Staatsbürger setzt".[116] Am 28. Januar 1793 beschloss dieser, eine Krankenstation für acht weibliche Dienstpersonen zu gründen. Sie standen in der sozialen Hierarchie weit unten, und es war für sie schwer, im Krankheitsfall eine angemessene Versorgung zu erhalten. In der Regel landeten sie in dem berüchtigten Pesthof. Ein Rundschreiben wurde aufgesetzt, mit dem man potenzielle Geldgeber um eine Beteiligung bat. In der Tat fiel der Aufruf auf fruchtbaren Boden. Allein die Hamburger *Admiralität,* an sich für die Hafen- und Schifffartsangelegenheiten zuständig, spendete 15 000 Mark. Schon am 3. Oktober 1793 konnte die Krankenanstalt eröffnet werden. Schnell wurde sie weiter ausgebaut. 1799 konnten schon 227 kranke weibliche Personen aufgenommen werden. 1804, wiederum nach einer öffentlichen Geldsammlung, konnte ein Krankenhaus für männliche Bedienstete eröffnet werden. Auch dieses nahm Patienten ungeachtet ihrer wirtschaftlichen Lage auf. Die beiden Unternehmungen zeigen, wie finanzstark die fünf Hamburger Logen waren und wie gut sie in der Hamburger Gesellschaft vernetzt und anerkannt waren.[117]

Das erste Logenhaus an der großen Drehbahn

Gegen Ende der 1780er Jahre entstand der Plan, ein eigenes Logengebäude zu errichten.[118] 1785 wurde zunächst ein temporäres, von einem Bruder für die Logensitzungen erworbenes Gebäude bezogen. Nicht nur, dass ein Logenhaus zu bauen oder zu kaufen, ein gewisses Kapital erfordert, auch für seinen weiteren Unterhalt sind nicht unerhebliche Geldsummen erforderlich, die regelmäßig aufgebracht werden müssen. Hinzu kommt die Notwendigkeit einer Hausverwaltung, die einen beträchtlichen Einsatz der beteiligten Brüder erforderlich machen kann. In den 1790er Jahren waren die finanziellen Mittel dann aber dergestalt, dass man das Projekt eines Hausbaus in Angriff nehmen konnte.

Am 15. November 1800 konnten die *Vereinigten fünf Logen* zusammen mit einer großen Zahl von besuchenden Brüdern feierlich das Logenhaus an der Drehbahn einweihen. Allerdings geschah das, was bei Bauprojekten häufig der Fall ist. Die Baukosten waren explodiert, genauer gesagt, sie hatten sich beinahe verdoppelt. Glücklicherweise nahm die Zahl der Brüder ebenfalls deutlich zu.

Ein freimaurerisches Logenhaus entspricht dem Vereinshaus anderer bürgerlicher Assoziationen und dem „Haus" der Studentenverbindungen. Sein spezifisches Wesen leitet sich aber aus dem Charakter der Freimaurerei als einer diskreten Gesellschaft mit einem nicht öffentlich kommunizierten Ritual ab. Ein Logenhaus bietet einer solchen diskreten Gesellschaft die Möglichkeit, sich in der Stadt zu repräsentieren, ohne dabei Einblick zu gewähren. Es ist, um einen Begriff von Michel Foucault zu gebrauchen, eine „Heterotopie", ein Ort, der in dieser Welt ist, aber zugleich eigene Gesetzmäßigkeiten hat und Dimensionen eröffnet, die in der Alltäglichkeit nicht vorkommen. Wer als Nicht-Eingeweihter vor einem Logenhaus steht, ahnt, dass es dort etwas gibt, was ihm nicht zugänglich ist und erst durch Eintritt in den Bund erfahrbar gemacht werden kann.

Im Inneren eines Logenhauses erwartet den Bruder eine Welt eigener Art. Je nach Größe des Gebäudes gibt es einen oder mehrere Tempel für die rituellen Arbeiten. Wenn es keinen eigenen Festsaal gibt, wird einer dieser Tempel auch für die diversen Festivitäten benutzt. Wann

Das erste Logenhaus der *Vereinigten fünf Logen* an der Drehbahn.

immer möglich sorgt eine Gastronomie für das leibliche Wohl der Brüder und ihrer Gäste. Ein Garten kann zum Wohlverweilen einladen.

Dieser Doppelcharakter von öffentlicher Präsenz und Diskretion wurde in der Architektur des Logenhauses an der Drehbahn sichtbar: Es handelte sich um einen neoklassizistischen Bau mit einem viersäuligen Portikus, der dem Ganzen eine sakrale Gestalt gab. Das Gebäude, an einen antiken Tempel erinnernd, brachte die Präsenz der Freimaurerei in der Stadt und ihren Wohlstand zum Ausdruck. Zugleich drückte es die Abgeschlossenheit des Bundes von der „profanen Welt" aus: Zur Straße hin gab es keine Fenster. Eine hohe Mauer schützte vor unbefugten Blicken in den Garten. Auch im Inneren war das Gebäude klassizistisch gehalten. Ein graues Vorzimmer, ein blaues Zimmer und ein schwarzer Meistertempel erlaubten würdevolle Versammlungen und Tempelarbeiten.[119]

Vermutlich handelte es sich um das erste Gebäude in Deutschland, das von Anfang an als Logenhaus geplant und errichtet wurde. Mit diesem Logenhaus hatten die *Vereinigten fünf Logen* nun ein repräsentatives Gebäude, mit dem sie neben anderen Hamburger Gesellschaften und deren Gebäuden, wie der *Patriotischen Gesellschaft* oder der *Harmonie,* sichtbar wurden.

Die Gründung der Großloge zu (von) Hamburg

In diesem frühen 19. Jahrhundert änderte sich auch die Organisationsstruktur für die *Vereinigten fünf Logen* noch einmal grundlegend.

Die französische Besatzung war insofern für die Hamburger Freimaurerei von Bedeutung, als die Kontakte mit dem feindlichen Vereinigten Königreich nun sehr erschwert waren.[120] Die Kontinentalsperre, die jedwede Korrespondenz mit den britischen Inseln verbot, machte es der Hamburger *Provinzial-Großloge* unmöglich, den Kontakt zur Großloge zu halten. Im schlimmsten Fall drohte ihre Auflösung durch die französische Besatzungsmacht. Der *Grand Orient de France* schickte sich an, die Hamburger Freimaurerei zu übernehmen. Schon 1807 versuchte er, allerdings vergeblich, in Hamburg eine Loge zu gründen. Dies gelang erst 1812 mit der *Loge des Adeptes de la Croix du Nord*, die aber schon 1813 mit dem zeitweiligen Abzug der Franzosen erlosch. Französische Brüder, darunter auch solche jüdischen Glaubens, waren indessen regelmäßige Besucher in den Hamburger Logen.[121]

Am 4. Februar 1811 wurde in einer Mitgliederversammlung der *Vereinigten fünf Logen* die bisherige *Provinzial-Großloge* von Hamburg und Niedersachsen in die unabhängige *Große Loge zu Hamburg* umgewandelt.[122] Erster *Großmeister* wurde der Domherr Dr. Johannes Beckmann. Dessen Nachfolger wurde sein bisheriger Stellvertreter Friedrich Ludwig Schröder.

Eine eigene Großloge zu gründen, hatte Schröder jedoch schon vor 1800 in Erwägung gezogen. Sie zu gründen war Teil seines umfangreichen Reformprogramms. Zum einen konnte man sich von einer selbstständigen deutschen Großloge eine stärkere Stellung innerhalb der deutschen Freimaurerei und vor allem gegenüber dem *Freimaurerorden* versprechen. Zum anderen ließ sich nur so die Reform des Rituals durchführen, an der Schröder schon seit längerem gearbeitet hatte.[123]

Die neue Großloge war bestrebt, den Kontakt zur „Großen Mutterloge in London" nicht abreißen zu lassen. Die Unabhängigkeit wurde nicht als ein Bruch mit ihr, sondern als eine Mündigkeit der Tochter verstanden.[124] Es dauerte aber bis 1823, bis die nun Vereinigte Großloge von England die Hamburger Großloge anerkannte.

Die Logen der Großen Landesloge

Am 24. Januar 1770 begann in Hamburg eine neue Loge mit dem schönen Namen *Zu den drei Rosen* ihre Arbeit.[125] Initiator der Gründung war der Hauptmann Georg Johann Freiherr von Rosenberg. 1752 war er in Dresden in die Freimaurerei aufgenommen und 1753 in Torgau zum Meister erhoben worden. 1763 soll er in Paris in der Loge *La Candeur* die schottischen und danach in Metz weitere höhere Grade erhalten haben. In preußischen Diensten hatte er am Siebenjährigen Krieg teilgenommen. Seit 1765 war er in Hamburg.

Außer von Rosenberg gab es noch elf weitere Gründungsmitglieder. Diese zwölf sogenannten *Stabilitores* kamen aus unterschiedlichen Berufen. Neben Kaufleuten, Offizieren und Juristen, waren unter ihnen ein Beamter, ein Mediziner und ein Professor der italienischen Sprache. Interessanterweise gehörte zu den Gründern auch ein englischer zwanzigjähriger Kaufmann, der zum Sekretär bestellt wurde, und ein jüdischer Kaufmann, der der Gabenpfleger der Loge wurde.[126] Letzteres könnte, wenn es sich nicht um einen zum Christentum Konvertierten handelte, in Widerspruch zu einer Sammlung von *Constitutiones und Gesetzen* stehen, die von Rosenberg 1769 angelegt hatte. Die erste von zwölf dort niedergelegten Grundregeln lautete: „Ein Freimaurer muss ein Christ und einer von den Hauptreligionen zugetan sein und bleiben, nämlich der römischen, griechischen, protestantischen und reformierten.“[127] Das Ritual der Loge beruhte vermutlich auf französischen Vorlagen. Getagt wurde bis 1771 in einem Privathaus, danach in einem Gasthaus.

Die Neugründung verstand sich als Reform der Freimaurerei gegen die *Strikte Observanz*, in der die Hamburger *Johannislogen* zu jener Zeit nicht arbeiteten. Rosenbergs Feinde behaupteten indessen, er habe mit den zu erwartenden Beiträgen seinen Lebensunterhalt verbessern wollen. Letzteres würde aber in offenem Widerspruch zu den genannten *Constitutiones* und dem Hausgesetz stehen, das alle zwölf *Stabilitores* am 24. Februar 1770, also einen Monat nach der Gründung unterzeichnet hatten.[128]

Ganz offensichtlich machte das strenge Reglement und die christliche Ausrichtung der Loge dafür empfänglich, sich der hierarchisch organisierten und sich christlich verstehenden Schwedischen Lehrart der Freimaurerei anzuschließen. Die *Große Landesloge* in Berlin, die diese Lehrart in Deutschland vertreten wird, befand sich unter der Führung von Johann Wilhelm Kellner von Zinnendorf allerdings noch in Gründung. Trotzdem reiste schon im Oktober 1770 eine Delegation der Rosenloge nach Potsdam, um durch von Zinnendorf die Bestätigung zu bekommen. Diese Aufwertung musste sich auch im Logenleben niederschlagen. Von nun an wurde jeder neue Bruder zum *Freimaurer-Ritter* und *Freimaurer-Lehrling* geweiht.

Die Berliner Brüder der *Großen Landesloge* hatten vorgeschlagen, dass, um auch eine Loge für die Schottengrade gründen zu können, gleich eine zweite Loge der ersten drei Grade konstituiert werden sollte. Am 29. August 1770 wurde deshalb die Loge *Olympia*, später in *Zur goldenen Kugel* umbenannt, eingeweiht. Sie erhielt, genauso wie die Loge *Zu den drei Rosen*, zwar eine Einweisung in das geplante System der *Großen Landesloge* und die Ritualakten, aber keine Konstitutionsurkunde, weil sie ja schon gegründet war. Die beiden Logen gehörten stattdessen zu den sieben Gründungslogen der am 27. Dezember 1770 konstituierten *Großen Landesloge*.[129] Nun ging es Schlag auf Schlag weiter. Ganz offensichtlich war die Nachfrage nach Logen in Hamburg groß, und die *Strikte Observanz* bediente diese Nachfrage zu jener Zeit nicht. Am 16. März 1771 wurde im benachbarten Altona eine weitere Loge *Zum Pelikan* eingeweiht. Sie bestand hauptsächlich aus dänischen Offizieren. Schon bald kam es mit dem dänischen Statthalter Carl von Hessen, der nur Logen der *Strikten Observanz* in seinem Territorium duldete, zu einem heftigen Streit, in dessen Folge die Loge auf den Hamburger Berg (St. Pauli) umzog. Am 14. Mai 1774 wurde die Loge *Zum rothen Adler* eingesetzt. Am 3. Juli 1777 wurden dann für die Logen in Hamburg und im nordwestlichen Deutschland die *Provinzialloge für Niedersachsen zu Hamburg* und am 30. November 1778 die *Andreasloge Fidelis* gegründet. Ein Provinzialordenskapitel für die letzten Grade des *Freimaurerordens* folgte erst 1834.[130]

Auch die Logen des *Freimaurerordens* pflegten die Wohltätigkeit. 1800 richteten sie eine Begräbniskasse für in Armut verstorbene Brüder ein. Regelmäßig wurde bei Festlichkeiten für die städtische Armenkasse ein beträchtlicher Unterstützungsbetrag gesammelt.

Neben den regelmäßigen Ritualarbeiten liebten die Logen das Feiern. Um den 24. Juni, dem Tag des Patrons der Freimaurer, Johannes des Täufers, veranstalteten die Logen gemeinsam ein großes Fest. Es war der Höhepunkt des Maurerjahres. 1794 zum Beispiel feierten die Logen des *Freimaurerordens* im beliebten Ausflugslokal *Uhlenhorst.*[131] Am Morgen um 10 Uhr fuhr man unter Musikbegleitung in zwei Booten über die Alster zu dem im Osten der Stadt liegenden Gut. Eintritt in den Garten erhielten die 82 erschienenen Brüder der drei Hamburger Logen, der Loge *Pelikan* aus Altona und aus auswärtigen Logen nur gegen Vorlage der Einladungskarte. Der *Provinzial-Großmeister* hielt eine Begrüßungsrede und verteilte an die Brüder Rosen. Daraufhin begab man sich singend zu Tisch. Nach überkommenem Zeremoniell wurde nun Tafelloge gehalten. Die zahlreichen Toasts wurden unter „Kanonenfeuer und Trompetenschall" ausgebracht. Reden wurden gehalten, unter Begleitung einer nach Uhlenhorst geschafften Orgel wurde kräftig gesungen. Eine Sammlung für die städtische Armenkasse schloss den offiziellen Teil der Feier. Man blieb noch bis zum Abend in froher Runde beisammen, um dann bei der Rückfahrt das am Johannistag übliche Feuerwerk zu bestaunen.

Billig waren solche Feiern nicht. Entsprechend war man auf Spenden der Brüder und auf nicht unerhebliche Eintrittsgelder angewiesen. Verschiedene Versuche, die Kosten zu senken oder wegen Missbilligung seitens des Senats auf Kanonenböller oder Feuerwerk zu verzichten, stießen in der Bruderschaft auf wenig Gegenliebe. Auch auf den einzelnen Bruder kamen erhebliche Kosten zu, wollte er an den Logenfesten teilnehmen. Im 19. Jahrhundert wird es möglich sein, erst nach dem Mittagessen an dem Fest teilzunehmen, und so wenigstens einen Teil der Kosten zu vermeiden.[132]

Die Festivitäten der Logen der *Großen Landesloge* wurden vermutlich nur von und für Brüder veranstaltet. Weder waren deren Frauen noch die weitere Stadtgesellschaft zugelassen. Auch das Logenhaus war ausschließlich ein Versammlungsort der Brüder.[133] Es befand sich seit 1775 auf den *Großen Bleichen*, wo ein Bruder den drei Logen den Anbau seines Hauses vermietet hatte. 1806 erwarben diese das ehemalige *Gräflich Schimmelmannsche Palais* in der Mühlengasse.[134]

Das ehemalige Domizil eines Kaufmanns, der unter anderem durch den Sklavenhandel reich geworden war, beherbergte inzwischen ein Lokal, das eine der ersten Adressen in Hamburg war. Indem man dieses höchst repräsentative Gebäude bezog, konnte man mit den *Vereinigten fünf Logen*, die ein Jahr zuvor ihr neuerrichtetes Logenhaus an der großen Drehbahn eingeweiht hatten, endlich gleichziehen, hatten doch diese durch den Tempelbau „nicht nur Ansehen und Achtung, sondern auch den Beitritt der ersten, reichsten und angesehensten Bürger unserer Stadt erworben".[135]

In der Franzosenzeit wurde das Gebäude von der Besatzung requiriert, und die Logen mussten zeitweilig umziehen.[136] Die französische Besatzung wirkte sich auch noch anderweitig aus. Als Gebäude auf dem Hamburger Berg (St. Pauli) im Winter 1813/14 niedergebrannt wurden, um freies Schussfeld zu haben, verlor auch die Loge *Zum Pelikan* ihr gerade 1809 bezogenes Logenhaus. Die Loge zog in die Stadt um. 1817 wurde dann in St. Pauli die neue Loge *Zur unverbrüchlichen Einigkeit* gegründet.[137]

Natürlich kamen während der militärischen Besatzung Hamburgs französische Offiziere auch in die Logen der *Großen Landesloge*. Diese mussten auch wie die Logen der *Großen Loge* an den Einweihungsfeierlichkeiten der französischen Loge 1812 teilnehmen, wo natürlich der Toast auf den Kaiser Napoleon ausgebracht wurde.[138] Französische Offiziere wurden zu Freimaurern initiiert – ebenfalls russische Offiziere während des kurzen Interims 1813.[139] Der Druck auf die Logen der *Großen Landesloge*, sich dem *Grand Orient* anzuschließen, war mindestens genauso groß wie auf die Vereinigten Logen. Immerhin gehörten die Logen des *Freimaurerordens* zur Organisation einer auswärtigen Macht. Schließlich musste man dem Druck nachgeben. 220 von 413 Brüdern stimmten dem Anschluss zu. Allerdings gelang es, die Verhandlungen so lange hinauszuzögern, dass dieser nicht mehr vollzogen werden konnte.[140]

In den Logen der *Großen Landesloge* war also in kurzer Zeit neben den vier, später fünf *Vereinigten Logen* in Hamburg eine zweite gut organisierte und beständigere Lehrart der Freimaurerei entstanden. Eine grundlegende Reform der Organisation und der Rituale wie die Schröderschen Reformen in der *Provinzial-Großloge* bzw. dann *Gro-*

ßen Loge zu Hamburg fand in den Logen der *Großen Landesloge* nie statt, was natürlich in erster Linie darauf zurückzuführen war, dass man im Gegensatz zur *Großen Loge* keine Vergangenheit hatte, von der man sich hätte lösen wollen. Hinzu kam, dass die *Große Landesloge* viel strenger und hierarchischer organisiert war als das Logen- und Ritualgebäude der *Großen Loge*. Diese Stabilität sorgte dafür, dass die französische Besatzung für die Hamburger Logen der *Großen Landesloge* kein Anlass war, eine eigene Großloge zu gründen.

In Zukunft waren also zwei organisatorisch und inhaltlich sehr unterschiedliche Spielarten der Freimaurerei in Hamburg vertreten: Während die *Vereinigten fünf Logen* nach dem Untergang der *Strikten Observanz* in ihrer Verfassung und in ihrem Selbstverständnis wieder dem Hamburger Stadtrepublikanismus entsprachen, ihre Rituale zu einem Werkzeug zur moralischen Entwicklung des einzelnen Freimaurerbruders reformierten, auf religiöse Aussagen weitgehend verzichteten und die Hochgrade abschafften, vertrat (und vertritt) die *Große Landesloge* eine andere Sichtweise der Königlichen Kunst. Sie vermittelt ein christlich-gnostisches Weltbild, das sie in zehn Graden symbolreich entfaltet.

Die Logen des *Freimaurerordens* standen auch für eine Orientierung nach Preußen hin, während die Vereinigten fünf Logen mehr einen Hamburgischen Partikularismus verkörperten. Inwieweit dies jedoch unterschiedlichen politischen Positionen der beiden Logengruppen auf der Lokalebene entsprach, müsste noch erforscht werden. Das Verhältnis der Logen der *Großen Landesloge* zu den *Vereinigten fünf Logen* begann „holprig". Als 1784 die Brüder der ehemaligen *Provinzial-Großloge* die drei Logen des *Freimaurerordens* um ein gegenseitiges Besuchsrecht in ihren Logen ersuchten, bekamen sie eine abschlägige Antwort.[141] Umgekehrt wollte dann die englische *Provinzial-Großloge* keine andere Großloge in Hamburg anerkennen. Diese Unstimmigkeiten dauerten bis zum Jahre 1814 an, als schließlich die *Große Loge zu Hamburg* und die *Provinzialloge* des *Freimaurerordens* sich gegenseitig anerkannten.[142] Trotzdem hatten die beiden Lehrarten in Hamburg letztlich zumeist ein wohlwollendes Verhältnis zueinander. Das war nicht zuletzt auf die Tatsache zurückzuführen, dass sie sich aus denselben sozialen Kreisen rekrutierten. Vor allem im karitativen Bereich entwickelte sich eine gute Zusammenarbeit, die es ermöglichte, auch größere Projekte längerfristig zu unterhalten. Wer eine Schiffspassage von Deutschland nach Amerika gebucht hatte, reiste entweder über Bremen oder Hamburg. Mancher geriet dabei in finanzielle Schwierigkeiten. Seit 1805 unterhielten deshalb alle acht

Hamburger Logen gemeinsam eine Armenkasse zugunsten notleidender reisender Brüder.[143] Auch an dem Krankenhaus für männliche Patienten beteiligten sich die Logen der *Großen Landesloge*.[144]

Lessings Aufnahme in die Freimaurerei

Ein eigenes Kapitel verdient die Aufnahme von Gotthold Ephraim Lessing in die Loge *Zu den drei Rosen*.[145] Lessing interessierte sich schon mindestens seit den 1760er Jahren für die Freimaurerei. Der Kontakt zu Brüdern, vor allem zu Johann Joachim Bode, mit dem er während seiner Hamburger Zeit beruflich und privat regen Umgang hatte, bestärkten ihn, selbst Freimaurer zu werden. Vor allem der Wunsch, das Geheimnis der Freimaurerei zu ergründen, weniger die persönliche Selbstvervollkommnung, scheint ihn dabei geleitet zu haben. Bode, von 1765 bis 1767 Meister vom Stuhl der Loge *Absalom*, erfüllte im Frühsommer 1767 das Anliegen seines Freundes, ihn in die Freimaurerei aufzunehmen, nicht. Offensichtlich befürchtete er, dass der hoch gebildete Aufklärer einen sehr schlechten Eindruck von der Freimaurerei erhalten würde. Die beiden Logen *Absalom* und *St. Georg* galten zudem ab dem 2. Juli 1767 offiziell als geschlossen.

1771, anlässlich eines Besuchs in Hamburg – Lessing war inzwischen Bibliothekar in Wolfenbüttel – beschied Bode sein Gesuch erneut abschlägig. Nun war allerdings mit den Logen *Zu den drei Rosen* und *Zur Goldenen Kugel* inzwischen eine zweite Lehrart in Hamburg vertreten. Der Gründer der Rosenloge, der Hauptmann von Rosenberg, erfuhr von dem Besuch des bekannten Schriftstellers und dass dieser ein Manuskript über den Ursprung der Freimaurerei mit sich führe. Vermutlich hatten der Schauspieler Konrad Ekhof und der Münzmeister Otto Heinrich Knorre – zwei gute Freunde Lessings, die Mitglieder der Rosenloge waren – von Rosenberg davon in Kenntnis gesetzt. Von Rosenberg sah den Gewinn an Prestige, der ihm, seiner Loge und der *Großen Landesloge* winkte. Am 14. Oktober 1771 nahm von Rosenberg Lessing in seiner Wohnung in Anwesenheit von Knorre als Vertreter des *Landes-Großmeisters* in die Loge und gleich in alle drei Grade auf. Lediglich im Falle von Angehörigen fürstlicher Häuser, man denke etwa an die Aufnahme des preußischen Kronprinzen Friedrich, hatte es bisher vergleichbare schnelle Aufnahmen gegeben. Diesmal waren aber noch nicht einmal die wichtigsten Logenbeamten anwesend gewesen. In die Logenmatrikel wurde Lessing erst 1775 nachträglich eingetragen.

Lessing war über das, was er erlebt hatte, maßlos enttäuscht. Er hat danach nie wieder eine Loge besucht. Zwar berichtete von Rosenberg Zinnendorf am 15. Oktober 1771, dass Lessing plane, eine Loge „seiner Art" in Wolfenbüttel zu gründen und ihr vorzustehen,[146] aber wir wissen nicht, ob von Rosenberg mit dieser Ankündigung nicht eher seine eigene Bedeutung steigern wollte, als dass er eine verlässliche Information gab. Eine gewisse Vorsicht war sicherlich ebenfalls vonnöten. Noch war die *Strikte Observanz* das herrschende Freimaurersystem. Ferdinand von Braunschweig-Lüneburg, Bruder von Lessings Arbeitgeber Karl I. von Braunschweig-Wolfenbüttel, war einer ihrer führenden Köpfe. Die Gründung einer anders gearteten Loge in Wolfenbüttel wäre aussichtslos, wenn nicht sogar gefährlich gewesen. Umgekehrt befürchtete Zinnendorf, dass Lessing als Schriftsteller die freimaurerischen Geheimnisse nicht wahren würde und bat um Zusendung der Schrift, „welche Sie vor dem Eintritt im Orden durch den öffentlichen Druck ganz unrecht bekannt zu machen den Gedanken gehabt haben sollen".[147] Besagtes Manuskript über den Ursprung der Freimaurerei erblickte jedoch nie das Licht der Welt. Es floss als Vorarbeit in „Ernst und Falk, fünf Gespräche für Freimaurer" ein, die eine der bekanntesten Schriften Lessings sein werden. 1778 und 1780 veröffentlicht, übt sie bis heute eine große Wirkung in der Freimaurerei aus. In ihrer philosophischen Entfaltung ist sie jedoch nicht die Frucht von persönlichen Anschauungen und Erlebnissen. Umgekehrt hat die nicht eindrucksvolle Aufnahme in die Freimaurerei Lessing nicht davon abgehalten, der Idee der Freimaurerei ein bleibendes Denkmal zu setzen.

Die Hamburger Freimaurerei und die Juden Teil I

Schon im 18. Jahrhundert erschien den aufklärerisch gesinnten Zeitgenossen die deutsche Freimaurerei als ein atavistisches Bollwerk der Ablehnung der sozialen Gleichstellung der Juden. Im Gegensatz zu Deutschland waren Juden in England, wo die gesellschaftlichen Vorbehalte ihnen gegenüber geringer waren, schon seit den 1720er Jahren in Freimaurerlogen vertreten.[148] Immerhin wurden in Hamburg bisweilen Juden als Besucher in die Logen gelassen. So besuchten 1749 vier portugiesische Juden die Loge *Absalom zu den drei Nesseln*.[149] 1787 stellte der *Provinzial-Großmeister* von Exter ausdrücklich fest, dass jüdische Brüder uneingeschränkt als Besucher zugelassen seien: „Wir erkennen vielmehr die Juden für Kinder eines Vaters mit uns und haben denen, die anderer Orten im Orden aufgenommen worden, nie den Anspruch auf unseren Beistand versagt."[150]

Aber auch in Hamburg konnte ein Jude zunächst nur Mitglied in „irregulären" Logen werden.[151] 1783 wurde die Loge *Zum Flammenden Stern* gegründet, die 1785 ihren Namen in *Zum glänzenden Felsen* und 1787 zu Ehren von Ferdinand von Braunschweig in *Ferdinand zum Felsen* änderte.[152] Gründer war Hans Carl Freiherr von Ecker und Eckhoffen, ein Hamburger Advokat, Rosenkreuzer und Vertrauter des umtriebigen Freimaurers Carl von Hessen. Aufklärerischer Esoteriker, hatte er sich in Wien als Gründer eines Hochgradsystems, der *Asiatischen Brüder*, das auch Juden aufnahm, hervorgetan. Die von ihm jetzt in Hamburg gegründete Loge hatte auch Juden, darunter wohlhabende Kaufleute in ihren Reihen. Den Brüdern der vier Logen der *Provinzial-Großloge* wurde 1786 der Besuch dieser Loge untersagt, weil in ihr Christen und Juden gleichermaßen aufgenommen wurden.[153] 1788 trat ihr Logengründer von Ecker mit einer Broschüre *„Werden, können Israeliten zur Freimaurerei aufgenommen werden?"* sogar an die Öffentlichkeit. Allerdings war die Mitgliedschaft von Juden auch in der Ferdinand-Loge nicht unumstritten. Die jüdischen Brüder, die immerhin die Hälfte der Loge ausmachten, wurden herausgedrängt, um als reguläre Loge anerkannt zu werden. Sie sollten stattdessen eine eigene *Melchisedek-Loge*[154] gründen, was aber nicht erfolgte. Auf jeden Fall wurde die Loge *Ferdinand zum Felsen* mit 38 Brüdern 1795 durch Patent der Londoner Großloge die fünfte der Logen der englischen *Provinzial-Großloge*.[155]

Die Geschichte der zweiten „irregulären" Loge, in die Juden Aufnahme fanden, ist engstens mit der Aufnahme der Ideen der Französischen Revolution in Hamburg verbunden. Es waren radikale Aufklärer und Anhänger der neuen Ordnung in Frankreich, die die Gleichheit aller Menschen auch in der Freimaurerei als Prinzip geachtet sehen wollten und umgekehrt die Logen als ein Medium ihrer Verbreitung ansahen. Ein solcher Revolutionsfreund war Wilhelm von Schütz.

Aus der Gegend von Chemnitz stammend, war er der Spross einer alten sächsischen Adelsfamilie.[156] Er studierte 1777 bis 1779 zunächst Jurisprudenz in Leipzig, wurde aber Schriftsteller. 1781 verfasste er eine Apologie von Lessings *Nathan der Weise*. Schon als Student war er Freimaurer geworden. Er trat in Berlin den *Afrikanischen Bauherren* und den Rosenkreuzern bei, die er jedoch bald wieder verließ. Auf einer Reise nach Hamburg lernte er Adolph Freiherr von Knigge kennen, der ihn für den Illuminatenorden gewann. 1787 ließ er sich in

Altona bei Hamburg nieder und versuchte sich mit mäßigem Erfolg als Schriftsteller. Vor allem tat er sich als radikaler Aufklärer, dann als Anhänger der Französischen Revolution hervor. Zusammen mit dem französischen Gesandten François Lehoc gründete er 1792 nach Mainzer Vorbild eine Lesegesellschaft, die sich aber Ende des Jahres auf öffentlichen Druck hin auflösen musste. Im April 1793 wurde Schütz, wohl der worteifrigste Demokrat im Hamburg des ausgehenden 18. Jahrhunderts, aus der Hansestadt ausgewiesen.

Friedrich Wilhelm Schütz betätigte sich in Altona und Hamburg auch als eifriger Freimaurer. In der Loge *Ferdinand zum Felsen* setzte er sich vergeblich für die weitere Aufnahme von Juden ein. Schütz wechselte deshalb zur Loge *Einigkeit und Toleranz*, die wegen der Aufnahme von Juden von den anderen Freimaurerlogen nicht anerkannt wurde. Nach Walter Grab ist diese Loge wahrscheinlich Anfang 1792 gegründet worden.[157] Die Nachrichten über ihre Aktivitäten enden mit der Ausweisung von Schütz im Frühjahr 1793, was nahelegt, dass Schütz die treibende Kraft, wenn nicht sogar der Gründer dieser Loge gewesen ist.

Das Ritual der Loge war nüchtern. Hochgrade gab es nicht. Die Freimaurerei solle frei von aller Schwärmerei sein. Es solle kein Unterschied hinsichtlich der Religionen gelten. In der Konstitution der Loge hieß es: „Es findet kein Unterschied der Religion statt, Türken, Juden und Christen sind unsere Brüder. Wir glauben, dass die Wahrheit und Weisheit keine Fabrikware sind, die eines Monopols oder Patents bedürfen."[158] Jährlich im Wechsel wurde ein Christ beziehungsweise Jude zum Meister der Loge gewählt. Die Ämter wurden paritätisch mit Juden und Christen besetzt. Alle Entscheidungen wurden durch Stimmenmehrheit entschieden. Vermutlich tagte die Loge im gegenüber den Juden liberaleren Altona. Die Brüder kamen aus verschiedenen Schichten der Gesellschaft. Nur die „Güte des Herzens" sollte zählen. Die Loge scheint über ein gewisses Vermögen verfügt zu haben. Sie stiftete eine öffentliche Bibliothek und sammelte für die Errichtung eines Spitals, in dem vor allem bedürftige Juden aufgenommen werden sollten. 1792 steuerte sie 100 Mark für die Errichtung eines Lessing-Denkmals bei.

Neben Schütz scheint es auch noch andere Anhänger der Französischen Revolution in der Loge gegeben zu haben. Auf jeden Fall ließ der preußische Gesandte Göchhausen im März 1793 eine Arbeit der Loge ausspionieren. Für ihn waren die Mitglieder staatsgefährdende Jakobiner. Der Hamburger Senat ließ sich aber durch preußischen Druck nicht dazu bewegen, gegen die Loge vorzugehen. Er warnte nur allgemein vor Geheimgesellschaften, die die Hamburger Verfassung, Ruhe und Ordnung gefährden würden.

In der Loge müssen interessante Vorträge gehalten worden sein, denn ihretwegen kamen trotz Verbots auch „reguläre" Freimaurer zu Besuch. Unter den anwesenden Brüdern, die Göchhausen dem Hamburger Syndikus Doormann namentlich anzeigte, war auch Friedrich Ludwig Schröder, der vermutlich sogar Mitglied der Loge war. Während die Loge von anderen Brüdern oftmals verächtlich als „Winkelloge" bezeichnet und nicht anerkannt wurde, pflegte Schröder ganz offensichtlich ungezwungen die Verbindung zu diesen Freigeistern und Demokraten. „Vorurteilsfreie Brüder," so Schütz, „kümmerten sich um den Bannstrahl konstituierter Logen wenig und besuchten die christlich-jüdischen Maurer."[159]

Sievekings Wirken in der Loge *St. Georg* und die Loge *Einigkeit und Toleranz* waren jedoch die einzigen schwachen Verbindungen zwischen der Freimaurerei und den Anhängern der Französischen Revolution in Hamburg.

Die französische Besatzung brachte dann für einige Jahre die völlige rechtliche Gleichstellung der Juden mit sich, was jedoch auf die Hamburger Freimaurerei keine direkten Auswirkungen hatte. Mit Ausnahme der Loge *Ferdinand zum Felsen*, die wenigstens zeitweise Juden aufgenommen hatte, konnten in den *Vereinigten fünf Logen* Juden erst im Laufe des 19. Jahrhunderts Mitglied werden, während ihnen die Türen der „christlichen" Logen der *Großen Landesloge* auch weiterhin verschlossen blieben.

Die Hamburger Freimaurerlogen in der Stadt-Gesellschaft des 18. und frühen 19. Jahrhunderts

Die Zeit zwischen 1737 und 1814 war die Zeit der Gründungen, Wirren und dann der Konsolidierung der Freimaurerei in Hamburg. Dabei erwiesen sich die politische und die (im eingeschränkteren Maße) kirchliche Liberalität, die sich entfaltende von Bürgerstolz geprägte Vereinskultur und die günstige Aufnahme, die aufklärerisches Gedankengut fand, als idealer Nährboden. Die engen kulturellen Verbindungen zu England kamen hinzu. Nach Berlin wurde Hamburg die deutsche Stadt mit den meisten Freimaurern. 1815 gab es in Hamburg 864 aktive Brüder in neun „regulären" Logen.[160] Aufgrund Hamburgs

Lage und Handelsverbindungen waren diese Logen mit dem nord- und westeuropäischen Raum und mit dem nördlichen Deutschland eng verbunden. Die Frage, von welchen auswärtigen Großlogen die Hamburger Freimaurerei abhängig war, hatte zusätzlich eine politisch-strategische Bedeutung.

Das Rückgrat der Hamburger Freimaurerei bildeten Hamburger Bürger. Ansonsten war die Hamburger Freimaurerei kosmopolitisch wie die Stadt selbst. Offiziere in dänischen, russischen, französischen und preußischen Diensten, Beamte aus Stralsund oder im Dienste Hessen-Kassels saßen zusammen mit Kaufleuten aus Schweden oder den Niederlanden, aber auch einem Chirurgen aus Holstein. Nur die in Hamburg residierenden englischen Kaufleute hielten sich unerklärlicherweise von den Logen fern. Durchreisende Brüder fanden in der Loge gastliche Aufnahme. Selbst aus Portugal kamen besuchende Brüder. Der Universalismus der Freimaurerei stieß aber an seine Grenze, wenn es um die Aufnahme von Juden in den Bund ging.

Die Freimaurerei in der Elbmetropole war eine Einrichtung des gehobenen Bürgertums, aber zugleich ständeübergreifend. Der Adel, bürgerliche Kaufleute, Beamte und freie akademische Berufe waren hier neben einigen Handwerkern gleichermaßen anzutreffen. Außerdem war sie ein wichtiges Bindeglied zwischen der Welt des Handels und der des Wortes. Philanthropen und Pädagogen wie Johann Georg Büsch und Johann Gottfried Gurlitt waren Freimaurer. Bedeutende Intellektuelle wurden in Hamburg Freimaurer: die Dichter Gotthold Ephraim Lessing, Matthias Claudius und Friedrich Gottlieb Klopstock, alle Mitglieder in der Loge *Zu den drei Rosen,* und der Journalist und der Verleger Johann Joachim Christoph Bode, Mitglied in der Loge *Absalom zu drei Nesseln* – um nur die wichtigsten zu nennen. In den Logen waren auch nicht wenige Musiker Mitglied. Wirtschaftliche Erwägungen dürften bei ihnen genauso wie eine gewisse Empfänglichkeit für die Rituale eine Rolle gespielt haben. Aber keineswegs alle bekannten Musiker waren Logenbrüder. Georg Philipp Telemann und Carl Philipp Emanuel Bach traten dem Bund nicht bei.

Bei einem Blick auf die Organisation der Freimaurerei und das Logenleben fällt als erstes der Bürokratismus auf. Seine Ursachen und Geschichte sind bisher nicht erforscht worden. Er ging weit über die für die Aufrechterhaltung eines Vereins notwendige Verwaltung hinaus. Protokolle, Mitgliederlisten, Logenpatente, Logenpässe für die Mitglieder, Korrespondenzen, Visitationen, zahlreiche Ämter, Logen weiterführender Grade, die ihrerseits Logen beaufsichtigten, Großlogen, die wiederum eigene Ämter und Verwaltungen hervorbrachten:

Vorbild dürfte das frühmoderne staatliche Kanzleiwesen, vermutlich aber auch das katholische Kirchenrecht gewesen sein. Auf jeden Fall erzeugten Ämter, Hierarchien und Papiere ein Gefühl von Bedeutsamkeit, was sich auch an den vielen diesbezüglichen Streitigkeiten ermessen lässt. Andererseits dürften Wahlen für Ämter, die nur auf Zeit verliehen wurden, das Gefühl für demokratische Prozeduren gestärkt haben.

Abgesehen von den sogenannten *Arbeiten*, in denen die Rituale aufgeführt wurden, entsprach das Logenleben ganz der bürgerlichen Fest- und Vereinskultur. Das gesellige Essen und Trinken nach getaner *Arbeit* sowie die zum Teil sehr aufwändigen Festivitäten bei der Einweihung einer Loge und bei Stiftungsfesten hielten die Logen zusammen. Die Logen besuchten sich auch gegenseitig, einzelne Brüder konnten auf Reisen immer damit rechnen, in einer Loge Aufnahme zu finden. Die Freimaurerei war sowohl in der jeweiligen städtischen Kultur verankert als auch ein überregionales Netzwerk.

Wichtig war das Logenhaus, das die Brüder mit erheblichen finanziellen Mitteln mieteten, errichteten oder kauften. Es erleichterte nicht nur die freimaurerischen Zusammenkünfte, weil man nicht mehr im Hinterzimmer eines Gasthauses oder in Privatwohnungen Loge halten musste, sondern stärkte auch die Stellung in der Stadt.

Im Logengebäude wurde sichtbar, dass die Freimaurerei erfolgreich Fuß gefasst hatte. Es zeigte, dass sie zu einem festen Bestandteil der Hamburger Gesellschaft geworden war. Allerdings bedeutet dies keineswegs, dass die Freimaurerei zum wichtigsten Knotenpunkt in der bürgerlichen Gesellschaft geworden war. Vor allem durch die starke Vernetzung der führenden Familien untereinander, die sich privatissime in ihren Häusern trafen, waren der Freimaurerei Grenzen ihres Einflusses gesetzt.

Das karitative Engagement der Logen äußerte sich in drei Formen. In der gesamten europäischen Geschichte hatten sich die Bruderschaften, Gilden, Zünfte und später wohltätige Vereine um das würdige Begräbnis ihrer Mitglieder gekümmert. Die Wohltätigkeit sowohl für notleidende Brüder, ihre Angehörigen als auch für Außenstehende entstammte zusätzlich der englischen, stark philanthropischen Tradition der Freimaurerei und einem bürgerlich-aufklärerischen Selbstverständnis, für das die Wohltätigkeit integraler Bestandteil der Vereinskultur war. Nicht der englischen Tradition, sondern allein dem deutschen Vereinswesen und Bildungshunger entsprach die von Schröder 1793/94 angestoßene Gründung einer Lesegesellschaft mit eigener Bibliothek, in der sich die Brüder zu Lesungen versammelten.

Teil II

Die Freimaurerei in Hamburg von 1814 bis 1914:

Die Zeit der bürgerlichen Moral und trügerischen Ruhe

Das Jahrhundert zwischen der französischen Besatzung und dem Ersten Weltkrieg war für die Hamburger Freimaurerei die Zeit der Beständigkeit. Die Zeit der großen Aufklärer und Dichter war genauso vorbei wie die der Versprechungen geheimen Wissens und gesellschaflichen Aufstiegs in adlige Kreise sowie der Suchbewegungen nach einer dauerhaften Gestalt der Freimaurerei. Jetzt waren die Logen wohletablierte Vereinigungen innerhalb des Hamburger Bürgertums und standen mehr als zuvor für eine bürgerliche Moral der Wohlanständigkeit und eine wohltemperierte Geselligkeit.

Die Restauration nach 1814, Vormärz und die Jahrzehnte der Jahrhundertmitte, schließlich das deutsche Kaiserreich stellten für die Hamburger Freimaurerei vordergründig ein Jahrhundert der Stabilität, ja der bürgerlichen Behaglichkeit dar. Die großen politischen, sozialen und ökonomischen Debatten gingen an ihr anscheinend weitgehend vorüber. Rolf Appel hat geschrieben, dass die zeitgenössischen Logenprotokolle vor dem Hintergrund der katastrophalen Lebensumstände des Großteils der Hamburger Bevölkerung zu jener Zeit „wie [Texte] aus einer anderen Welt“ erscheinen.[161] Auch die freimaurerische Geschichtsschreibung des 19. und frühen 20. Jahrhunderts war von dem Ideal eines solchen politischen Absentismus geprägt.

Das allgemein in der deutschen Freimaurerei nach englischem Vorbild herrschende Verbot, in den Logen politische Diskussionen zu führen, hatte zu einem Konservatismus geführt, dem jeder gesellschaftliche Stimulus fehlte. Deshalb machen die Logenprotokolle dieser Zeit auf uns einen so weltfremden Eindruck. Dieser offizielle politische Absentismus verband sich in der deutschen – genauso wie in der englischen – Freimaurerei mit der Teilhabe an einem bürgerlichen, ab dem Kaiserreich bürgerlich-nationalen Wertekanon.

Hatte im 18. Jahrhundert sich die Freimaurerei mit ihren sozialen Aktivitäten in eine neue philanthropisch-stadtrepublikanische und aufklärerische Sorge um die Benachteiligten eingefügt, so war dieses Engagement nun Teil eines bürgerlichen Selbstverständnisses, das sich scharf von den neuen politischen Diskussionen über die gesellschaftlichen Ursachen der sozialen Ungleichheit und von den Forderungen nach politisch-sozialen Strukturveränderungen absetzte. Vor allem gegen Ende des 19. Jahrhunderts und in der Vorkriegszeit ging die Freimaurerei die soziale Frage durch sozialkaritative Tätigkeiten verstärkt an.[162]

Die ostentative unpolitische Haltung, wie sie uns im freimaurerischen Gebrauchsschrifttum und den historischen Werken entgegentritt, verdeckt jedoch die Tatsache, dass sich in der zweiten Hälfte des Jahrhunderts die Freimaurerei neuen politschen und sozialen Konstellationen in der Stadtgesellschaft gegenübersah. Eine neue politische Verfassung, neue politische Eliten, das Heraufziehen der Sozialdemokratie, das Bevölkerungswachstum mit allen sozialen Folgen, schließlich der wachsende Antisemitismus: dies alles wirkte sich natürlich auch auf die Freimaurerei aus und bestimmte auch ihre Stellung in der Stadtgesellschaft. Zum Teil reagierte die Freimaurerei im Kaiserreich auf diese Veränderungen, sei es, indem man politische Diskussionen auch in den Logen forderte, sei es, dass man in bürgerlich-liberaler Art erzieherisch in die Gesellschaft hineinwirken wollte – Versuche, die in Hamburg jedoch auf wenig Gegenliebe stießen.[163]

War das 18. Jahrhundert eine Zeit der Selbstfindung gewesen, so hatte sich im folgenden Säkulum die Freimaurerei in Hamburg konsolidiert. An die Stelle mehrerer konkurrierender und aufeinander folgender Lehrarten war ein stabiles System getreten, das im Wesentlichen aus den beiden „Konfessionen" der humanitären Großloge und dem christlichen *Freimaurerorden* bestand. Sicherlich gab es immer noch die in jedem weltanschaulichen Verein auftretenden Auseinandersetzungen, Abspaltungen und Neugründungen, aber sie bewirkten jetzt nicht mehr große Richtungsänderungen in den freimaurerischen Organisationen und Lehren. Deshalb muss im Folgenden auch nicht mehr jede Logengründung und Änderung der Großlogenorganisation dokumentiert werden. An die Stelle einer mehr chronologischen Darstellung tritt eine systematische Betrachtungsweise, die den Schwerpunkt auf die Stellung der Freimaurerei in der Stadtgesellschaft legt.

Hamburg von der Restauration bis zum Ersten Weltkrieg

Hamburgs Gestalt wandelte sich grundlegend zwischen französischer Besatzungszeit und Erstem Weltkrieg. In dieser Zeit wuchs die Stadt zur Millionenmetropole heran, erneuerte grundlegend ihre politische Verfassung, erlebte einen beispiellosen wirtschaftlichen Aufschwung, aber durchlitt auch schwerste Krisen, wie den Brand von 1842 und die Choleraepidemie von 1892. Der alte Stadtrepublikanismus hatte sich mit der immer stärker werdenden Dominanz Preußens und schließlich mit der Reichseinigung abzufinden. Ab 1865, als die Gewerbefreiheit eingeführt wurde, bildeten sich die ersten Gewerkschaften.

Mit der Sozialdemokratie entstand ein neuer starker politischer Akteur. Aber auch Antisemitismus keimte gegen Ende des 19. Jahrhunderts auf.

Die Stadtgeschichte zwischen 1814 und 1914 gliedert sich dabei in drei sich deutlich voneinander unterscheidbare Abschnitte. Bis zum Großen Brand 1842 war die politische Lage ruhig, die Wirtschaft expandierte. Es folgte eine Zeit der politischen Modernisierung und Erneuerung des Stadtbildes bis 1860. Nach der Reichseinigung und vor allem dem Zollanschluss an das Deutsche Reich 1888 wurde Hamburg zum wichtigsten deutschen Außenhandelsplatz und zu einer der führenden Hafenstädte der Welt. Das Bevölkerungswachstum nahm exponentiell zu, und Hamburgs Stadtbild passte sich im Guten wie im Schlechten diesen neuen Gegebenheiten an.

1814–1842: Restauration und wirtschaftlicher Aufschwung

Nach dem Abzug der Franzosen 1814 wurde erst einmal die alte Verfassung wieder in Kraft gesetzt und die stattgefundenen Reformen zu einem Gutteil, wenn auch nicht völlig, zurückgenommen, darunter aber auch die Gleichstellung der Juden.[164] Der politische Rückschritt korrespondierte mit einem wirtschaftlichen Aufschwung, den die Stadt bitter nötig hatte. Nach der Niederlage Napoleons und der Neuordnung Europas überschwemmte England den Kontinent mit billigen Industrieprodukten. Umgekehrt wurde jetzt über Hamburg Getreide aus Deutschland und Osteuropa nach Großbritannien exportiert. Der Hamburger Hafen profitierte in starkem Maße von diesem Englandhandel. Hamburg, wo 1807 die Niederlassung der *Merchants Adventurers* von den Franzosen aufgelöst worden war, wurde nun Sitz einer Fülle zahlreicher englischer Handelsniederlassungen und -agenturen. In Geschmack und Denken orientierte man sich in Hamburg nun gerne an England. [165] Dies führte zwar nicht dazu, dass nun mehr und mehr Briten in den Logen zu Besuch kamen, aber die sich ausbreitende Englandfreundlichkeit war für die Freimaurer günstig.

Auch der Fernhandel nahm zu. Mit der Unabhängigkeit der südamerikanischen Kolonien tat sich ab 1810 für Hamburg ein ganz neues Betätigungsfeld auf. Um 1830 begann die Erschließung Afrikas. 1840 eröffnete ein Hamburgisches Kontor in Singapur. Bald trieb man eifrig Handel mit China und Japan. 1856 wurde in Apia auf Samoa eine Handelsniederlassung eröffnet, die die Produkte einer großen Plantagenwirtschaft exportierte. Oftmals wurden nach der Gründung von

Handelsniederlassungen konsularische Vertreter entsandt und vom Gastland akkreditiert. 1846 unterhielten die Hansestädte Hamburg, Bremen und Lübeck 162 solcher konsularischen Vertretungen. Handelsverträge mit den auswärtigen Mächten folgten.[166]

1837 begann man mit der Modernisierung des Hamburger Hafens. Die Hafenarbeiter wurden nun immer wichtiger, weil die Liegezeiten so kurz wie möglich gehalten und die Schiffe immer größer und von den Besatzungen nicht mehr selbst beladen und gelöscht wurden.[167]

1847 wurde von 33 Hamburger Kaufleuten die *Hamburg-Americanische-Packetfahrt-Actiengesellschaft* (HAPAG) gegründet. Sie war die erste Aktienreederei in Hamburg. Für den Linienverkehr mit Nordamerika setzte diese ab 1855 Dampfer ein. Hauptgeschäft war der Transport von Auswanderern. Hamburg konnte jedoch nie Bremen beziehungsweise ab 1857 Bremerhaven als führender Auswandererhafen ablösen.[168]

Mit der Zunahme des Seehandels stieg auch das Bankengeschäft. Einen weiteren, diesmal noch viel stärkeren Zuwachs erlebte dieses ab den 50er Jahren mit dem Bau der Eisenbahnen und neuer Industrieanlagen. Es wurden die ersten Banken als Kapitalgesellschaften gegründet.[169]

Zwischen 1811, als die Franzosen eine Volkszählung durchführten, und 1840 stieg die Stadtbevölkerung von 100.192 auf 154.986 Personen. Rechnet man das zu Hamburg gehörende Landgebiet hinzu, ergeben sich 132.007 beziehungsweise 189.369 Personen.[170] Drei Fünftel der Bevölkerung lebten in dürftigen Verhältnissen. Besonders problematisch war die für eine Hafenstadt typische Arbeitslosigkeit im Winter, die regelmäßig Familien in den Ruin trieb.[171]

Das Stadtbild veränderte sich bis 1842 nicht grundlegend. 1804 wurde der Dom abgerissen. Unter städtebaulichen und architektonischen Gesichtspunkten war dies sicherlich eine Schandtat. Politisch ist sie nur vor dem Hintergrund des Reichsdeputationshauptschlusses von 1803 zu verstehen. Erst dieser hatte den Dom als unbeliebte bremische Enklave dem Hamburger Territorium einverleibt. Allerdings war der Abriss keineswegs unumstritten, und der Maler Jes Bundsen hielt ihn in einer Reihe von Bildern minutiös fest.[172] 1819 begann man mit der Entfestigung Hamburgs, die bis zum Großen Brand von 1842 die größte städtische Baumaßnahme blieb.[173]

Wirtschaftlich befand sich Hamburg also seit dem Abzug der Franzosen im Aufwind. Die Stadt wuchs, Verschönerungen wurden angelegt. Hin und wieder hörte man ein Murren über die 1814 wieder eingeführte Stadtverfassung. Aber der ziemlich liberale Führungsstil des Senats, „aufgeklärter Bürgersinn und ein gewisser großzügiger Schlendrian“[174] garantierten die Stabilität des politischen Gemeinwesens. Doch mit dieser Ruhe sollte es am 5. Mai 1842 schlagartig vorbei sein.

Der Große Brand von 1842, die Revolution von 1848 und die Verfassung von 1860

Die Jahre von 1842 bis 1860 waren die Zeit einer gründlichen Umgestaltung sowohl des Stadtbildes als auch der politischen Verfassung Hamburgs.

In der Nacht vom 4. auf den 5. Mai brach in der in der Speicherstadt gelegenen Deichstraße in einem Lager Feuer aus.[175] Das war zunächst einmal nicht ungewöhnlich. Des Öfteren fielen Kerzen um, war ein Herdfeuer ungesichert oder brannte ein Speicher. Jetzt aber breitete sich das Feuer mit rasender Geschwindigkeit aus, weil in den umliegenden Warenlagern zahlreiche feuergefährliche Güter lagerten. Das trockene Wetter tat ein Übriges. Am 5. Mai gegen Mittag stürzte der Turm der Nicolai-Kirche ein. Das alte Rathaus und das Niedergericht wurden gesprengt, um das Feuer aufzuhalten. Am 8. Mai kam es, weil der Wind sich gedreht hatte, zum Stillstand. Aber noch eine Woche lang mussten immer wieder kleine Herde gelöscht werden. Ein Drittel der inneren Stadt war zerstört. In 82 Stunden waren 1749 Häuser in 71 Straßen vernichtet worden. Sieben Kirchen waren ausgebrannt. 51 Tote waren zu beklagen. 20.000 Menschen waren obdachlos geworden. In Hamburg hatte sich in diesen Tagen die größte Katastrophe abgespielt, die eine deutsche Stadt seit der Kriegszerstörung Magdeburgs 1631 und bis zum Zweiten Weltkrieg erlebte. Der Große Brand war Hamburgs erstes modernes Medienereignis. Die nationale und die internationale Presse berichteten über den Feuersturm.[176] Aus Paris schrieb Heinrich Heine seinem Onkel in Hamburg, welche Anteilnahme Hamburg dort finde.[177] Hermann Biow lieferte die ersten fotografischen Aufnahmen der zerstörten Stadt.[178]

Die Tragödie erforderte einen nationalen Kraftakt. Feuerwehren und Militär wurden aus ganz Norddeutschland herbeigerufen. Hilfsgüter und -gelder kamen aus dem ganzen Land. Für die zahlreichen Spenden musste eine eigene Unterstützungsbehörde eingerichtet werden.

Auch die Freimaurerei war gefordert. So diente das Logenhaus der *Vereinigten fünf Logen* an der großen Drehbahn zeitweise als Börse, dann als Handelsgericht. Im Gebäude wurden Obdachlose untergebracht. Die fünf Logen spendeten 25.000 Mark für Bedürftige. Auch das Logenhaus des *Freimaurerordens* wurde der Öffentlichkeit zur Verfügung gestellt. Eine ihres Lokals verlustig gegangene Gastronomin führte dort einen Mittagstisch. Die Säle wurden Hamburger Vereinen zur Verfügung gestellt. Aus ganz Deutschland, aber auch von der *Großen Loge* der Schweiz, wurden an das Hilfskomitee des Hamburger *Freimaurerordens* Spenden überwiesen. Die größten Einzelspenden kamen von der Loge *Zum Ölzweig* in Bremen und der *Großen Loge von Hamburg* mit jeweils 1250 Mark. Insgesamt wurden fast 8000 Mark gesammelt. Eine gemeinsame Spendenaktion aller Hamburger Logen ungeachtet ihrer Großlogenzugehörigkeit kam jedoch nicht zustande. Das Geld wurde dann an 48 bedürftige Brüder und vier Witwen verteilt.[179]

Die Stadt war zwar großenteils zerstört, aber der Handel funktionierte weiterhin. Dies war angesichts der für den Aufbau auf sie zukommenden Ausgaben für die Kreditwürdigkeit der Stadt von großer Bedeutung. Zwar musste vordringlich schnell erschwinglicher Wohnraum geschaffen werden, aber der Wiederaufbau ermöglichte auch die Modernisierung und eine zeitgemäße Verschönerung der Stadt. Neben dem Baudirektor Wimmel wurden die Architekten Alexis de Chateauneuf und Gottfried Semper, letzterer ein Freimaurer wie der Baudirektor, heranzogen. Der englische Stararchitekt George Gilbert Scott stellte die Nicolai-Kirche im neugotischen Stil wieder her. Alexis de Chateauneuf lieferte den Entwurf für die neuen Alsterarkaden. Zwar war das 1920 von dem Hamburger Oberbaudirektor Fritz Schumacher über den Wiederaufbau nach 1842 geprägte Wort vom „Kunstwerk Hamburg" mehr lokalpatriotisch als sachlich nachvollziehbar, aber das neue Stadtbild mit klarer Straßenführung, mit seinen Plätzen und Wasserläufen glich nun in erstaunlichem Maße den Metropolen Amerikas.[180]

Der Große Brand von 1842 hatte auch Folgen für die politische Kultur Hamburgs. Schon vor dem entsetzlichen Ereignis war die Unzufriedenheit über das patriarchalische, altertümliche Stadtregiment lauter geworden. Der Brand beschleunigte diese Unzufriedenheit. Missstände in der städtischen Verwaltung und Versorgung waren nun allzu offensichtlich. Die *Patriotische Gesellschaft* schickte eine Petition an den Rat, eine Kommission zur Verfassungs- und Verwaltungsreform einzusetzen. Es entstanden nun aber auch Vereine, die sich nicht mehr wie diese altehrwürdige Gesellschaft dem Gemeinwohl verpflichtet fühlten, sondern wirtschaftlich-politische Interessenverbände waren. Vorbild war der 1832 gegründete Grundeigentümerverein, der es sich zur Aufgabe machte, jede Erschließung neuer Wohngebiete und damit den Versuch, die steigenden Mieten in den Griff zu bekommen, zu torpedieren.[181] Anstelle des Ideals einer harmonisch organisierten Stadtgesellschaft trat die durch demokratische Spielregeln organisierte Konkurrenzgesellschaft.

Die Diskussionen, die Verfassung zu revidieren, erhielten durch die Revolution von 1848 weiteren Auftrieb.[182] Zwar verlief letztere in Hamburg ziemlich ruhig, aber allein schon die Tatsache, dass für die Nationalversammlung und für die Versammlung, die für Hamburg eine Verfassung erarbeiten sollte, alle männlichen Bürger ab 22 Jahre wählen durften, wirkte bezüglich politischer Reformen stimulierend. Sowohl der Rat als auch extrem konservative, sich an preußische reaktionäre Kreise anlehnende Bürger opponierten jedoch gegen eine Änderung der politischen Verhältnisse. Es dauerte so noch zwölf Jahre, bis am 28. September 1860 in Hamburg eine modernere Verfassung in Kraft trat. Die Bürgerschaft wurde getrennt von Notabeln, Grundeigentümern und den übrigen Bürgern gewählt, die jahrhundertealten Vorrechte der sogenannten erbgesessenen Grundbesitzer waren damit wenigstens teilweise abgeschafft. Jedoch war das Bürgerrecht nach wie vor daran gebunden, dass nur volljährige Männer, die Steuern zahlten und eine Gebühr für den Bürgerbrief entrichteten, es auf Antrag erhielten. Durch diese finanziellen Hürden blieben die meisten Bürger von den Bürgerschaftswahlen ausgeschlossen. Ein Fortschritt war jedoch, dass die Verfassungsänderung ein vom Senat unabhängiges Obergericht und damit die Selbstständigkeit der Justiz einführte.[183]

Mit der Verfassung von 1860 wurde das Bürgerrecht endgültig vom Glaubensbekenntnis getrennt, was auch endgültig und abschließend zur Gleichberechtigung der Juden führte, nachdem schon 1849 der Senat gegen öffentlichen Widerstand durch Verordnung den Juden die Möglichkeit gegeben hatte, das Bürgerrecht zu erlangen.[184]

1896 wurde die Gebühr für den Bürgerbrief abgeschafft und stattdessen für fünf Jahre ein zu versteuerndes Jahreseinkommen von 1200 Mark für das Bürgerrecht verlangt, was die Mehrheit der Bevölkerung weiterhin von den Bürgerschaftswahlen ausschloss. Immerhin wurde 1901 der erste Sozialdemokrat in die Bürgerschaft gewählt. 1904 hatten die Sozialdemokraten mit dreizehn Abgeordneten die Fraktionsstärke erreicht. 1906 wurde das Wahlrecht dahingehend geändert, dass für die Wählergruppe der Nicht-Notabeln und -Grundbesitzer ein Zweiklassenwahlrecht eingeführt wurde. Dies stieß auf erbitterten, jedoch erfolglosen Widerstand der Sozialdemokraten, die zum ersten politischen Generalstreik in Deutschland aufriefen. Trotz dieses reaktionären Gesetzes gewann die SPD in den Folgejahren weitere Sitze in der Bürgerschaft. Von politischen Leitungsfunktionen blieb sie jedoch ausgeschlossen, genauso wie die Vereinigten Liberalen – Abgeordnete, die sich der Wahlrechtsänderung widersetzt hatten.[185]

Auf dem Weg zur Handelsmetropole Deutschlands

Zu Preußen als dem starken und expandierenden Nachbarn hatten die Hamburger traditionell ein ambivalentes Verhältnis. Im Deutschen Bund setzte man auf die Österreicher, weil man so seine Eigenständigkeit besser gewahrt sah. Demgegenüber war allerdings die Großkaufmannschaft Preußen freundlich gewogen, solange dies

1842 Blick vom Dach der Börse Richtung Lombardsbrücke.

freihändlerisch gesinnt war. Sie verstand auch, dass in vielen Fällen der Außenhandel nur im Bündnis mit einer starken Macht möglich war.[186]

Nach 1866 und vor allem durch den Kriegsausbruch 1870 änderte sich auch in der breiten bürgerlichen Öffentlichkeit die Stimmung zugunsten Preußens. Schließlich kam in den 80er Jahren eine neue Führungsschicht an die Macht, die akzeptierte, dass Hamburg jetzt Teil des neuen Reiches war, und die die neuen politischen Gegebenheiten als Chance für die wirtschaftliche Entwicklung der Stadt ansah.[187]

Mit der Reichseinigung 1871 begann für die Elbestadt eine Zeit des ökonomischen Aufbruchs. Hamburg wurde in den folgenden Dezennien zur „weltweit größten Handelsmetropole", wozu auch das neue Freihafengelände beitrug, das auf der Grasbrook und den Elbinseln südlich der Stadt angelegt wurde.[188] Trotz aller Befürchtungen wirkte sich 1888 auch die Eingliederung der Stadt in den Zollverband des Reichs wirtschaftlich auf ihre Rolle als Handels- und Umschlagplatz stimulierend aus.[189] Hamburg wurde ebenfalls „zur führenden deutschen Industriestadt", wobei ein Großteil der Fertigung unmittelbar mit dem Schiffsverkehr verbunden war.[190]

Trotz der hohen Bedeutung, die der Überseehandel seit dem frühen 19. Jahrhundert für Hamburg hatte, waren der Hamburger Senat und die Kaufleute gegenüber kolonialistischen Überlegungen zurückhaltend. Zu sehr widerstrebte den Freihändlern die Vorstellung von verfestigten, abgegrenzten Auslandsgebieten, die einen hohen politischen und finanziellen Einsatz erforderten. Bismarcks Schwenk von einer freihändlerischen zur Schutzzollpolitik und zum Kolonialismus löste in Hamburg deshalb keine Begeisterung aus. Wenn man sich nun langsam für deutsche Kolonien erwärmte, so nicht aus nationalistischem Überschwang und „Schwärmereien über deutsche Siedlungskolonien", sondern aus pragmatischen Erwägungen heraus, um von den anderen europäischen Mächten nicht abgehängt zu werden. Versuche Bismarcks, den Hamburgern Kolonien in eigener Verwaltung anzudienen, stießen auf keine Gegenliebe.[191]

Der wirtschaftliche Aufschwung ging einher mit einem großen Bevölkerungswachstum. Von rund 250.000 Einwohnern im Jahre 1861 stieg ihre Zahl auf knapp 300.000 im Jahr 1871 und auf fast 640.000 im Jahr 1891. Vor Beginn des Ersten Weltkriegs hatte Hamburg schon mehr als eine Million Einwohner.[192] Dementsprechend war ein Ausbau der Stadt dringend erforderlich. Erschwerend kam dazu, dass im Sommer 1892 die Cholera ausbrach, die, einmal eingeschleppt, sich aufgrund der oftmals beengten und hygienisch unhaltbaren Wohnverhältnissen und wegen der völlig unzureichenden Qualität des Trinkwassers schnell ausbreiten konnte.[193] 17000 Menschen erkrankten, von denen 8605 starben. Der Seuchenausbruch wurde landesweit als Versäumnis der Hamburger Stadtplanung angesehen und war sogar Thema im Reichstag. Die Stadtsanierung der folgenden Jahre erfolgte deshalb unter gesundheitspolitischen Gesichtspunkten. Sozialpolitische Aspekte spielten demgegenüber bis 1918 keine Rolle.[194]

Das Bevölkerungswachstum vor allem unterer Schichten, verbunden mit steigenden Lebenshaltungskosten und Mieten, führte zu einer grundlegenden Änderung der politischen Verhältnisse. Seit der Einführung der Gewerbefreiheit 1865 hatten sich Gewerkschaften gebildet. 1875 zogen, aufgrund der in Preußen eingesetzten Verfolgung der Arbeiterorganisationen, einige Gewerkschaftszentralen von dort nach Hamburg. Zwar wurden 1878 auch in Hamburg die Sozialistengesetze umgesetzt, aber die Gewerkschaftsbewegung erholte sich davon sehr schnell: 1890 wurde in Hamburg die *Generalkommission der Gewerkschaften Deutschlands* gegründet. 28 von 58 Einzelgewerkschaften hatten schließlich in Hamburg ihre Zentrale. In Groß-Hamburg waren 1913 nicht weniger als 143338 Arbeiter Gewerkschaftsmitglieder.[195]

Auch die SPD fasste in Hamburg Fuß. Der Beginn der Hamburger Arbeiterbewegung lag schon in den 1840er Jahren. Nach dem Ende der Sozialistengesetze nahm die SPD an Bedeutung und Mitgliederzahlen ständig zu. 1913 hatte die SPD, eine reine Arbeiterpartei, schließlich fast 62000 Mitglieder, was mehr als die Hälfte der Zahl der Arbeiter war. 1880 wurde zum ersten Mal ein Hamburger Sozialdemokrat in den Reichstag gewählt. 1883 folgte August Bebel, der mit Unterbrechungen bis 1913 Abgeordneter in Berlin war.[196]

Die Bedeutung der Sozialdemokratie und der Gewerkschaften ging weit über die der politischen und sozialen Interessenvertretung hinaus. Da die Arbeiter in den bürgerlichen Vereinen keinen Zutritt hatten, bildeten sie ein eigenes Milieu heraus, das über ein dichtes Netz an Versorgungseinrichtungen, Vereinen, Kultur- und Unterhaltungsbetrieben verfügte. Ganz wichtig war ihnen die Arbeiterbildung, die durch Bibliotheken, Verlage und Zeitschriften gefördert wurde.[197]

Die Positionen der bürgerlichen Parteien und Interessengruppen waren gegenüber den wachsenden sozialen Problemen nicht einheitlich. Auf der einen Seite grenzten sich die Bürgervereine, die sich um öffentliche Wohlfahrt, Hygiene und Schulen kümmerten, scharf von den unteren Schichten ab. Mitglied konnte nur werden, wer das Bürgerrecht besaß. Ein großer Teil von ihnen war gegen jede Erleichterung beim Erwerb des Bürgerrechts und Ausweitung der kommunalen Mitbestimmung. Sie waren die Speerspitze einer bürgerlichen Besitzstandswahrung, die verhinderte, dass in Hamburg bis zum Ersten Weltkrieg jemand ohne Hamburger Bürgerrecht in ein politisches Amt, als Schöffe, Geschworener, „nicht einmal als Armenpfleger" gewählt wurde.[198] Große Teile des Hamburger Bürgertums hatten keinerlei Verständnis für die Lage der Unterschichten. Vor allem die Grundeigentümer, die sogenannten „Hausagrarier",[199] denen ein Drittel aller Sitze in der Bürgerschaft zukam, verteidigten hartnäckig ihre Privilegien und Besitzstände.

Auf der anderen Seite gab es reformerische Kräfte, wie der 1896 von Friedrich Naumann gegründete *Nationalsoziale Verein* und die *Vereinigten Liberalen*, die sich 1908 aus Protest über die Verhinderung der Ausdehnung des Wahlrechts gründeten.[200] Gerade in den oberen Schichten gab es liberale und reformerische Stimmen, die etwa durch die altehrwürdige *Patriotische Gesellschaft* auf die Stadt einwirkten. 1901 gründete der Unternehmer Heinrich Traun die Gesellschaft *Volksheim*. Sie sollte ein Verein sein, der den Arbeitern bei der Überwindung ihrer Notstände helfen sollte.[201] Den „Verbänden des Kampfes", also der SPD und den Gewerkschaften, sollten „Verbände der Verständigung" zur Seite gestellt werden, in denen sich „alle Klassen innerlich gleichberechtigt" begegnen konnten.[202]

Von der ersten Antisemitismus-Welle im Reich Ende der 70er Jahre war Hamburg noch ziemlich unberührt geblieben. In den 90er Jahren breitete sich die Judenfeindschaft dann auch in der Hansestadt aus.[203] In den 90er Jahren zerstritten sich die Bürgervereine über ihre Stellung zu den Juden. 1890 wurde der *Antisemitische Wahlverein* gegründet. Eine führende Stimme des Antisemitismus war der 1893 in Hamburg gegründete *Deutschnationale Handlungsgehilfen-Verband*.[204] Es war kein Zufall, dass dieser Verein in Hamburg gegründet wurde. Im letzten Drittel des 19. Jahrhunderts nahm dort die Zahl der Angestellten stark zu. Die Expansion des Handels, und damit der Kontore, Lagerstätten und Warenhäuser, der Transportunternehmen, der Versicherungen und Banken, hatten zu einem steigenden Bedarf an Bürokräften geführt, die die Schreibarbeiten und Rechnungslegungen durchführten. In der Handelsstadt Hamburg expandierte dieser neue Mittelstand natürlich besonders stark. Diese gegenüber den Arbeitern vielfach privilegierten „Privatbeamte" fühlten sich andererseits aber zwischen den Arbeitgebern und den Arbeitern in einer unsicheren Position. Der Aufstieg war ihnen in aller Regel verwehrt, den Abstieg wollten sie auf jeden Fall vermeiden. Von der Arbeiterschicht setzte man sich mit einem betont bürgerlichen Habitus ab. Diese „White-Collar-Workers" betonten aber auch ihre Eigenständigkeit gegenüber den Kapitalisten, zu denen sie nicht gehören konnten und die ihnen als Arbeitgeber übergeordnet waren. Sehr leicht konnte eine solche Unsicherheit, was die eigene soziale Stellung anging, mit Animositäten gegenüber Juden verbunden werden.[205] Dies bedeutet selbstverständlich nicht, dass alle Angestellten zum Antisemitismus neigten, aber zweifellos hatte dieser in der Angestelltenschaft eine starke soziale Basis.

Der wachsende Antisemitismus führte dazu, dass als Gegenreaktion auch die zionistische Bewegung Zulauf erhielt.[206] Die Juden, deren Zahl in Hamburg Ende des Jahrhunderts etwa 20.000 betrug, waren seit der Verfassung von 1860 rechtlich gleichgestellt. Allerdings konnten sie bis 1918 Senator nur werden, wenn sie getauft waren. In der Wirtschaft nahmen sie wichtige Positionen ein. Sie stellten eine Reihe großer Kaufleute. Albert Ballin war Generaldirektor der HAPAG. Die Warburgs waren bekannte Bankiers, Aby Warburg ein bedeutender Kulturwissenschaftler. Der Apotheker Oscar Troplowitz machte den Betrieb Beiersdorf zu einem führenden Pharmaunternehmen. Juden betätigten sich als Förderer der Kunst und Wissenschaften. Trotzdem waren sie in aller Regel nur wenig in die sogenannte „gute Hamburger Gesellschaft" integriert.[207]

Im 19. Jahrhundert war Hamburg keine Hochburg der Wissenschaften und schönen Künste.[208] Sie war keine Stadt der denkerischen und künstlerischen Kreativität, so war doch die „öffentliche Sammelkultur" ausgeprägt.[209] 1860 wurde das Museum für Kunst und Gewerbe, 1868 die städtische Kunsthalle gegründet. Sie knüpften an die privaten Kunstsammlungen an, die in Hamburg schon seit dem 17. Jahrhundert im gehobenen Bürgertum gepflegt worden waren.[210]

Das gesellschaftliche Leben der führenden Schichten der Stadt spielte sich zum Großteil im privaten Rahmen ab. Hinzukam der Besuch von Bällen und gemeinsame Ausflüge. Die Häuser der großen Familien hatten Räumlichkeiten, um bei großen Empfängen 400 Gäste zu bewirten. Aber traf man sich im eigenen Domizil auch im kleineren Kreise.[211] Hier war man unter seinesgleichen. Hinzugeladen wurden Personen, von denen man sich eine Bereicherung der Gesellschaft erhoffte: Diplomaten, von denen es in Hamburg sehr viele gab, Offiziere und reiche junge Ausländer, die als Volontäre bei Hamburger Firmen arbeiteten. Während der Winterzeit wohnten zudem viele adlige Großgrundbesitzer aus dem näheren und weiteren Umland in der umtriebigen Stadt. [212] Beliebt war es auch, im Stile der französischen *Salons* einen Kreis von Gelehrten einzuladen, um so „der Geselligkeit einen geistig vornehmen Anstrich zu geben". Gerne zeigte man auch gesammelte Kunst und lud ein junges künstlerisches Talent ein, seine Arbeiten zu zeigen.[213]

Hamburg verfügte im späten 19. Jahrhundert aber auch über zahlreiche Restaurants, Kaffeehäuser und Gaststätten. Bemängelt wurde von Zeitgenossen, dass diese Lokale zu klein und aus bescheidenen Anfängen hervorgegangen seien. Demgegenüber wurde der neue Pavillon am östlichen Alsterufer 1873 zu einem Treffpunkt der höheren Kreise. Max Liebermann hat ihn gemalt.[214] Gerne traf man sich auch an den Spieltischen, etwa denen des *Union Clubs*.[215] Schließlich gab es die exklusiven Vereinigungen, wie etwa der Künstler- und der Architekten-Verein.[216] Der 1860 gegründete *Zoologische Verein* war zugleich ein exklusiver Zirkel und eine Aktiengesellschaft zur Förderung besagter Einrichtung.[217]

Die Hamburger Freimaurerei 1814–1914

Die Mitgliederentwicklung

Das Jahrhundert zwischen der napoleonischen Zeit und dem Ersten Weltkrieg war für die Hamburger Freimaurerei insgesamt gesehen eine Zeit wachsender Prosperität. Bezogen auf die Mitgliederentwicklung gab es jedoch Unterschiede zwischen den beiden größten Vereinigungen, der *Großen Loge zu* bzw. *von Hamburg* und der *Provinzialloge* des *Freimaurerordens.* Die Zahl der Mitglieder der *Vereinigten fünf Logen* stieg von 260 Brüdern im Jahre 1801 über 412 im Jahre 1808 auf 866 im Jahre 1882 an, um dann deutlich abzunehmen. 1909 war der Tiefpunkt mit 586 Brüdern erreicht, um sich dann etwas zu erholen.[218] Allerdings muss berücksichtigt werden, dass zusätzlich zu den fünf bestehenden Logen 1901 die Loge *Gudrun* gegründet wurde. Sie war eine Abspaltung von 60 Brüdern, die sich von der Loge der *Großen Landesloge Zur goldenen Kugel* aufgrund finanzieller Streitigkeiten getrennt hatten.[219] 1904 wurde die Loge *Phönix zur Wahrheit* gegründet. 1909 wurden diese beiden Logen dem Hamburger Senat als Mitglieder der rechtsfähigen Großloge von Hamburg nachgemeldet.[220] Obwohl diese beiden Logen zusätzliche Mitglieder brachten, änderten sie an der Mitgliederentwicklung der *Großen Loge* in der Stadt Hamburg nichts Grundsätzliches.

Die Entwicklung stellt sich jedoch anders dar, wenn man die auswärtigen Tochterlogen mitberücksichtigt. Die *Große Loge* insgesamt hatte 1880 33 Logen mit 3 179 Brüdern, 1910 55 Logen mit 4 856 Brüdern.[221]

Genau umgekehrt verlief die Mitgliederentwicklung der Logen, die zur *Großen Landesloge* gehörten. 1808 gehörten ihr in Hamburg 425 und 1902 1 189 Brüder an, die sich auf vier bzw. sechs Logen verteilten. Im Jahr 1882, als die Hamburger Logen der *Großen Loge* ihre größte Stärke mit 866 Brüdern erreichten, hatten die sechs dortigen Logen der *Provinzialloge* 954 Brüder. – Demgegenüber aber hatten 1878 die Mitgliedszahlen der gesamten *Provinzialloge von Niedersachsen* mit Sitz in Hamburg einen Tiefpunkt mit 1 195 Brüdern erreicht, nachdem man 1867 1 550 Mitglieder gehabt hatte. Außerhalb Hamburgs gab es nämlich jetzt lediglich in Bremen eine *Johannisloge* und eine *Andreasloge*, nachdem die Lübecker Brüder die *Provinzialloge* verlassen hatten. Nach 1878 ging es bezüglich der Mitgliederzahlen jedoch wieder bergauf. 1895 wurde eine weitere Tochterloge in

Cuxhaven gegründet. 1902 umfasste die gesamte *Provinzialloge* 1 534 Brüder.[222]

Neben der *Großen Loge von Hamburg* und der *Großen Landesloge* wurden zwischen 1800 und 1914 auch zwei Logen des in Frankfurt beheimateten *Eklektischen Bundes* (1845, 1847), zwei Logen der Großloge *Royal York zur Freundschaft* (1891, 1911), eine Loge der *Drei Weltkugeln* (1897) und eine solche unter der Großloge *Zur Sonne* (1876) gegründet.[223] Weiterhin soll in Hamburg auch eine portugiesische Loge unter dem *Grand Orient de Lissabone* gearbeitet haben. Im benachbarten, damals noch nicht zu Hamburg gehörenden Harburg wurde 1914 die Loge *Zur Erkenntnis* unter der Großloge *Zur Sonne* gegründet.[224] Hier wurde später, 1930, die *Symbolische Großloge von Deutschland* gegründet, die für die weitere Geschichte der deutschen Freimaurerei von großer Bedeutung werden sollte.

Damit waren im Hamburger Raum die meisten der deutschen Freimaurergroßlogen vertreten. Es gab zu jener Zeit nicht die Vorstellung eines Sprengelrechts, das einen bestimmten Raum einer Großloge zugewiesen hätte. Dies war allein deshalb nicht möglich, weil die Großlogen unterschiedliche Lehrarten, die zum Teil miteinander konkurrierten, vertraten. 1872 beschloss der Großlogentag, dass alle acht beteiligten Großlogen im gesamten Reichsgebiet Logen gründen und leiten konnten.[225] Auf der anderen Seite verstanden sich alle Logen als zu einer Freimaurerei zugehörig, und wenn nicht mal wieder aus politischen oder weltanschaulichen Gründen man sich gegenseitig einen Bannfluch entgegengeschleudert hatte, stand es jedem Bruder offen, auch Logen einer anderen Obödienz zu besuchen. In sogenannten *Zirkeln* trafen sich die Vertreter der Logen lehrartübergreifend zum Informationsaustausch und um gegebenenfalls gemeinsame Projekte durchzuführen.[226] Ausgeschlossen blieben hingegen die Brüder, die einer von den „regulären" Großlogen nicht anerkannten Freimaurervereinigung angehörten.

Allgemein stieg in Deutschland seit den sechziger und siebziger Jahren des 19. Jahrhunderts die Zahl der Freimaurer stark an, eine Entwicklung, die in den achtziger und neunziger Jahren durch den Antisemitismus-Streit leicht gebremst wurde. Nach Stefan-Ludwig Hoffmann stieg die Zahl der Freimaurer in Deutschland zwischen 1860 und 1914 von 24 714 auf 61 595 Brüder. Dabei hatten die liberalen Großlogen den größten Zulauf: *Zur Sonne* + 206,9 %, *Eklektischer Bund* +161,7 %, *Große Loge zu Hamburg* +113,5 %, gefolgt von der konservativen christlich-nationalen *Großen Landesloge* 92,2 %. Überzeugend ist dabei Hoffmanns Deutung dieser Entwicklung als Ausdruck einer zunehmenden „Politisierung des Logenwesens im Kaiserreich“, wie sie sich in den zeitgenössischen Diskussionen über den humanitären beziehungsweise christlichen Charakter der Freimaurerei und damit verbunden der Frage nach der Aufnahme von Juden in die Logen niederschlug.[227]

Während des ganzen Zeitraums zwischen 1814 und 1914 war in Hamburg die preußische *Große Landesloge* immer stärker vertreten als die „einheimische“ *Große Loge*. Der zeitweilige Rückgang der Mitgliederzahl der *Großen Loge von Hamburg* innerhalb des Stadtgebiets hängt vermutlich damit zusammen, dass nach der Reichseinigung für viele Aufwärtsstrebende die Mitgliedschaft in einer preußischen Großloge attraktiver erschien als die in der stadtrepublikanisch geprägten *Großen Loge*, wodurch das Ungleichgewicht zwischen den beiden Großlogen noch verstärkt wurde.

Dass die Anzahl der auswärtigen Logen der *Provinzialloge von Niedersachsen* bis 1877 zurückging, dürfte hingegen auf eine Vielzahl von Gründen zurückzuführen sein, neben internen Auseinandersetzungen, vor allem auch auf die Auflösung von Logen wegen fehlender Mitglieder.[228]

Von allen deutschen Großstädten hatten ab den 1860er Jahren Frankfurt am Main, Leipzig und Hamburg bezogen auf die Bevölkerung die meisten Freimaurer. Hamburg war dabei nach Berlin die Stadt mit den meisten Freimaurerlogen.[229] Trotz des Aufschwungs hielt in Hamburg die Entwicklung der Freimaurerei jedoch nicht mit dem Bevölkerungswachstum Schritt. Der Grund war, dass sich die Freimaurerei weiterhin im Wesentlichen aus dem Bürgertum rekrutierte, während die Stadt selbst vor allem nach der Reichseinigung dank der Einwanderung von Arbeitskräften aus den unteren Schichten wuchs. „In den Logen sammelte sich“ stattdessen weiterhin „das lokale Honoratiorentum aus Besitz und Bildung“.[230] Hamburgs Freimaurerei war und blieb von Kaufleuten, Juristen – zumeist Beamte – Unternehmern und Angehörigen freier Berufe geprägt, wenn auch das Kleinbürgertum, wie zum Beispiel durch Fleischverkäufer, vertreten war. 1838 war in der Traditionsloge *Absalom* ein Klavierstimmer Mitglied.[231] Zur in der zweiten Hälfte des Jahrhunderts wachsenden Arbeiterschicht und deren führenden Vertretern hatte die Hamburger Freimaurerei auf keinen Fall Kontakt.[232] Hierfür sorgten schon die Aufnahmegebühren und die Logenbeiträge, zu denen zusätzlich noch die Kosten für angemessene Kleidung und für die Teilnahme an den Dinners und die freiwilligen Beiträge zur Armenunterstützung kamen.[233]

Es ist anzunehmen, dass der soziale Typus des Aufsteigers, der zum Mitgliederzuwachs der deutschen Logen ab den 1860er Jahren beitrug, auch in Hamburg zunehmend stark vertreten war.[234] Gerade in der Elbmetropole war es für Zugezogene und soziale Aufsteiger nicht einfach, von den Alteingesessenen als ihresgleichen angesehen zu werden, auch wenn diese beruflichen Erfolg durchaus zu schätzen wussten.[235] Die Attraktivität der Freimaurerlogen lag also für sozial Aufgestiegene darin, dass sie dort soziale Anerkennung fanden und mit dem älteren Bürgertum, das in den Logen auch vertreten war, verkehren konnten, was ihnen das Gefühl gab, „es endgültig geschafft zu haben".[236] Vermutlich, aber dies müsste noch durch weitere Forschungen abgesichert werden, besetzten ab der zweiten Jahrhunderthälfte vor allem Brüder, die sich sozial hochgearbeitet hatten, die Logen- und Großlogenvorstände, wobei in den Logen des *Freimaurerordens* auffällig viele Lehrer in Führungspositionen waren, in der *Großen Loge* hingegen mehr Kaufleute und Freiberufler.

Stefan-Ludwig Hoffmann hat herausgearbeitet, dass sich seit den 1860er Jahren der Adel und die höhere staatliche Beamtenschaft aus den Logen zurückzogen, womit sie ihre Bedeutung „als soziale Orte der Vermischung von staatlichen und städtischen Eliten" verloren. Davon seien vor allem die preußischen Großlogen betroffen gewesen, in denen der Anteil der Staatsbeamten und des Militärs höher als in den liberalen Großlogen war, die umgekehrt stärker von Kaufleuten und Unternehmern geprägt waren.[237] In den 1880er Jahren häuften sich die Stimmen, die beklagten, dass sich die einflussreichen Kreise der Gesellschaft aus der Freimaurerei zurückgezogen hätten.[238] In der Stadtrepublik Hamburg, wo staatliche und städtische Führung zusammenfielen, scheinen sich die politisch führenden Kreise nach der Verfassungsreform 1860 aus der Freimaurerei zurückgezogen haben. Dafür spricht zumindest, dass jetzt erkennbar weniger Freimaurer in den führenden politischen Positionen der Stadt zu finden waren, als dies vormals der Fall gewesen war. Dies betraf die *Große Loge von Hamburg* und die *Große Landesloge* gleichermaßen. Brüder aus beiden Obödienzen hatten bislang führende Ämter in der Stadt innegehabt, allerdings mit einem Übergewicht der *Großen Loge von Hamburg* (s. u.).

Deutschlandweit nahm der Anteil protestantischer Geistlicher ab den 1850er Jahren so weit ab, dass diese nur noch eine marginale Rolle spielten – katholische waren im 19. Jahrhundert ohnehin nicht mehr in der Freimaurerei vertreten. Der Hintergrund war, dass dogmatische Vorbehalte gegen die Freimaurerei auch von evangelischer

Seite größer geworden waren.[239] Ob sich dieser Befund jedoch auf die Hamburger Verhältnisse übertragen lässt, muss offenbleiben – vermutlich nur mit Einschränkungen, denn unter den Meistern vom Stuhl und den Rednern der Logen finden sich immer mal wieder bis ins 20. Jahrhundert hinein lutherische Pastoren.[240]

Die Hamburger Freimaurerei und die Politik

Die deutsche Freimaurerei verstand sich nach englischem Vorbild als dezidiert unpolitisch. Sie nahm als Körperschaft während des 19. Jahrhunderts nie zu den wachsenden sozialen und ökonomischen Problemen Stellung und koppelte sich von den zeitgenössischen politischen Debatten ab. Dies schloss natürlich nicht aus, dass einzelne Freimaurer politisch aktiv waren, was sie in unterschiedlichem Maße in Hamburg bis in die höchsten Ämter der Stadt hinein waren. In einem weiteren Sinne war jedoch, wie Hoffmann, Berger und Pauli gezeigt haben, der bürgerliche Moralismus der Freimaurerei an sich schon politisch.[241] Verstanden wurde diese Bürgerlichkeit als ein Ferment der Gesellschaft. Verbunden war in den freimaurerischen Großlogen aller Länder die Vorstellung einer Veredlung der Persönlichkeit mit der einer „staatstragenden" Rolle der Freimaurerei.[242]

Diese war je nach Großloge anders akzentuiert. Während die *Große Loge von Hamburg* mehr in der stadtrepublikanischen Tradition stand, war die *Große Landesloge* klar monarchisch-preußisch orientiert. Auf jeden Fall verband sich das staatstragende Selbstverständnis nach 1871 mit einem national-monarchischen Bekenntnis zum neuen Kaiserreich, was in Feierlichkeiten zu Ehren der neuen Landesherren zum Ausdruck kam (s. u.).

Durch die Einbindung in die jeweilige Großloge dürfte deren politische Orientierung in der Summe auch das Leben der einzelnen Logen und die Rekrutierung der Mitglieder (s. o.) beeinflusst haben. Aber Rückschlüsse auf eine konkrete Loge oder einzelne Mitglieder können natürlich nur mit großer Vorsicht gezogen werden und setzen genauere Detailstudien voraus.

Der bürgerliche Moralismus der Freimaurerei produzierte zugleich als Abgrenzungsfolien Feindbilder, die von den Katholiken bis zu den Sozialisten reichten.[243] Vor allem mit der katholischen Kirche lieferte man sich einen heftigen Schlagabtausch, der keineswegs nur von der katholischen Kirche ausging. Antikatholizismus war in weiten Teilen der deutschen Freimaurerei, die sich größtenteils aus kulturprotestantischen und liberalen Kreisen rekrutierte, geradezu ein

Identitätsmerkmal.[244] Während eine sich religiös indifferente humanistische Auffassung von Freimaurerei an den autoritären und dogmatischen Züge der katholischen Kirche und deren unerbittlichem Antimasonismus störte, pflegten die altpreußischen Großlogen in ihren Hochgraden ein gnostisch angehauchtes, christlich geprägtes und liturgisch elaboriertes Alternativprogramm zum Kultus der katholischen Kirche. Jedoch spielte in Hamburg dieser Antikatholizismus so gut wie keine Rolle, weil es dort kaum Katholiken gab.

Dass die Hälfte der Menschheit, sprich die Frauen, zu der von der *Grand Lodge of England* anerkannten Freimaurerei keinen Zugang hatte, galt natürlich auch für die Hamburger Logen. Die sogenannten Adoptionslogen, in denen auch Frauen Mitglied werden konnten (s. o.), gab es im 19. Jahrhundert nicht mehr. Im Laufe des Jahrhunderts scheint innerhalb der Freimaurerei die Abwertung der Frauen sogar zugenommen zu haben. Ihnen wurde die für eine Mitgliedschaft in dem Selbstveredlungsbunde notwendige Selbstständigkeit abgesprochen. Der Frau mangle es zudem an „Weltbürgersinn".[245] Dabei war umgekehrt aber der Druck von außen im späten 19. Jahrhundert groß. In anderen Vereinen hatten Frauen längst Zugang gefunden, und in anderen Ländern, allen voran Frankreich, gab es inzwischen auch eine „irreguläre" Frauen- und eine gemischte Freimaurerei. In der wilhelminischen Gesellschaft aber erwies sich die starre Geschlechterdifferenzierung als unüberwindlich. Zu keinem Zeitpunkt wurde die Öffnung der Logen für das weibliche Geschlecht in Erwägung gezogen. Die in den Logen seit den 1860er Jahren populär gewordenen Schwesternfeste für die Ehefrauen und Töchter der Brüder dienten hingegen als zeitweilige Gunsterweise „der Stabilisierung und Selbstaffirmation der männlichen Exklusivität".[246]

Immer wieder diente in Teilen der Freimaurerei der Antisemitismus als Abgrenzungs- und als Selbstvergewisserungsideologie, wobei sich antijüdische und nationalistische Tendenzen miteinander verwoben. Über die Frage, ob Juden in die Freimaurerei aufgenommen werden können, herrschte zwischen der *Großen Loge* und der *Großen Landesloge* Uneinigkeit. Während die Logen der *Großen Loge* ab den 1840er Jahren Juden aufnahmen, blieben diesen die Türen der Logen der *Großen Landesloge* verschlossen. Antisemitische Einstellungen erreichten ab den 1880er Jahren allerdings auch die *Große Loge*[247] – wenn auch in geringerem Maße als die preußischen Großlogen. Während auf das Thema „Juden und Freimaurerei" weiter unten näher eingegangen wird, soll an dieser Stelle ein anderes Ereignis angesprochen werden, das mit der Frage, ob Juden in die Logen Zugang finden sollten, in Verbindung stand, aber eine eigene Dynamik entwickelte.

Hermann Settegast (1819–1908), ausgewiesener Professor für Landwirtschaft, war 1854 in Oppeln Mitglied einer Loge der *Drei Weltkugeln* geworden.[248] 1858 wurde er in Königsberg Mitglied einer Loge der *Großen Landesloge*, in Berlin Freimaurerbruder in der Loge *Friedrich Wilhelm zur gekrönten Gerechtigkeit* der Großloge *Royal York zur Freundschaft*. 1889 wurde er deren *Großmeister*. Settegast versuchte nun, den Orden zu reformieren. Die Hochgrade sollten abgeschafft werden, die Ablehnung eines Mitgliedsantrags aus religiösen Gründen, was sich de facto nur gegen jüdische Mitbürger richtete, sollte nicht mehr möglich sein. Settegast scheiterte mit beiden Vorhaben, legte sein Amt nach nur fünf Monaten nieder und verließ die Großloge. Es ist zu vermuten, dass jetzt die *Großloge von Hamburg* die Möglichkeit sah, sich gegenüber dem ausufernden Antisemitismus zu positionieren. 1891 wurde Settegast in ihrer Hamburger Loge *Ferdinande Caroline* aufgenommen. Der Plan war, in Berlin eine Tochterloge zu errichten. Jedoch lehnte der preußische Innenminister das Gesuch ab, weil das königliche Edikt von 1798 den drei altpreußischen Großlogen das alleinige Recht, in Preußen Logen zu gründen und zu unterhalten, zugesprochen hatte. Die Altpreußen gründeten also Logen außerhalb Preußens, so auch in Hamburg, nahmen für ihr Stammland jedoch ein Sprengelrecht in Anspruch und widersetzten sich damit auch dem Beschluss des Großlogentages von 1872, der freie Logengründungen im ganzen Kaiserreich ermöglichte.

Die *Große Loge von Hamburg* zog sich aus dem Vorhaben zurück. Settegast gründete daraufhin 1892 eine eigene unabhängige *Große Freimaurerloge von Preußen, genannt Kaiser Friedrich zur Bundestreue* mit einer Tochterloge *Victoria* in Berlin. Postwendend verbot das Berliner Polizeipräsidium die Bezeichnung *Große Freimaurerloge*. Der folgende Rechtsstreit jedoch ging zugunsten Settegasts und seiner Neugründung aus. Das Edikt von 1798 wurde für ungültig erklärt. Die Sonderstellung der altpreußischen Großlogen stehe im Widerspruch zur Verordnung vom 6. April 1848, wonach alle Preußen sich zu nicht straffälligen Zwecken frei vereinigen dürften. Alle das Vereinigungsrecht einschränkenden Bestimmungen waren aufgehoben.[249] Damit hatte der Streit auch weit über die Freimaurerei hinaus politische und rechtliche Bedeutung erlangt. An die Stelle obrigkeitlicher Privilegierung trat das freie Assoziationswesen.

Die neue Großloge entfaltete ein reiches Logenleben. Auch die Hamburger Großloge und der *Eklektische Bund* gründeten jetzt Logen in Preußen. Die altpreußischen Großlogen wollten sich jedoch nicht geschlagen geben und erkannten die neue freimaurerische Organisation nicht an. Auf dem Großlogentag boykottierten sie die Anerkennung. Deshalb entschloss sich Settegasts Nachfolger, sein Schwiegersohn Heinrich Möller, in Absprache mit dem *Großmeister* der *Großen Loge von Hamburg*, Heinrich Wiebe, die eigene Großloge aufzulösen und seine Logen in die Hamburger Großloge zu überführen. 1900 entstand so die *Provinzial-Großloge von Hamburg in Berlin*. Settegast wurde Ehrenmitglied der Hamburger Großloge. Nach etwas mehr als 120 Jahren konnte die *Große Loge von Hamburg* so der Gründung der *Provinzialloge* des *Freimaurerordens* in Hamburg eine eigene Territorialorganisation in Berlin entgegensetzen.

Die altpreußischen Großlogen erkannten erwartungsgemäß die neuen Gegebenheiten nicht an. Es kam zum Bruch mit der *Hamburger Großloge*. Der gegenseitige Besuch von Logenarbeiten – auch in Hamburg – wurde eingestellt.[250] Erst 1903 kam es zur Aussöhnung mit den Großlogen *Drei Weltkugeln* und *Royal York*. Die *Große Landesloge* hingegen hatte ein neues Streitthema gefunden. 1901 hatte die Hamburger Großloge nämlich in Kopenhagen eine Loge eröffnet, was die dänische Großloge als Verletzung ihres Sprengelrechts ansah, ebenso die schwedische und norwegische und eben die mit der skandinavischen Freimaurerei eng verbundene *Große Landesloge*. 1905 wurde dann auch dieser Streit gütlich beigelegt, auch zur Freude der Hamburger Brüder.[251]

Die Berliner Logen der Hamburger Großloge zeichneten sich vor allem durch ihre öffentliche Wohltätigkeit aus.[252] Gutsituiert kauften sie das Grundstück Emser Straße 12-13 in Wilmersdorf und ließen von Max Grünfeld, Mitglied der zur *Großen Loge* gehörenden *Hammonia zur Treue*, für rund 1 Million Goldmark ein neues Logenhaus planen und errichten. 1913 konnte das neue große und prächtige Gebäude eingeweiht werden. Als einziges Berliner Logenhaus überstand es, allerdings stark zerstört, den Zweiten Weltkrieg. Seit 1973 ist es mehrfach grundlegend restauriert und modernisiert worden.[253]

Die *Große Loge von Hamburg*, obwohl zum humanitären Flügel der deutschen Freimaurerei gehörig und liberaler als die altpreußischen Großlogen eingestellt, kannte ihrerseits aber durchaus Grenzen der Toleranz. Auch für sie war die laizistische und politisch aktive romanische Freimaurerei, allen voran der *Grand Orient de France*, ein Schreckgespenst. Einige Jahre vor dem Settegast-Streit sorgte der *Lessing-Bund* für Aufregung. Die von dem freimaurerischen Schriftsteller Gottfried Joseph Findel gegründete Reformbewegung hatte sich zum Ziel gesetzt, eine zeitgemäße Form der Freimaurerei zu finden. Im

Oktober 1887 fand die Jahresversammlung in Jena statt. Die dortige Loge *Karl August zu den drei Rosen*, die zur *Großen Loge von Hamburg* gehörte, war Gastgeber. Auf der Versammlung forderte ein Redner die Besprechung politischer und religiöser Themen in den Logen, was auf Zustimmung stieß. Damit begab man sich, aus der Sicht „konservativer" Freimaurerei in gefährliche Nähe zu den romanischen, vonseiten der „regulären" Freimaurerei exkommunizierten Großlogen. In einer Denkschrift verurteilte der *Ehren-Großmeister* der *Großen Loge von Hamburg*, Friedrich Glitza, die Vereinigung scharf als atheistisch und radikal, was von Findel und seinen Anhängern ebenso scharf zurückgewiesen wurde. Kurze Zeit später, im Februar 1888, wurde auf dem Großlogentag der Antrag angenommen, dass die Mitgliedschaft im Lessing-Bund unvereinbar mit der in der Großloge sei. Der Beschluss stieß auch bei den Brüdern der Großloge keineswegs nur auf Zustimmung. Die Loge *Zur Brüderlichkeit* in Bukarest trat geschlossen aus der *Großen Loge* aus, ebenso Brüder aus Jena.[254]

Das Logenleben

Den Kern des Logenlebens bildeten die regelmäßig, meist im Monatsturnus durchgeführten *Tempelarbeiten*. Die Rituale dieser Zusammenkünfte wurden strikt geheim gehalten, obwohl sie de facto durch Verräterschriften bekannt waren. Aber es gehört zum Selbstverständnis der Freimaurerei, über dieses Arkanum selbst nichts verlauten zu lassen. Deshalb finden wir in Darstellungen zur Geschichte der Hamburger Freimaurerei aus der Feder von Freimaurern, wie etwa Kneisner und Appel, auch nichts Detailliertes über die Ritualarbeiten der Logen. Die Mitgliedschaft in einer Loge hielt man, viel mehr als heutzutage, geheim – selbst vor der eigenen Familie. In seinen umfang- und detailreichen Erinnerungen, die Martin Haller auf Wunsch seiner Kinder 1913 handschriftlich verfasste, geht der bekannte Hamburger Architekt mit keinem Wort auf seine Mitgliedschaft in der Loge *Absalom zu den drei Nesseln* ein. Dass er Freimaurer war, kann man nur aus seinem Bericht schließen, wonach er 1859 in London in einem Hotel logierte, das, weil in der Nähe der *Freemasons' Hall* gelegen, von Freimaurern gerne aufgesucht wurde.[255] Vielleicht noch entlarvender ist seine Erwähnung einer katholischen Priesterweihe, der er 1876 in der Kapelle der Propaganda Fide in Rom beiwohnte: „Wir waren […] Zeuge der abenteuerlichen, an Freimaurergebräuche erinnernde [sic] Ceremonien"[256] – eine Bemerkung, aus der man zugleich auch eine gewisse Distanz zu den Freimaurerritualen (hier des ersten Grades) erkennen mag, da man ja nicht davon ausgehen kann, dass der Eintritt in eine Loge aus jedem Kandidaten gleich einen zutiefst überzeugten Freimaurer macht.

Die regelmäßig stattfindenden *Tempelarbeiten* strukturieren das Logenleben in gleichmäßige Zeitabschnitte. In ihnen wird, religionswissenschaftlich gesprochen, regelmäßig ein heiliger Raum, der sogenannte Tempel, und eine eigene Zeit, symbolisch durch *Hochmittag* und *Hochmitternacht* ausgedrückt, konstituiert. Das Ritual gleicht einem Theaterstück mit dem Unterschied, dass Schauspieler und Zuschauer identisch sind. Benutzt werden Symbole, die aus der Tradition der Steinmetzen stammen, und das Bild des Tempels Salomons. Die ersten drei Grade des Lehrlings, des Gesellen und des Meisters, die sogenannten Johannisgrade, erläutern anhand von Symbolen die sogenannte *Arbeit am rauen Stein*, also am eigenen Charakter, und des sich Einfügens in eine Gemeinschaft, um dann darzustellen, dass der Gerechte über den Tod hinaus in der Erinnerung derer, denen er wohlgesinnt gewesen ist, weiterlebt. Die Botschaft dieses dritten Grades ist also, dass wer tugendhaft gelebt hat, den Tod nicht zu fürchten brauche. Da er in einigen Lehrarten sehr dramatisch aufgeführt wird, hat er immer wieder die Fantasie der Außenstehenden beflügelt. In den Logen der *Großen Loge von Hamburg* wurde seit dem frühen 19. Jahrhundert das Ritual verwendet, das Friedrich Ludwig Schröder entworfen hatte (s. o.). Das Schrödersche Ritual ist, wie schon gesagt, von einer geradezu beeindruckenden Schlichtheit und konzentriert sich ganz auf die dargelegten moralischen Aussagen der drei Grade. Es verzichtet auf historische und legendenhafte Reminiszenzen und hat die religiösen Symbole auf ein Minimum reduziert. Zumindest Mitglieder aller drei abrahamitischen Religionen konnten sich in diesem Ritual wiederfinden. Wer aber eine bilderreiche, mystisch und religiös gefärbte Erlebniswelt suchte, war in dieser nüchternen Form der Freimaurerei nicht gut aufgehoben. Er fand eine solche in den Logen der sich christlich verstehenden *Großen Landesloge*. Dass diese von Anfang an mehr Zulauf als die Logen der *Großen Loge* hatten, dürfte auch daran gelegen haben, dass sie besser ein Bedürfnis nach Ergriffenheit befriedigten.

Die Rituale der *Großen Landesloge* sind und waren erheblich elaborierter und symbolreicher als die der *Großen Loge*. Letztere hatte in ihrer Verfassung festgeschrieben, dass sie und ihre Tochterlogen sich „enthalten […] nicht allein aller Benennungen und Gebräuche, welche auf einen Orden hindeuten könnten, sondern sie verpflichten sich auch gegenseitig, nur in den drei Graden der Johannismaurerei zu arbeiten".[257] Das Ritualgebäude der *Großen Landesloge* endet demgegenüber nicht bei den geschilderten drei Graden, sondern umfasst insgesamt zehn Grade. Dabei werden der vierte und fünfte Grad in einer sogenannten *Andreasloge* bearbeitet, die Grade VI – X dann in einem Kapitel. Während die ersten drei Grade um das alttestamentarische Symbol des Tempels Salomons kreisen, wird in diesen weiterführenden Graden die Geschichte über den zweiten Tempelbau hinaus in die christliche Ära bis hin zu den Tempelrittern weitergeführt.

Während die Beförderung in den zweiten und dritten Grad mehr oder weniger automatisch erfolgt, wird man in die höheren Grade berufen. Ein solches Auswahlverfahren erlaubt natürlich eine Kontrolle und Disziplinierung der Bruderschaft. Zugleich bedeutet eine solche Berufung ein Gewinn an Prestige und Einfluss.

In diesem pyramidenförmigen Gebilde gehören mehrere *Johannislogen* zu einer *Andreasloge* und mehrere *Andreaslogen* zu einem Kapitel. In Hamburg wurde die *Andreasloge Fidelis* 1777, in Altona die *Concordia* 1849, in Lübeck die *Caritas* und in Bremen die *Andreasloge Assidua* 1853 gestiftet. Diese vier *Andreaslogen* waren für die gesamte *Provinzialloge* von Niedersachsen zuständig.[258] Erst 1834 wurde in Hamburg das Provinzialordenskapitel *Inviolabilis* eingesetzt.[259] Bis dahin mussten die Brüder der abschließenden vier Grade zur *Tempelarbeit* des Kapitels nach Berlin fahren.

In ihm waren die als besonders würdig angesehenen Brüder versammelt. Eine statistische Aufstellung der Mitgliedschaft besitzen wir ab 1870. In jenem Jahr hatte das Kapitel 88 Brüder, davon besaßen 11 den X. Grad. 1900 umfasste das Kapitel 288 Brüder, davon waren 49 im X. Grad. Da in diesem Jahr insgesamt 1 695 Brüder zur niedersächsischen Ordensprovinz gehörten, waren also nur 17 % von ihnen im Kapitel, von denen wiederum 17 % den höchsten Grad innehatten.[260]

Im Anschluss an die rituellen Arbeiten gab es oft ein geselliges Zusammensein, das als Tafelloge ebenfalls nach zeremoniellen Regeln ablief, die aus den höfischen und militärischen Traditionen stammen. Das gemeinsame gepflegte Speisen und Trinken ist in den deutschen Logen zu allen Zeiten hochgehalten worden, wobei unmäßiger Alkoholgenuss verpönt ist.[261]

Bei der *Tempelarbeit* und beim anschließenden Mahl trugen die Freimaurer immer eine festliche Kleidung, je nach Lehrart und Zeit waren es entweder ein schwarzer Anzug, ein Smoking oder gar ein Frack. Die *Große Landesloge* schrieb einen schwarzen Zylinder, den *hohen Hut*, der den freien Mann auszeichne, vor. Auf der einen Seite war diese Kleiderregel für offizielle Anlässe ein „feiner Unterschied" (Pierre Bourdieu), mit dem man sich von unteren Schichten absetzte. Nur wer sich einen solchen Anzug leisten konnte und sich in ihm wohlfühlte, konnte Freimaurer werden. Auf der anderen Seite hatte diese Kleiderordnung auch einen egalitären Zug, weil alle Brüder, ungeachtet ihres Standes oder Berufes, gleich festlich gekleidet waren. Die festliche Kleidung drückte zudem die temporäre Distanz zum Alltag aus.

Festliche Kleidung war natürlich auch obligatorisch bei den offiziellen Feiern der Logen und Großlogen. Und gefeiert wurde weiterhin viel und gerne. In den Logengeschichten wird im Gegensatz zu den rituellen Arbeiten detailliert über diese Festaktivitäten berichtet.

Da gab es das jährliche Fest am Tag des Patrons der Freimaurer, Johannes des Täufers, dem 24. Juni. Stiftungsfeste erinnerten an die Gründung der Loge. Ihre runden Geburtstage wurden besonders aufwändig gefeiert.

1837 wurde in Hamburg feierlich die Säkularfeier der Einführung der Freimaurerei in Hamburg und Deutschland begangen.[262] Die *Große Loge zu Hamburg* wollte diesen Tag natürlich festlich gestalten. Wie üblich, gab es jedoch bei dieser Feier auch diplomatische Verwicklungen. Einzelne Brüder der *Provinzialloge* monierten, dass ihre Logen bei der Durchführung der Feier nicht beteiligt seien. Die *Provinzialloge* sei nur als Gast eingeladen. Andere ihrer Brüder meinten, die Freimaurerei sei ja schon viel früher als 1737 nach Deutschland gekommen. Solche Empfindlichkeiten und Bedenklichkeiten waren in der Freimaurerei alles andere als selten. Auch darin waren sie gutbürgerlich. Im Kern ging es natürlich darum, der *Großen Loge* eine gewisse historische Vorrangstellung streitig zu machen. Nachdem der *Großmeister* der *Großen Loge* versicherte, in seinem historischen Rückblick werde nichts vorkommen, was die Brüder der *Provinzialloge* verletzten könne, entschloss sich diese, mit einer Abordnung und ihren Logenmeistern an der Veranstaltung teilzunehmen. Die Festveranstaltungen ab dem 5. Dezember 1837 dauerten dann mehrere Tage. Acht Großlogen und zweiundvierzig Logen nahmen teil. 300 Brüder nahmen an der Festtafel Platz. Lange Reden wurden gehalten, Glückwunschschreiben verlesen. Ehrenmitgliedschaften wurden verliehen.

Ein wichtiges Ereignis im Leben einer Loge war die Installation eines neuen *Meisters vom Stuhl*. Friedrich Kneisner berichtet, wie eine solche Meistereinsetzung am Johannisfest 1822 in der Loge *Zu den drei Rosen* begangen wurde.[263] Die Logenarbeit begann schon um zwei

Uhr nachmittags. Nach eineinhalb Stunden schritt man zur Tafel, die bis abends 20 Uhr dauerte. Höhepunkt der Feier war eine Rede des *Provinzial-Großmeisters* über den Schutzpatron Johannes den Täufer. Danach wurden, wie üblich am Johannisfest, Rosen an die Brüder verteilt. Unter Instrumentalbegleitung sangen sie zwei Lieder, die an diesem Festtag traditionell gesungen wurden. Es folgte eine Rede des Provinzial-Großredners „über des Maurers Freude und Hoffnung an diesem Feste". Die Musik setzte wieder ein und „‚Freudig ertöne in heiligen Hallen, Brüder, dem Schöpfer der Maurergesang' brauste der volle Chor der Johannisjünger durch den Saal."

Festarbeiten wurden auch zu Ehren besonders verdienter langjähriger Brüder gefeiert. Mit freimaurerischem Zeremoniell trug man Brüder, die sich dies gewünscht hatten, zu Grabe. Eine *Trauerloge* schloss sich an.[264] Eine solche freimaurerische Beisetzung war eine der ganz seltenen Gelegenheiten, bei denen die Öffentlichkeit freimaurerisches Brauchtum sehen und erleben konnte. Die Kirchen nahmen sie mit einem gewissen Recht als Konkurrenzveranstaltung zu ihrer eigenen Liturgie wahr.
Zu den sogenannten Schwesternfesten wurden die Frauen und Töchter der Brüder eingeladen. Zumindest bei einigen Logen der *Provinzialloge* entwickelten sie sich zu zeremoniell gestalteten Veranstaltungen, die an die Logenarbeiten mit anschließender Tafelloge erinnerten: Musik, Reden, Trinksprüche, Lieder und eine Armensammlung waren die wichtigsten Bestandteile.[265]

Nach 1871 wurde auch die Verbundenheit mit dem deutschen Kaiserhaus zum Ausdruck gebracht. Am 30. März 1888 fand im großen Saal des Konventgartens an der Neust eine *Trauerloge* zum Gedenken an Kaiser Wilhelm I. den „Siegreichen" statt. Alle 14 in Hamburg arbeitenden Logen nahmen daran teil. Amerikanische und schweizerische Brüder waren Gäste. Gegen 18:30 Uhr zogen mehr als 900 Brüder unter den Klängen von Chopins Trauermarsch in den Tempel ein. Erbauliche und patriotische Reden wurden, von stimmiger Musik unterbrochen, gehalten. Schließlich legte der *Provinzial-Großmeister* Schurz und Winkelmaß auf dem mitten im Saal stehenden Sarkophag nieder. Kaiser Wilhelm war Protektor der altpreußischen Großlogen gewesen. Schon am 12. Juli 1888 mussten sich die Hamburger Brüder erneut zur Trauerloge treffen, diesmal um des nachfolgenden Protektors der altpreußischen Großlogen, des Kaisers Friedrich III., zu gedenken. 700 Brüder nahmen an der *Trauerloge* teil.[266] Am 18. Januar 1912 gedachte die Loge *Absalom zu den drei Nesseln* des zweihundertjährigen Jubiläums der Aufnahme von Kronprinz Friedrich in die Freimaurerei. Da am eigentlichen Aufnahmetag, dem 24. Januar, die Großloge *Zu den drei Weltkugeln* in Berlin eine Festveranstaltung plante, legte die Loge in Hamburg ihre Feier auf den 18. Januar, den Tag, an dem Friedrich I. sich zum König in Preußen hatte gekrönt und an dem Wilhelm I. in Versailles zum Kaiser ausgerufen worden war. Kronprinz Friedrich Leopold von Preußen wurde Ehrenmitglied der Loge *Absalom*.[267] So war zugleich der Historie, dem Ruhm der Loge und dem Ausdruck patriotischer Gesinnung Genüge getan.

Allerdings kann nicht die Rede davon sein, dass unter Hamburger Freimaurern die Kaiser- und Preußenbegeisterung übermäßig hoch gewesen sei. Erst am 27. Januar 1895, sechs Jahre nach dem Thronantritt Wilhelms II., wurde zum ersten Mal zu seinen Ehren *Kaisers Geburtstag* gemeinsam von 18 Logen aus Hamburg und dem Umland gefeiert. Die *Große Loge von Hamburg* leitete die Festarbeit, die *Provinzialloge* die Tafelloge.[268]

Letztere zeigte ihre Verbundenheit auch mit den Monarchen Dänemarks und Schwedens, in deren Ländern eine Lehrart der Freimaurerei gepflegt wurde, der man sich sehr verbunden fühlte. Anlässlich des 125-jährigen Jubiläums der *Provinzialloge* am 26. Juni 1902 wurden unter anderem König Oscar II. von Schweden und Kronprinz Christian Friedrich Wilhelm Carl von Dänemark zu Ehrenmitgliedern ernannt.[269]

Wichtig im Logenleben war auch die Musik. Während der Tempelarbeiten und Festtafeln wurde mit Instrumentalbegleitung viel und erhebend gesungen, wovon die Liederbücher für die Hamburger Logen zeugen.[270]

Zeitweise sorgten in der *Großen Loge* und in der *Provinzialloge* musikalische Vereine, die sich aus Mitgliedern mehrerer Logen zusammensetzten, für die musikalische Unterhaltung.[271] Die sogenannten *musikalischen Brüder*, die die Musik aufführten beziehungsweise begleiteten, hatten zunächst in der *Provinzialloge* nur einen geringeren Status als die „normalen" Brüder. Eine zunehmende Wertschätzung der Musik führte 1863 zu ihrer Gleichberechtigung und machte aus Musikanten Vortragskünstler. In der Hamburger Freimaurerei gab es auch eine Reihe von nicht unbedeutenden Musikern, so den Dirigenten der Stadttheaterkapelle Karl August Krebs und Mitglieder der Musiker-Familie Graff.[272]

Die Rituale und die reiche Festkultur der Hamburger Freimaurer beförderten auf der einen Seite den inneren Zusammenhalt, auf der anderen Seite hoben sie natürlich auch das Ansehen in der Öffentlichkeit, denn es sprach sich herum, wie die Freimaurer feierten. Dies war natürlich erwünscht. Schließlich stand man ja auch in Konkurrenz zu vielen anderen geselligen Vereinen. In ihrer Festkultur war sie ein Spiegelbild dessen, was Freimaurerei in sozialer Hinsicht bezweckte: ein Amalgieren der oberen Schichten der Gesellschaft. Der Einzug der *Großmeister*, Meister und Logenbeamten, die streng geordnete Tafelloge, die Trinksprüche auf den Monarchen (und in Hamburg auf die freistädtische Regierung), die Freimaurerei und ihre *Großmeister*, die Musikeinlagen und die oft langatmigen Reden: das alles war eine Mischung von Hofzeremoniell, adliger Tischkunst, militärischem Kasino und bildungsbürgerlicher Selbstdarstellung. Ausgeschlossen blieb das Undisziplinierte und Ungehobelte. Die Feiern gaben den Brüdern das Gefühl, zur besseren Gesellschaft zu gehören.

Ritual und Feste machten das Programm der tugendhaften Selbstdisziplinierung zu einem sinnlichen Erlebnis. Schreiten, Essen, Trinken und Singen schrieben es in die Körper ein und machten die moralischen Lehren zu einem – wie die Soziologen sagen – „impliziten Wissen", über das nicht mehr nachgedacht werden brauchte. Gerade diese Erlebnispädagogik machte die Freimaurerei so attraktiv.

Lovis Corinth, Die Logenbrüder: 1899 – Lenbachhaus, München.

Dies bedeutete nicht, dass die klassischen Medien von Bildung und Erziehung, Rede und Schrift in den Hamburger Logen nicht gepflegt wurden. Im Gegensatz etwa zu den britischen haben die deutschen Logen immer viel Wert auf das gesprochene Wort und das Schrifttum gelegt. Bei jeder Festveranstaltung wurden ausführlichst und bisweilen auch ermüdend, Ansprachen gehalten. Jede einzelne Loge und jede Großloge hatte ihre Redner, die auch nicht zu wenig zu Wort kamen. Viele Logen verfügten über eine Bibliothek, in der diese Reden und weiteres freimaurerische Schrifttum, teils sogar aus eigener Feder, den Brüdern zum Studium zur Verfügung gestellt wurde. So wurde 1837 eine Bibliothek der *Provinzialloge* in Hamburg eröffnet.[273] Auch die *Vereinigten fünf Logen* verfügten mit der Zeit über eine größere Bibliothek. Diese Freimaurerbibliotheken waren selbstredend der „profanen" Öffentlichkeit nicht zugänglich.

Wie in jedem guten Verein brauchte es eine Zeitschrift, mit der die Leitung die Verbindung mit den Mitgliedern pflegte und diese sich mit Beiträgen in das Vereinsleben einbringen konnten. Anzeigen dienten dem Nachrichtenaustausch. Ist das Blatt ausdrücklich nur für Mitglieder bestimmt, stärkte dies zusätzlich den Zusammenhalt des exklusiven Vereins.

Seit 1867 erschien als Organ der *Vereinigten fünf Logen*, dann der *Großen Loge* mit Nachrichten und Artikeln das *(Hamburger) Logenblatt*.[274] Das *Niedersächsische Logenblatt* der *Provinzialloge* folgte 1881.[275]

Die Freimaurerei war neben den Studentenverbindungen auch im 19. Jahhrhundert noch die einzige gesellige Organisation, die – abgesehen von den Kirchen – sowohl lokal verankert als auch überregional organisiert war. Die amerikanischen *Service Clubs* waren noch nicht entstanden. Da die Aufnahme in den Freimaurerbund bedeutete, in allen Logen der Welt zu Gast sein zu dürfen, entwickelte sich ein einzigartiges Netzwerk, das durch die gegenseitigen Besuche von Brüdern in den Logen aufrechterhalten wurde. Das machte die Freimaurerei sehr attraktiv. Rituale und Gebräuche, die überall zumindest sehr ähnlich waren, stellten dabei sicher, dass sich der Besuchende auch gleich in der fremden Loge zuhause fühlen konnte.

Freimaurerische Wohltätigkeit

Ein Kennzeichen der Hamburger Freimaurerei waren und sind ihre zahlreichen wohltätigen Stiftungen und Einrichtungen. Dies entsprach ganz dem Geist der Stadt. Der Wohlstand ihrer führenden Familien und eine gutsituierte Mittelschicht kontrastierten mit im Laufe des 19. Jahrhunderts, vor allem seit der Kaiserzeit stark gewachsenen unteren Schichten, die in prekären bis armen Verhältnissen lebten. Dabei war das soziale, „moderne" Bewusstsein in der Oberschicht aber ausgeprägter als im Mittelstand, in dem besonders sich die Grundeigentümer durch einen robusten Konservatismus auszeichneten.[276] Aufgrund der parallel zum Bevölkerungswachstum steigenden Lebenshaltungskosten kam es ab 1869 zu Streiks, von denen insbesondere der große Hafenarbeiterstreik vom November 1896 bis Februar 1897 in die Geschichte der Stadt einging.[277] Dass es jedoch zu keinen weiteren größeren sozialen Unruhen kam, war wohl auch der erheblichen privaten und öffentlichen Wohltätigkeit zu verdanken, die vieles abfederte.[278] Neben den kirchlichen Einrichtungen besaßen gesellschaftliche Gruppen und Berufe, später auch die Arbeiterschaft eine Fülle von Unterstützungswerken. Nach Werner Jochmann sollen allein die Handwerker zu Beginn des 20. Jahrhunderts 200 Alters- und Unterstützungseinrichtungen unterhalten haben. Insgesamt gab es in Hamburg vor dem Ersten Weltkrieg rund eintausend private Stiftungen, die zusammen ein Vermögen von 134 Millionen Goldmark verwalteten.[279]

Dabei spielte die Freimaurerei eine nicht unbedeutende Rolle. Im Jahr 1904/05 hatte die gesamte *Große Loge von Hamburg* einschließlich ihrer auswärtigen Tochterlogen 91 mildtätige Stiftungen.[280] Bei den Logenarbeiten und den Festveranstaltungen wurde immer der Armen gedacht. Für besondere Anlässe und Zwecke wurde gesondert Geld gesammelt. Stiftungen wurden für Dauerprojekte gegründet, an denen sich die Freimaurerbrüder durch Spenden beteiligen konnten. Einzelne wohlhabende Freimaurer trugen aus ihrem Vermögen erheblich dazu bei, neue soziale Projekte zu initiieren oder zum Erfolg zu führen. Erbschaften flossen in die Projekte der Logen ein oder bildeten bei entsprechender Höhe eine eigene Stiftung. So setzte der erfolgreiche Kaufmann Theodor Schönewald, geboren 1830 und 1863 Freimaurer geworden, testamentarisch seine Mutterloge *Absalom zu den drei Nesseln* als Universalerbin ein. Als er 1908 verstorben war, gründete die Loge die „Theodor-Schönewald-Stiftung" mit einem Vermögen von 832.000 Goldmark.[281]

Die sozialen Einrichtungen der Hamburger Logen entfalteten eine Fülle von Aktivitäten ganz unterschiedlicher Natur und Zielrichtung. Zunächst einmal wurden die eigenen Brüder in Not unterstützt. Dies entsprach ganz dem traditionellen Bild einer „Einung", die die Interessen der Mitglieder vertrat, die Frömmigkeit beförderte und ihnen im Notfall soziale Unterstützung zukommen ließ. Wichtig war immer auch die Sorge um eine würdige Beisetzung.[282] Auch die Witwen und Waisen der Brüder wurden unterstützt. 1860 gründete zum Beispiel die Loge *Zum Rothen Adler* eine Witwen- und Waisenstiftung nebst Verlassenschaftspflege.[283] 56 Brüder der *Ferdinande Caroline* gründeten 1865 die *Johannes-Stiftung* zugunsten von in Not geratenen Brüdern.[284] 1875 wurde beispielsweise die *Absalom-Stiftung* gegründet, die in Not geratene Brüder und ihre Angehörigen unterstützte. 1875 wurde für denselben Zweck die *Pelikan-Stiftung* der gleichnamigen Loge ins Leben gerufen.[285]

Es ist aber ein weitverbreitetes Vorurteil, dass sich die Wohltätigkeit der Freimaurer nur auf die eigenen Mitglieder und ihre Angehörigen bezogen hätte. Im Gegenteil war das soziale Engagement auch über die Logenlandschaft hinaus beachtlich.

Da sind als erstes die spontanen Hilfsaktionen in Notsituationen zu nennen. Nach dem großen Brand von 1842 engagierten sich die Hamburger Freimaurer, indem sie obdachlos Gewordenen Unterkunft boten, ein Speiselokal einrichteten und Geld spendeten (s. o.). Nach dem Krieg 1870/71 wurde von den *Vereinigten fünf Logen* eine Stiftung zugunsten bedürftiger Kriegsveteranen gegründet.[286] Theodor Schönewald legte den Zweck seiner Stiftung zukunftsweisend fest: Da er erlebt hatte, wie unzureichend die Versorgung Verwundeter im Deutsch-Französischen Krieg gewesen war, sollte seine Schenkung bei einem „ausbrechenden deutschen Kriege“ ein Beitrag für die Verpflegung und den Transport der Verwundeten sein.[287]

LOGENBLATT.

Handschrift für die Bbr. Mitglieder der unter der Gr. Loge von Hamburg arbeitenden Vereinigten fünf Logen.

Die Expedition an Abonnenten geschieht durch Br. E. J. R. Tiedtke .Weickerstr. 8.

Zahlungen sind an den Br. General-Schatzmeister Emil Grallert Scholvien's Passage 10, zu richten.

Das Blatt erscheint Anfangs jeden Monats, ausser August und September, und wird den Brüdern kostenfrei zugesandt.

Klagen über Unregelmässigkeiten nehmen die Logenmeister entgegen.

Alle Brüder der 5 ⌑ werden gebeten, jeden Wohnungswechsel ihren Logenmeistern anzuzeigen.

Logenblatt der Vereinigten Fünf Logen

Zweitens wurden gezielt einzelne Gruppen von Bedürftigen dauerhaft gestützt. Seit 1876 unterstützte eine *Stiftung der fünf Logen für Kinderhilfe* bedürftige Minderjährige.[288] Eine solche Unterstützung konnte auch mit einem sozialen und pädagogischen Programm verbunden sein: Die Loge *Zur Brudertreue an der Elbe* gründete 1847 eine Anstalt, in der Kinder aus zerrütteten Familien nach der Methode des Reformpädagogen Pestalozzi unterrichtet wurden. Sie soll bis 1877 bestanden haben. In veränderter Gestalt wird die Pestalozzi-Stiftung heute von der Absalom-Stiftung unterstützt.[289]

Ab 1874 wurden von der *Friedrich-Ludwig-Schröder-Stiftung* unbemittelte Studenten des Bau- und Kunsthandwerks gefördert. 1889 war das Stiftungsvermögen von anfangs 2.000 Mark dann auf immerhin 7.353,35 Goldmark gestiegen.[290] Die *Hermann-Wilhelm-Eggers-Stiftung* sollte einem Erholungsheims für Frauen und Mädchen dienen.[291]

Zuletzt ist natürlich das Freimaurer-Krankenhaus erneut zu erwähnen, das 1793 gegründet, nach wie vor ein wichtiger Teil der Hamburger Krankenfürsorge war. Im Krieg 1870/71 wurden von der *Großen Loge von Hamburg* dreißig Betten für Verwundete unterhalten. Auch die *Provinzialloge* beteiligte sich an diesem Vorhaben und steuerte weitere finanzielle Unterstützung und Sachspenden bei. Überschüssige Einnahmen durch Spenden wurden an Obdachlose verteilt.[292]

Das alles war nicht wenig, und umgerechnet auf Mitglieder und Kapitalvermögen konnte sich die Spendenbereitschaft der Hamburger Freimaurerei durchaus mit der viel größerer gesellschaftlicher Einrichtungen und Gruppen messen. Und in einer Zeit, in der der Sozialstaat im heutigen Sinne erst im Entstehen war, waren die Gruppensolidarität und das Engagement für alleinstehende Fremde für den Einzelnen oft überlebensnotwendig. Neben allen finanziellen Zuwendungen ist also auch das idealistische Moment der Wohltätigkeit der Freimaurer zu würdigen.

Abgesehen von der *Pestalozzi-Stiftung* bewegten sich die Hilfswerke der Hamburger Freimaurer dabei im Bereich der klassischen Fürsorge. Auch diese fand an dem, was man für Sitte und Moral hielt, ihre Grenze. 1865 stellte der Logenmeister der Loge *Zum rothen Adler* den Antrag, in Verbindung mit der *Großen Loge von Hamburg* und den beiden eklektischen Logen 3.000 Mark einem Komitee für die Errichtung eines Findelhauses zur Verfügung zu stellen. Nachdem zunächst in der *Provinzialloge* der Antrag „lebhafte Teilnahme“ gefunden hatte, fand man jedoch bei den eklektischen Logen keine Unterstützung.

Auch der Stadtphysikus und der städtische Gesundheitsrat reagierten ablehnend. Als Grund wurde angegeben, dass ein solches Findelhaus „nur der Förderung der Unzucht dient".[293]

Hamburger Logenhäuser

Freimaurer liebten und lieben das Bauen, was ja aufgrund ihrer Geschichte und Symbolik auch naheliegend ist. Bisweilen werden sie auch zu Grundsteinlegungen öffentlicher Bauten gerufen.[294] Aber die Errichtung oder die Einrichtung eines Logenhauses war natürlich die eigentliche freimaurerische Bauaktivität. Nur wenige Logen konnten sich ein eigenes Logengebäude leisten. Meistens schlossen sich mehrere Logen an einem Ort zusammen, um ein passendes Gebäude zu errichten oder zu kaufen. Andere Logen wurden in dem Logenhaus Mieter und trugen so zu seinem Unterhalt bei. Notfalls, wenn es keine andere Möglichkeit gab, mieteten Logen auch eine Etage in einem anderen Gebäude an. Das Hinterzimmer des Gasthauses oder die Privatwohnung eines Bruders wurden schon im späten 18. Jahrhundert nicht mehr als angemessen erachtet.[295] Während ab dem 19. Jahrhundert in den nordamerikanischen Ländern die Logenhäuser zu großen repräsentativen Gebäuden wurden, „arbeitete" die Freimaurerei in vielen katholischen Ländern „gedeckt". Ihre Treffpunkte waren (theoretisch) nur Eingeweihten bekannt, und das Logenhaus war kein öffentlich als solches erkennbares Gebäude. Die deutschen Logen haben im 19. Jahrhundert in der Regel einen Mittelweg gewählt. Ihre Logenhäuser waren und sind gutbürgerliche Stadtvillen, aber nicht unbedingt auffällig. In den Hochburgen der Freimaurerei wie Berlin, Frankfurt, Leipzig und eben auch Hamburg, gibt es hiervon aber Ausnahmen: *Große Loge*nhäuser, die die Bedeutung der Freimaurerlogen für die Stadtgesellschaft sichtbar machen.

In Hamburg waren die Logenhäuser nicht von bürgerlicher Bescheidenheit. Schon das Logenhaus an der Drehbahn und das *Schimmelmannsche Palais* waren repräsentative Gebäude. Im späten 19. Jahrhundert wurden die Hamburger Logenhäuser noch erheblich prächtiger. Sie sollten die Bedeutung der Freimaurerei in der Stadt unterstreichen. Eine gewisse Konkurrenz zwischen der *Großen Loge* und der *Provinzialloge* trug ebenfalls dazu bei, dass die jeweiligen Logenhäuser zu stattlichen Repräsentationsbauten wurden. 1891 konnten die *Vereinigten fünf Logen* ein neues, viel größeres Logenhaus in der Welckerstraße 8 beziehen. Sein Architekt war der Freimaurer Arthur Viol.[296] Das alte Logenhaus an der Drehbahn wurde abgerissen.[297]

Das in einem neo-palladianischen Stil errichtete Gebäude zeigte in seinem Vordergiebel ein allsehendes Auge, das Symbol, das neben Winkelmaß und Zirkel am häufigsten mit der Freimaurerei in Verbindung gebracht wird. Im Haupttempel wurde im Osten eine überlebensgroße Figur des Ritualreformers Friedrich Ludwig Schröder aufgestellt, gleichsam als Wächter über die dort arbeitenden Brüder.

Die Logen der *Provinzialloge* hatten es hinsichtlich ihrer Arbeitsstätte deutlich schwieriger. Nachdem man 1775 einen Anbau an den Großen Bleichen angemietet hatte, wurde 1806 das prächtige Schimmelmannsche Palais an der Mühlenstraße erworben (s. o.). Dieses musste 1824 wegen der hohen finanziellen Belastung verkauft werden. Nachdem man zwischenzeitlich eine Etage angemietet hatte, wurde 1826 der Grundstein für ein neues Logenhaus an den Hohen Bleichen gelegt. Auch diesem Logenhaus war keine lange Zukunft beschert. Es wurde 1843 verkauft. Nachdem man einige Zeit im Haus der *Großen Loge* untergekommen war, wurden erneut Räumlichkeiten an der Großen Bleiche angemietet. Es folgte 1854 die Einweihung eines neuen schönen Logenhauses am Valentinskamp.

Die *Provinzialloge von Niedersachsen* baute schließlich 1907 bis 1909 eines der größten und prächtigsten Logenhäuser Deutschlands an der Moorweidenstraße. Geplant und gestaltet wurde es von den Architekten Max Gerhardt, Hermann Schomburgk und Leopold Strelow, die alle drei Mitglieder Hamburgischer Logen des *Freimaurerordens* waren.[298]

„Das Ansehen, die soziale Einschätzung und das fernere Gedeihen unserer Lehrart fordern gebieterisch, dass wir hier in Hamburg ein Logenhaus besitzen, das nach Lage, architektonischer Form und innerer Ausgestaltung sowohl den Brüdern als auch der Öffentlichkeit gegenüber die Würde und die hohe Bedeutung der *Großen Landesloge* der Freimaurer von Deutschland als einer Hauptvertreterin des christlichen Prinzips der Freimaurerei in angemessener Weise zum Ausdruck bringt." So der Aufruf der Logenhausbau-Vereinigung von 1904, um die Brüder zum Beitritt in den Verein zu bewegen.[299]

Die prächtige Hauptfront des neo-klassizistischen Gebäudes weist es eindeutig als ein Freimaurerlogenhaus aus: In einem dreieckigen Giebel ist das Zeichen der *Großen Landesloge*, das Templerkreuz in einem Strahlenkranz zu sehen. Darunter befinden sich zwei Säulen, die an den Tempel Salomons erinnern. Links und rechts davon befinden sich Glasmosaiken, die Johannes den Täufer und den Apostel Andreas zeigen. Damit sind die drei Stufen der Lehrart der *Großen*

Landesloge sichtbar gemacht: die Johannisgrade, die Andreasgrade und die Kapitelgrade. Sieben Stufen – auch dies ein freimaurerisches Symbol – führen ins Innere des prächtigen Gebäudes.[300]

Logenhaus der Vereinigten Fünf Logen in der Welckerstraße 8, Hauptfassade

Logenhaus der Vereinigten Fünf Logen in der Welckerstraße 8, Haupttempel mit der Statue Friedrich Ludwig Schröders.

Logenhaus der Provinzialloge von Niedersachsen, Valentinskamp 76

Logenhaus der Provinzialloge von Niedersachsen, Moorweidenstrasse 36

Hamburgs Überseelogen

Bis zum Kaiserreich ab 1871 verfügte Deutschland über keine nennenswerten Kolonien. Auch das außereuropäische Engagement der Freimaurerei war damit deutlich geringer als dasjenige Großbritanniens und Frankreichs. Vor allem britische Kolonialsiedlungen verfügten schnell über eine Kirche, einen Friedhof und ein Logenhaus, und die Freimaurerei bildete ein überaus wichtiges Netzwerk, das reisenden Brüder im fernen Ausland Unterstützung bot.[301] Die deutsche Freimaurerei war von diesem praktischen Kosmopolitismus weit entfernt. Nach Van Dalens Kalender von 1914 gab es am Vorabend des Ersten Weltkriegs nur 16 Auslandslogen, die zu einer deutschen Großloge gehörten. Zur Großloge *Zur Sonne* gehörten zwei Logen in Norwegen (Kristiania und Trondheim), zur Großloge *Zu den drei Weltkugeln* eine Loge in Shanghai. Dreizehn Logen waren Logen der Großloge von Hamburg. „Hamburger" Logen bestanden 1914 in Dänemark (1), der Türkei (1), Ägypten (2), Deutsch-Südwestafrika (3)[302], Mexiko (1), Argentinien (2) und Chile (4). Abgesehen von der Loge in Kairo, die 1866 gegründet worden war, wurden alle diese Logen im Kaiserreich konsekriert. Der Schwerpunkt lag eindeutig in Südamerika und dort wiederum in Chile.[303] Sie arbeiteten alle in deutscher Sprache nach dem Schröderschen Ritual.[304]

Die *Großloge von Hamburg* war also von allen deutschen Großlogen mit Abstand diejenige, die am stärksten international ausgerichtet war. Als eine von Kaufleuten geprägte Organisation war sie hierzu prädestiniert.[305]

In Südamerika lagen ihre deutschen Logen, was ihre Mitgliederzahl anging, im Mittelfeld. Die Loge *Lessing* in Valparaiso hatte zwischen 1877 und 1900 zwischen 22 und 44 Brüder. In Deutsch-Südwestafrika hingegen waren die deutschen Logen klein. Ihre Mitgliedszahl lag zwischen 9 und 22 Brüdern. In Südamerika waren Kaufleute die größte Berufsgruppe in den Logen. Die Logen in Swakopmund und Lüderitzbucht waren von Kaufleuten und Beamten dominiert, während in Windhoek keine Kaufleute vertreten, sondern ein Drittel der Logenmitglieder Handwerker waren. Interessanterweise waren in den deutschen Logen Deutsch-Südwestafrikas Siedler überhaupt nicht vertreten. Ebenso fehlten Militärpersonen. Feldlogen gab es in Deutsch-Südwestafrika nicht.

Die Auslandslogen in der afrikanischen Kolonie waren Teil lokaler Netzwerke von Vereinen und Einrichtungen, die in ihrer Struktur denjenigen deutscher Orte in der Heimat bis aufs Haar glichen. So gab es in Windhoek unter anderem einen Schachverein, einen Schützenverein und einen „Männer-Gesangverein". Nur in sehr geringem Maße wurden sie auf die neuen Gegebenheiten angepasst, etwa durch einen sogenannten „Sprachverein". Auch in Südamerika gab es solche Netzwerke an „deutschen" Vereinen. Die Auslandsdeutschen waren oft patriotischer als diejenigen im Heimatland, weil sie ihre Identität ständig als gefährdet ansahen. Darauf war man auch stolz. „Zum Kaisergeburtstag" gebe es, so eine Zeitung in Deutsch-Südwestafrika 1911, „ein viel tieferes vaterländisches Empfinden mit viel freudigerem Sichversenken in des Reiches Herrlichkeit als für die große Mehrheit der Deutschen daheim".[306] Kriegervereine zeigten, wie ernst man es mit diesem Patriotismus meinte. Die Betonung des „Deutschtums" nahm vor allem nach dem Ersten Weltkrieg dann noch einmal deutlich zu.[307] Allerdings musste dieser Patriotismus durch einen „pragmatischen Universalismus" (Dirk Niemeyer) ausgeglichen werden. In Deutsch-Südwestafrika war auf der einen Seite Schwarzen der Zutritt in die Logen verwehrt, auf der anderen Seite rückten die Vertreter der europäischen Mächte zusammen. Die besonderen Bedingungen des Lebens in der Kolonie, das heißt die weite Entfernung von der Heimat, die Größe des Landes und die geringe Anzahl von Kolonialisten ließ gar keine andere Möglichkeit zu. In Deutsch-Südwestafrika gab es 1891 nur 539 „Weiße", deren Zahl bis 1907 auf 7110 stieg. Davon waren mit Abstand die meisten Deutsche (4929), gefolgt von Briten (973).[308] So war es durchaus möglich, dass ein Brite Mitglied einer „deutschen" Loge wurde.

Dieser pragmatische Internationalismus prägte auch und gerade das Leben der Ausländer in den südamerikanischen Ländern. Ihr Miteinander nahm bisweilen kuriose Züge an. In seinem Buch „Das Leben deutscher Kaufleute in Valparaiso" erzählt Otto Matthies, wie 1866 das preußische Kriegsschiff *Arkona* in Valparaiso vor Anker ging und von dem preußischen Konsul feierlich begrüßt wurde. Auch der österreichische Konsul gab einen großen Ball. Der Sieg Preußens über Österreich vierzehn Tage früher war in Valparaiso noch gar nicht bekannt. Aber auch später hatte man für den „Bruderzwist" in der Heimat nur wenig Verständnis.[309]

Es gab in Südamerika natürlich nicht nur Kooperationen der Ausländer untereinander, sondern auch mit den einheimischen Großlogen und Logen. Diese Beziehungen waren nicht immer spannungsfrei, wurden doch die ausländischen Einrichtungen als Überreste einer kolonialen Vergangenheit und als Störungen der nationalen Souveränität wahrgenommen.

Die Frage der gegenseitigen Anerkennung der deutschen Großlogen musste an sich die Logen im Ausland genauso betreffen wie die im Inland. Jeder Abbruch von Beziehungen hätte für Brüder in der Fremde schmerzlichere Konsequenzen gehabt, arbeitete man doch hier oft und gerne zusammen. Gerade dies aber verhinderte, dass Schismen an der Spitze der freimaurerischen Organisation einen Riss bis hinab zur Loge vor Ort bildeten. Als infolge des Krieges 1870/71 die deutschen Großlogen die Beziehungen zum *Grand Orient de France* abgebrochen hatten, hinderte dies zum Beispiel die Loge *Lessing* in Valparaiso nicht daran, weiterhin sehr herzliche Beziehungen zur französischen Loge *Etoile du Pacifique* zu pflegen.[310] Die sechs zu ausländischen Obödienzen gehörenden Logen in Valparaiso pflegten ihr eigenes Miteinander. Als mit dem Ersten Weltkrieg die Beziehungen der deutschen Großlogen zu denen der alliierten Länder abgebrochen waren, konnte diese Maßnahme im Ausland gar nicht

Gedächtnismedaille der Loge Lessing in Valparaiso, Chile, zum 100-jährigen Jubiläum

umgesetzt werden. Aus Valparaiso schrieb der Meister vom Stuhl der Loge *Lessing* im März 1925 an die *Große Loge von Hamburg*, dass man sich mit drei englischen Logen ein Gebäude teile und der Meister vom Stuhl zudem bei einer englischen Firma beschäftigt sei, deren Direktoren allesamt Freimaurer seien. Deshalb frage man nach, ob wieder irgendwelche Beziehungen zu den Großlogen ehemals feindlicher Länder geknüpft worden seien.[311]

Die Beziehungen der Auslandslogen zu ihren Heimat-Großlogen waren dabei natürlich lockerer als die der inländischen Logen zu den ihnen vorgesetzten Institutionen. Neben der Post hielten Reisen der Brüder in die und von der Heimat und Besucher den Kontakt aufrecht.

Die britischen und auch die französischen Logen in den respektiven Kolonien hatten eine nicht unbeträchtliche Bedeutung für ihr jeweiliges inländisches Freimaurerwesen. Zum Beispiel berührte die Integration indigener Führungsschichten durch die Aufnahme in die Logen Fragen nach der hierzu notwendigen Religionszugehörigkeit und letztlich auch nach ihrer politischen Emanzipation.[312] Die Auslandslogen in den Überseegebieten waren eine Art Lackmustest für die Prinzipien der Freimaurerei des Universalismus und der Toleranz. Für die deutschen Auslandslogen kann dies nicht gesagt werden. Einerseits gab es in den deutschen Kolonien in Afrika weder Logen, die Schwarze und Weiße aufnahmen noch rein „schwarze" Logen. Andererseits waren die deutschen Kolonien zu klein und ihre wenigen deutschen Logen ebenfalls zu unbedeutsam, um eine Rückwirkung auf das deutsche Inland auszuüben. Deutsch- Südwestafrika war eben nicht Indien.

Die zahlreichen Ausländer, die in Hamburg waren, fanden umgekehrt so gut wie keinen Zugang zu den Freimaurerlogen. Die Intensivierung des Fernhandels im 19. Jahrhundert brachte Menschen aus aller Welt in die Handelsmetropole an der Elbe. Kaufleute aus aller Herren Länder machten hier ihre Geschäfte. Durch Seeleute aus China, Afrika, Südamerika und den skandinavischen Ländern wurde St. Pauli zu einem multikulturellen Viertel.[313] In den Hamburger Freimaurerlogen des späten 19. und des frühen 20. Jahrhunderts waren sie, abgesehen von seltenen Besuchen, nicht anzutreffen. Gehörten dabei die Heuerleute nicht zu der Schicht, die die Freimaurerei ansprach, so blieben, was die auswärtigen Kaufleute anging, die Hamburger doch lieber unter sich.[314] Es gibt keine Hinweise darauf, dass die Hamburger Freimaurerlogen im 19. und 20. Jahrhundert so etwas wie eine kosmopolitische Plattform gewesen wären. Männer aus

Übersee wurden erst nach dem Zweiten Weltkrieg im Zuge britischer und amerikanischer Logengründungen in die Hamburger Freimaurerei aufgenommen (s. u.).

Der „pragmatische Universalismus" der deutschen Logen in Südamerika hatte also zunächst keine Auswirkungen auf die *Große Loge von Hamburg*. Aber das multikulturelle Umfeld in Südamerika scheint ein Grund dafür gewesen zu sein, dass die dortige deutsche Auslandsmaurerei nicht in radikale völkische Gewässer abdriftete. Dass sie damit einmal zum Exil der untergangenen deutschen Freimaurerei werden sollte, konnte um 1900 niemand voraussehen.

Die Hamburger Freimaurerei und die Juden Teil II

Es scheint, dass die Frage, ob Juden als Besucher in den Logen zugelassen seien, auch nach 1814 von den Logen der Hamburger Großloge nicht einheitlich gehandhabt wurde. Nur ganz vereinzelt gibt es Hinweise auf die Mitgliedschaft von Juden. 1818 soll ihre Braunschweiger Tochterloge zwei Juden und ihre Hannoveraner einen Juden als Mitglieder geführt haben. Ab den 20/30er Jahren wurden jüdische Brüder anderer Logen in Hamburger Logen zu Gesellen befördert oder zum Meister erhoben.[315] Vermutlich wurden dann ab den 20er Jahren vereinzelt Juden auch aufgenommen.[316]

Dies war aber keineswegs durchgängige Praxis, denn noch 1841 wurde erst auf Druck der *Großen Loge zu Hamburg* ein Jude in die Loge *Ferdinande Caroline* angenommen. Der angesehene Immobilien- und Versicherungsmakler Harry Lipschitz, der schon Mitglied der Frankfurter Loge *Zur aufgehenden Morgenröte* des *Eklektischen Bundes* war, war zuvor aufgrund seines Glaubens abgelehnt worden. Ab jetzt wurde die Mitgliedschaft von Juden in den *Vereinigten fünf Logen* zu einer Selbstverständlichkeit.[317]

Der Anteil einheimischer jüdischer Brüder stieg in den folgenden Dezennien stark an. Waren es 1849 erst 12 Brüder, so 1871 schon 104 und 1900 142 Brüder, die damit über 30 % der Logenmitglieder stellten. Ganz offensichtlich boten die Logen jüdischen Bürgern die Möglichkeit, am gesellschaftlichen Leben teilzuhaben, die ihnen andernorts verweigert wurde. Zudem waren ihnen die Rituale mit ihren alttestamentarischen Bezügen sogleich vertraut. Ein zusätzlicher Grund für die steigende Anzahl jüdischer Brüder war, dass die preußischen

Großlogen keine Juden aufnahmen und sich so ein regelrechter „Freimaurertourismus“ nach Hamburg entwickelte. Dies änderte sich erst, als ab den 90er Jahren in Preußen Logen anderer Obödienzen, die Juden zuließen, gegründet wurden. Nach der Jahrhundertwende nahm der Anteil jüdischer Brüder in Hamburg, wenn auch langsam, wieder ab. Neben dem Rückgang auswärts wohnender Brüder war ein Grund hierfür der wachsende Antisemitismus, der jetzt offensichtlich auch in den Hamburger Logen sein Unwesen trieb, aber sie offensichtlich noch nicht so stark traf wie andere Landesteile.[318] Als Problem existierte er allerdings durchaus schon länger. Schon 1884 hatten die *Vereinigten fünf Logen* dem Antisemitismus in den eigenen Blättern den Kampf angesagt.[319]

Über die „Judenfrage“ kam es zwischen der *Großen Loge* und dem *Freimaurerorden* zeitweise zum Zerwürfnis. 1846 verweigerte die zum Orden gehörende Loge *Boanerges* einem jüdischen Bruder der Loge *Emanuel* das Besuchsrecht, woraufhin die *Große Loge* die Beziehungen zum *Freimaurerorden* einfror.[320] Ab 1848 ließ die *Provinzialloge* des *Freimaurerordens* jüdische Besucher zu, weil auch die inzwischen in Hamburg gegründeten zwei Logen des *Eklektischen Bundes* Juden aufnahmen.[321] Der Streit zwischen der *Großen Loge* und der *Großen Landesloge* wurde allerdings erst 1857, als letztere den Besuch nichtchristlicher Brüder offiziell erlaubte, endgültig beigelegt.[322] Jedoch konnten Juden, wie auch alle anderen, die sich nicht zu einem trinitarischen Gottesbild und zu Jesus Christus bekannten, in der *Großen Landesloge* weiterhin nicht Mitglied werden.

Der wachsende Antisemitismus im letzten Drittel des 19. Jahrhunderts war ein Grund dafür, dass 1882 der rein jüdische *B'nai Br'ith* [Söhne des Bundes] Orden in Berlin eine Loge eröffnete. Die freimaurerähnliche Organisation war 1843 in New York von deutschsprachigen jüdischen Immigranten gegründet worden. Sie sollte gewissermaßen als eine säkulare Plattform die verschiedenen Strömungen innerhalb des Judentums überbrücken. In Deutschland wurde der Orden zu einer Art „safe space“, in dem jüdische Identität angesichts des wachsenden Antisemitismus gepflegt werden konnte. Zugleich legte man Wert auf eine nationale Gesinnung, was schon durch den Namen der ersten Loge *Deutsche Reichsloge* sichtbar demonstriert wurde.[323]

In Hamburg konstituierte sich die Henry-Jones-Loge, benannt nach dem Gründer des Ordens, im Jahre 1887. Die Gründung war zunächst auch in der jüdischen Öffentlichkeit nicht unumstritten, weil die Logen der *Großen Loge von Hamburg* Juden aufnahmen und man sich nicht unnötig abschotten wollte. Die Großloge reagierte erwartungsgemäß auf die unwillkommene Konkurrenz sofort. Noch im selben Jahr untersagte auf ihren Antrag hin der deutsche Großlogentag Freimaurern die gleichzeitige Mitgliedschaft in einer *B'nai Br'ith* Loge. Erst im Jahre 1906 wurde diese Bestimmung gelockert.[324]

Da das gehobene jüdische Bürgertum stark in der Freimaurerei vertreten war, gehörten in der Hansestadt zum *B'nai Br'ith* vor allem Angehörige des jüdischen Kleinbürgertums.[325] Die *Henry-Jones-Loge* entfaltete eine Reihe sozialer Aktivitäten und wurde zum Nukleus mehrerer jüdischer Vereine, so eines *israelitisch-humanitären Frauenvereins*, eines Jugendverbandes, eines Literatur- und Geschichtsvereins und der *Gesellschaft für jüdische Volkskunde*. Ein wichtiges Betätigungsfeld war die Betreuung jüdischer Emigranten aus Osteuropa. 1909 und 1922 wurden zwei weitere *B'nai Br'ith* Logen, die *Steinthal-Loge* und die *Nehemias-Nobel-Loge* gegründet. Seit 1904 hatten die Logen ihren Sitz in der Hartungstraße 9-11. Das Haus wurde zu einem Zentrum jüdischen Lebens in Hamburg. Neben den Logen beherbergte es mehrere jüdische Vereine und eine Sprachenschule. Der *Große Loge*nsaal wurde für jüdische Hochzeiten genutzt. 1922 gehörten dem jüdischen Orden in Hamburg 487 Männer an. 1937 wurde er verboten und das Vermögen beschlagnahmt.[326] Das ehemalige jüdische Zentrum in der Hartungstraße wurde ab 1941 eine Sammelstelle für die Deportation von Juden in die Konzentrationslager.[327]

Freimaurer in der Hamburger Politik und Gesellschaft 1814–1914

Politiker

Die Freimaurerei hatte seit dem 18. Jahrhundert ihren festen Platz in der hamburgischen Gesellschaft. In der protestantischen und liberalen Stadt war sie willkommen. Die im Laufe des Jahrhunderts andernorts von Fürsten und von der katholischen Kirche erlassenen Verbote hatten die Hamburger Freimaurerei nicht tangiert. Im Gegenteil: Sie wurde geachtet. Sichtbar wurde das daran, dass seit Beginn des 19. Jahrhunderts eine Reihe von hochrangigen Hamburger Politikern dem Bund angehörten. Das politische ist ein sehr vorsichtiges Geschäft. Erst mit einer gewissen Verzögerung sind Führungspersönlichkeiten bereit, einer aufstrebenden Vereinigung beizutreten. Weder wären also Anfang des 19. Jahrhunderts diejenigen, die politische

Karriere machen wollten, einem Verein von zweifelhaftem Ruf beigetreten, noch hätte man solche, die ihm angehört hätten, in hohe Ämter gewählt. Die Mitgliedschaft hochrangiger Politiker in dem Orden war die Bestätigung seines Erfolges.

Eine Reihe von Hamburger Politikern, die Freimaurer waren, verdienen einzeln genannt zu werden:[328]

Johann Michael Hudtwalcker (1747–1818) und Martin Hieronymus Hudtwalcker (1787–1865) stehen für die Kontinuität des Einflusses großbürgerlicher Familien, der die politischen Stürme der Zeit um 1800 überdauerte. Johann Michael übernahm das Handelshaus, das sein Vater gegründet hatte. 1788 wurde er in den Senat gewählt. Aufklärerisch gesinnt, hatte er das Amt bis 1814, als er es aus Gesundheitsgründen niederlegte, inne. Sein Neffe, Martin Hieronymus, promovierte in Heidelberg zum Dr. jur. Während der Franzosenzeit weilte er im Exil in Wien. 1820 bis 1860 war er Senator. Er war einer der wichtigsten Vertreter der religiösen Erweckungsbewegung in Hamburg. Viele Söhne der Familie Hudtwalcker waren Freimaurer. Johann Michael war Bruder in einer unbekannten Loge und Martin Hieronymus Hudtwalcker Mitglied der Loge *Emanuel zur Maienblume.*

Daniel Lienau (1739–1816) war der erste Freimaurer, der in Hamburg Bürgermeister wurde. 1798 wurde der Kaufmann, nachdem er verschiedene politische Ämter ausgeübt hatte, in das hohe Amt gewählt. 1807 wurde Daniel Lienau unter französischer Besatzung ältester Bürgermeister und Generalissimus. Mehrere Mitglieder der Familie Lienau waren Freimaurer. David und sein Bruder Vincent waren zuerst Mitglied in der Loge *Absalom zu den drei Nesseln.* 1776 wechselten sie mit deren Gründung zur Loge *Ferdinande Caroline*, deren erster Meister vom Stuhl Vincent wurde. Ihm zu Ehren nahm die Loge den Namenszusatz *zu den drei Sternen* an, was auf sein Familienwappen anspielte.

Als Hamburg im Dezember 1810 in das französische Kaiserreich eingegliedert wurde und damit auch die französische Munizipalverfassung übernahm, wurde mit dem Kaufmann Amandus Augustus Abendroth (1767–1842) wiederum ein Freimaurer Bürgermeister, jetzt *Maire* genannt. Zwischen 1811 und 1813 stand ihm als *Maire-Adjoint* der Freimaurer Otto von Axen (1757–1831) zur Seite. An sich ein loyaler Gefolgsmann der Besatzungsmacht wurde Abendroth 1813 von den Franzosen seines Amtes enthoben. Vor seiner Amtszeit als Bürgermeister hatte er sich in der Armenfürsorge engagiert. Mit der Restauration wurde er wiederum politisch aktiv. Auf seine Initiative hin wurde 1827 die Hamburger Sparkasse gegründet. 1831 wurde

Abendroth erneut zum Bürgermeister gewählt, ein Amt, das er bis zu seinem Tod 1841 innehatte. 1799 war Abendroth in die Loge *Absalom zu den drei Nesseln* aufgenommen worden. Auch sein zeitweiliger Mitarbeiter von Axen war dort Mitglied.

Ein entschiedener Gegner der Franzosen war der Gelehrte und Jurist Dr. Ferdinand Beneke (1774–1848). In Halle Freimaurer geworden, war er zunächst ein Anhänger der Französischen Revolution. Er wurde jedoch ein leidenschaftlicher Gegner der Besatzungsmacht, gegen die er 1813 in der Bürgerwehr kämpfte. In der Restauration wurde er zum Oberaltensekretär gewählt.

David Christopher Mettlerkamp (1774–1850) war der Hamburger Volksheld der Befreiungskriege. Von Beruf Dachdeckermeister, opferte er sein gesamtes Privatvermögen dem Kampf gegen die Franzosen. Am 31. Mai 1814 zog Mettlerkamp mit einer Freiwilligentruppe, die er in Mecklenburg aufgestellt hatte, siegreich in seine Vaterstadt ein. Nach dem Großen Brand von 1842 setzte er sich für eine stärkere Bürgerbeteiligung an der Stadtregierung ein. 1848 wurde er Alterspräsident der Verfassungsgebenden Versammlung, die für Hamburg eine neue Stadtverfassung ausarbeiten sollte. Mettlerkamp war ein begeisterter Kunstsammler. 1817 war er Mitbegründer des Hamburger Kunstvereins. Er war seit 1798 Freimaurer in der Loge *Zum rothen Adler* und 1821–1822 *Provinzial-Großmeister* der *Provinzialloge von Niedersachsen.*

Der Jurist Dr. David Schlüter (1758–1844) war von 1835 bis 1843 Bürgermeister. Er war 1784 in die Loge *Zum rothen Adler* aufgenommen worden.

Bedeutend für die Stadtgeschichte war der Gelehrte Johann Heinrich Bartels (1761–1850). Er war der Schwager von Amandus Augustus Abendroth. 1781 in Göttingen Freimaurer geworden, wurde er Mitglied der Loge *Absalom zu den drei Nesseln.* Bartels war Zeit seines Lebens in dem Bund aktiv. 1803 übernahm er als Nachfolger von Friedrich Ludwig Schröder die Leitung des Freimaurerkrankenhauses. Von 1820 bis 1850 war Bartels einer von Hamburgs Bürgermeistern. Er war ein entschiedener Vertreter der alten Ordnung, an deren Wiederherstellung er nach der Franzosenzeit mitgewirkt hatte. Dementsprechend war er auch ein Gegner der Revolution von 1848.

Johann Carl Gottlieb Arning (1786–1862) war Landherr der Hamburger Marschlande und Senator der Stadt. Er war seit 1816 Mitglied der Loge *Ferdinande Caroline zu den drei Sternen.*

Dr. Heinrich Kellinghusen (1796–1879) und Dr. Nicolaus Binder (1785–1865), 1842 beziehungsweise 1855 zu Bürgermeistern gewählt, markieren die letzte Zeit der alten Hamburger Verfassung. Nach Verabschiedung der neuen Verfassung, deren Gegner er war, war Kellinghusen 1861 bis zu seinem Ruhestand 1876 Präsident des jetzt vom Senat unabhängigen Obergerichts. Kellinghusen, dessen Vater – Jurist und Domherr – Freimaurer in der Loge *St. Georg* gewesen war, war Mitglied einer unbekannten Freimaurerloge, Binder Bruder in der Loge *Ferdinand zum Felsen*.

Mit der Revolution von 1848 betrat eine neue Generation von Politikern die Bühne.

Jurist Hermann Baumeister (1806–1877), seit 1833 Freimaurer in der Loge *Ferdinand zum Felsen*, war 1848/1849 Präsident der Konstituierenden Versammlung, die eine neue Stadtverfassung erarbeiten sollte. Ab 1859 war er Mitglied der Hamburger Bürgerschaft, davon 13 Jahre als Präsident. Von 1859 bis 1877 war er Richter am Obergericht, ab 1876 als Nachfolger Kellinghusens dessen Vorsitzender.

In der Frankfurter Nationalversammlung waren insgesamt fünf Hamburger vertreten: die Kaufleute Ernst Merck (1811–1864) und Edgar Roß (1807–1885), der Advokat Johann Gustav Heckscher (1797–1865), der jüdische Notar Gabriel Riesser (1806–1863), der einen lauenburgischen, und Professor Christian Friedrich Wurm (1803–1859), der einen württembergischen Wahlkreis vertrat. Die drei Vertreter Hamburger Wahlkreise zeichneten sich nicht durch besonderes Interesse an grundsätzlichen politischen Fragen aus. Mehr interessierte sie die Wirtschaftspolitik. In Hamburg selbst interessierte man sich ebenfalls wenig für das, was ihre Abgeordneten leisteten, auch nicht als (für kurze Zeit) Merck Reichsfinanzminister und Heckscher Justiz-, später Außenminister wurde.[329]

Wurm war ein gemäßigter Konstitutionalist und trat für einen starken kleindeutschen Nationalstaat ein. Der Jude Gabriel Riesser gehörte in Frankfurt dem rechten Zentrum an. Er war in der Nationalversammlung einer der herausragenden Parlamentarier und hatte erheblichen Anteil an dem § 146 der Paulskirchenverfassung, der die rechtliche Gleichstellung aller Bürger unabhängig ihres religiösen Bekenntnisses garantierte. Riesser, kleindeutsch gesinnt, gehörte zu den Abgeordneten, die König Friedrich Wilhelm IV. vergeblich die Kaiserkrone anboten.

Ernst Merck und Gabriel Riesser waren beide Freimaurer, aber von sehr unterschiedlicher Ausprägung. Ernst Merck war der Sohn des Bankiers und Senators Heinrich Johann Merck. 1841 in die Loge *Ferdinande Caroline zu den drei Sternen* aufgenommen, wechselte er später in die Loge *Absalom zu den drei Nesseln*, in der auch sein

Vater Mitglied war. 1847 gehörte Ernst Merck zu den Gründern der HAPAG. Nach der gescheiterten Revolution konnte er sich gut mit den neuen politischen Verhältnissen arrangieren. 1853 zum österreichischen Generalkonsul in Hamburg ernannt, wurde er 1860 von Kaiser Franz Joseph I. in den Freiherrnstand erhoben.

Gabriel Riesser hingegen war ein hochbegabter Aufsteiger, der schon früh erfahren musste, was es heißt, wegen seiner Glaubenszugehörigkeit diskriminiert zu werden. Deshalb engagierte er sich für die Gleichberechtigung der Juden und kämpfte ihnen durch seinen eigenen Berufsweg hartnäckig den Zugang zu den öffentlichen Rechtsämtern frei. 1830 hatte nämlich der Hamburger Senat ihm, der ein hervorragendes Examen abgelegt hatte, die Anwaltszulassung versagt. Riesser begann zu kämpfen und wurde ein unermüdlicher Publizist für die Sache der Juden. Er gründete die Zeitschrift *Der Jude. Periodische Blätter für Religions- und Gewissensfreiheit*. 1840 schließlich wurde er mit einer Sondergenehmigung zum Notar ernannt. In der Paulskirche setzte er seinen Kampf für die Gleichberechtigung der Juden fort. Später legte er sein Amt als Notar nieder und war von 1859 bis 1862 Mitglied der Hamburger Bürgerschaft, also genau in der Zeit, als eine neue Verfassung in Kraft trat. Ebenfalls 1859 wurde er als Mitglied des nun unabhängigen Hamburger Obergerichts als erster Jude in Deutschland zum Richter ernannt.[330]

Freimaurer war Riesser in Frankfurt geworden. Er war Mitglied der Loge *Zur aufgehenden Morgenröte*, die 1807 vom *Grand Orient de France* gegründet worden war. Sie war seit 1817 von der Großloge von England anerkannt und stand direkt unter ihrer Aufsicht. Seit Gründung der Loge waren Juden dort Mitglieder, zur Zeit Gabriel Riessers unter anderem auch Ludwig Börne. Aus der Loge, die ein bedeutendes Forum der Frankfurter Juden war, gingen eine Reihe von Denkschriften zur Judenemanzipation hervor. Bis 1848 verweigerten ihr wegen der Mitgliedschaft von Juden die anderen Logen in Frankfurt das Besuchsrecht.[331] Es entbehrt nicht einer gewissen Ironie, dass der bedeutendste Politiker und Freimaurer in Hamburg im 19. Jahrhundert ein Außenseiter gewesen ist und einer Richtung der Freimaurerei angehört hat, die nicht zur „regulären" deutschen Freimaurerei gehörte und nur unter englischem Protektorat bestehen konnte.

Die Hamburger Freimaurerei umfasste zwischen 1800 und 1860 ein breites Spektrum an politischen Positionen. Vertreten waren Anhänger der Französischen Revolution und Freiheitskämpfer gegen die Fremdherrschaft, Vertreter der alten vorrevolutionären Ordnung und liberale Reformer unterschiedlicher Schattierungen und schließlich ein Riesser als Vertreter der Judenemanzipation. Eine solche Bandbreite an politischen Positionen hat die Freimaurerei immer verkraftet. Selbst als einige Brüder während der französischen Zeit mit den Besatzern kollaborierten und andere sich am Befreiungskampf beteiligten, blieben sie doch Brüder eines Bundes.

Mit der neuen Verfassung 1860 ging die Zahl der Freimaurer unter den führenden Hamburger Politikern deutlich zurück. Zwar saßen weiterhin Freimaurer in der Bürgerschaft, aber Senator wurde lediglich 1887 Eugen Julius Theodor Braband (1843–1887), seit 1862 Mitglied der Loge *Absalom zu den drei Nesseln*. Nach 1860 wurde kein Freimaurer mehr zum Bürgermeister gewählt. Vermutlich ist dieser Rückgang Folge eines Generationenwechsels, im Zuge dessen an die Stelle der alten Familien langsam, aber stetig Persönlichkeiten anderer sozialer Herkunft an die Macht kamen. Stimmt die These, würde dies im Umkehrschluss auch bedeuten, dass bis 1860 Freimaurer nicht aufgrund ihrer Logenzugehörigkeit und einer damit einhergehenden Vernetzung in die höchsten Ämter der Stadt gelangt waren, sondern weil diese Persönlichkeiten über andere effektive soziale Verbindungen verfügten. Auf jeden Fall war nach 1860 das Freimaurertum weder willens noch in der Lage, Kandidaten für politische Ämter wirksam zu protegieren.

Erwähnung verdient aber noch Johann Heinrich Friedrich Halben (1829–1902). Er war ab 1872 in Hamburg als Oberlehrer in der Lehrerausbildung tätig. Seit 1862 saß er in der Hamburgischen Bürgerschaft und gehörte dort bis 1872 zur Fraktion der Linken. Für die linksliberale Deutsche Freisinnige Partei war er von 1884 bis 1887 im Reichstag. 1889, also nach seiner aktiven politischen Zeit wurde er in der Loge *Ferdinand zum Felsen* in die Freimaurerei aufgenommen.

Zur Arbeiterbewegung hatte die Freimaurerei keinen Kontakt. Es gibt keinen Hinweis darauf, dass es während des Kaiserreichs in Hamburg zu Überschneidungen zwischen der Sozialdemokratie und der Freimaurerei gekommen wäre. Letztere blieb in ganz Deutschland eine durch und durch bürgerliche Angelegenheit.

Wurden im 18. Jahrhundert und während der Franzosenzeit auch viele „Ausländer“, vor allem Offiziere in fremden Diensten, Mitglied in Hamburger Logen, so waren – abgesehen von Juden, die in ihren Heimatstaaten keine Loge fanden (s. o.) – die Hamburger jetzt im 19. Jahrhundert weitgehend unter sich. Das lag daran, dass im Umland auch zahlreiche Logen entstanden waren. Eine gewisse gegenseitige Abschottung der Länder tat ein Übriges. Wenig überraschend bildeten in den Hamburger Freimaurerlogen in der Wirtschaft Tätige die größte Berufsgruppe (s. o.) Darunter finden sich Namen, die für die Hamburger Wirtschaft und Gesellschaft von herausragender Bedeutung waren. Ernst Merck, der uns schon als Politiker begegnet ist, war Mitte des Jahrhunderts einer der führenden Bankiers in Hamburg. Sein Vater, Heinrich Johann Merck (1770–1853), Senator und erfolgreicher Kaufmann, hatte es mit dem Handel von englischen Baumwollgarnen zu einem der reichsten Männer der Stadt gebracht. Vater und Sohn waren, wie erwähnt, Mitglied der Loge *Absalom zu den drei Nesseln*.

Günther Ludwig Stuhlmann (1797–1872) tat sich als Unternehmer und Ingenieur hervor. 1854 gründete er in der Großen Elbstraße eine Gasanstalt. 1859 folgte ein Wasserwerk in Blankenese. Er war 1827 in die Altonaer Loge *Carl zum Felsen* aufgenommen worden, um später in die Hamburger Loge *Zu den drei Rosen* zu wechseln.

Georg Johann Heinrich jr. Siemers (1794–1876), Mitglied der Loge *Emanuel zur Maienblume* seit 1817, war in der ersten Jahrhunderthälfte ein bekannter Hamburger Bankier.

Adolf Friedrich Götting (1831–1911), in Celle in die Freimaurerei aufgenommen, war 1872–1877 und 1879–1880 Meister vom Stuhl der Loge *Absalom zu den drei Nesseln*. Seit 1877 war er Direktor der Berlin-Hamburger Eisenbahngesellschaft und einer Lagerhaus-Gesellschaft.

Schließlich ist Christian Friedrich Theodor Steinweg (1825–1889) zu nennen. Mit 25 Jahren erbte er die Klavierwerkstatt seines Vaters, der nach New York auswanderte und dort die Firma „Steinway & Sons“ gründete. Theodor verlegte den Firmensitz zunächst nach Wolfenbüttel, wo er auch in die Freimaurerloge eintrat. Dann wurde der Firmensitz nach Braunschweig verlegt. 1865 ging Theodor Steinweg ebenfalls nach New York, wo er sich nun C. F. Theodore Steinway nannte. 1880 gründeten er und zwei seiner Brüder in Hamburg das Zweigwerk „Steinway’s Pianofortefabrik“. Theodor Steinweg revolutionierte die Klavierbauweise. Neben der Produktion hochwertigster Instrumente wurden auch preiswertere Klaviere für breitere Käuferschichten angeboten.

Erwähnung verdienen zwei Hamburger Schiffskapitäne, die Freimaurer waren: Hans Ruser (1862–1930), der 1898 in die Loge *Zu den drei Rosen* eintrat, fuhr ab 1912 die „Imperator", das größte Passagierschiff nach dem Untergang der *Titanic*. – Robert Wilhelm B. Hilgendorf (1852–1937), der 1891 in die Loge *Boanerges* initiiert wurde, umfuhr sechs Mal das Kap Horn.

Kirche, Wissenschaft und Kunst

Wie in allen evangelischen Gebieten waren auch in Hamburg Pastoren Mitglied in Freimaurerlogen. Ob wie im Landesdurchschnitt ihre Zahl nach 1850 abnahm, muss offen bleiben.[332] Zu erwähnen ist etwa Johannes Geffcken d. Ä. (1803–1864). Geffcken, der Theologie studiert hatte und in Göttingen mit einer philologischen Arbeit promoviert worden war, war ab 1830 Diakon an der Hamburger Michaeliskirche. Er war ein anerkannter Fachmann für Fragen des Kirchengesangs, der Hymnologie und der Hamburger Kirchengeschichte. Geffcken war seit 1823 Mitglied der Loge *Ferdinande Caroline zu den drei Sternen*. Er widerlegt auch das gängige Vorurteil, das etwa nur „ungläubige" evangelische Geistliche dem Bund angehört hätten.[333]

Wissenschaft und Kunst spielten in Hamburg im 19. und frühen 20. Jahrhundert eine untergeordnete Rolle. Die Stadt war sicherlich weder ein intellektuelles noch ein künstlerisches Zentrum Deutschlands. In der Hamburger Freimaurerei gab es kaum Wissenschaftler, Dichter, Denker oder Künstler von überregionaler Bedeutung. Einige Namen sind jedoch zu nennen:

Friedrich Ludwig Schmidt (1772–1841) übernahm 1815 von Friedrich Ludwig Schröder das Theater am Gänsemarkt. Ab 1827 leitete er das neue Stadt-Theater. In Magdeburg Freimaurer geworden, wurde er Mitglied der Loge *St. Georg zur grünenden Fichte*.

Peter Friedrich Röding (1767–1846) war ein Muschelforscher und Kunstsammler. Aus seiner Sammlung ging 1804 das *Museum für Natur und Kunst* hervor. Seit 1805 war er Mitglied in der Loge *Absalom zu den drei Nesseln*.

Zu den weit über die Stadtgrenzen bekannten Hamburger Intellektuellen gehörte Julius Campe (1792–1867), der von 1823 bis zu seinem Tod den Verlag Hoffmann und Campe leitete, den sein Halbbruder August Campe (1773–1836) zusammen mit dessen Schwiegervater Benjamin Gottlob Hoffmann (1748–1818) gegründet hatte. Der bekannte Pädagoge und Schriftsteller Joachim Heinrich Campe (1746–1818) wiederum war ein Onkel von August Campe. Alle vier waren Freimaurer in Hamburger Logen. Julius Campe wurde ein wichtiger Herausgeber deutscher Literatur.

Der Sänger, Komponist und Dirigent Albert Gottlieb Methfessel (1785–1869) stammte aus Stadtilm in Thüringen. In Hamburg wurde er 1823 durch das Schauspiel *Bürgertreue* bekannt, was anlässlich der 300-Jahr-Feier der Stadtverfassung und der Reformation aufgeführt wurde. Der Schlussgesang, zu dem Methfessel die Melodie schrieb, wurde 1890 Hamburgs Stadt-Hymne *Hammonia*. Später war Methfessel als Hofkapellmeister am Opernhaus in Braunschweig tätig. Methfessel war 1819 in Rudolstadt in die Loge *Gunter zum stehenden Löwen* aufgenommen worden. In Hamburg wurde er Mitglied der Loge *Absalom zu den drei Nesseln*.

Friedrich Johann Heinrich Glitza (1813–1897) machte sich um die Gehörlosenpädagogik verdient. 1828 wurde er Lehrer an der neugegründeten Hamburger Taubstummenanstalt und 1841 ihr Direktor. Im selben Jahr wurde er Freimaurer in der Loge *Emanuel zur Maienblume*. 1872–1886 war er *Großmeister* der *Großen Loge von Hamburg*. Glitza war ebenfalls in der Turnerbewegung aktiv und gehörte 1848 der Hamburgischen Verfassungsgebenden Versammlung an. Von 1859–1865, als die neue Verfassung in Kraft trat, war er Mitglied der Hamburger Bürgerschaft.

Eine illustre Gestalt war der in russischen Diensten stehende Diplomat Heinrich von Stuwe (1772–1851), der sich zugleich einen Namen als Mineraloge machte. Er war erster Präsident des Naturwissenschaftlichen Vereins in Hamburg. Er war Mitglied der Loge *Absalom zu den drei Nesseln* und von 1817 bis 1819 deren Meister vom Stuhl. Von Stuwe war Ehrenbürger der Stadt Hamburg.[334]

Um 1900 war der Künstler Arthur C.W. Illies (1870–1952) ein bekannter Landschaftsmaler und -grafiker. Er war Mitbegründer des Hamburgischen Künstlerclubs von 1897. Freimaurer wurde er erst 1924 in der Loge *Zum Pelikan*.

Eine interessante und vielseitige Hamburger Persönlichkeit war Hans Hermann Schomburgk (1880–1967), ein Abenteurer, Wissenschaftler und Filmregisseur. Sein Leben galt Afrika. Mit 17 Jahren kämpfte er auf der Seite der englischen Natal-Polizei im Burenkrieg. Dank seiner Hilfe bei der Kartographierung des jungen Staates Liberia, wurde er zu dessen Militärattaché in London ernannt. Seit 1906 durchquerte er in mehreren Expeditionen den afrikanischen Kontinent. 1907 entdeckte er, dass die Schlafkrankheit durch die Tsetsefliege übertragen wird. 1910 wurde er von seinem Vater, Logenmeister der Loge *Zum großen Christoph* in Stade, in die Freimaurerei aufgenommen.

Schon vor dem Ersten Weltkrieg betätigte er sich als Regisseur von Dokumentationen und Spielfilmen über Afrika. Ebenfalls verfasste er eine Reihe von Büchern. Wegen seiner jüdischen Herkunft war er von 1933 bis 1945 in Deutschland verfemt. Im Alter von 87 Jahren starb Schomburgk 1967 in West-Berlin.

Ernst Georg Sonnin

Architekten

In einem Tätigkeitsfeld, das im weiteren Sinne zur Kunst gehört, waren Freimaurer jedoch stark vertreten: in der Architektur. Das Stadtbild keiner anderen deutschen Stadt war und ist so stark von Bauten geprägt, die von Freimaurern entworfen worden sind, wie dasjenige Hamburgs. Im Gegensatz zu einigen nordamerikanischen Städten gibt es jedoch keine alles überragenden Logenhäuser – sie fügen sich in Hamburg in das Stadtbild ein – noch viele ins Auge springende freimaurerische Symbole. Schon gar nicht gibt es einen freimaurerisch inspirierten Stadtgrundriss. Wer in Hamburg nach versteckter freimaurerischer Symbolik in den Häuserfassaden sucht, wird nicht fündig. Insofern ist in Hamburg also nicht von einer freimaurerischen Architektur zu sprechen. Ebenfalls kann man keinen freimaurerischen Stil ausmachen. Aber die von Hamburger Freimaurern entworfenen Bauwerke zeichnen sich durchgängig durch eine ästhetisch anspruchsvolle Gestaltung und durch Zweckmäßigkeit aus. Die Verbindung von Schönheit und Nützlichkeit entspricht durchaus freimaurerischer Gesinnung. Dass vor allem die Kontorhäuser des 19. und 20. Jahrhunderts auch Wohlstand und Macht ausdrücken, entspricht dem Hamburger Selbstbewusstsein. Warum in Hamburg so viele bedeutende Architekten Freimaurer waren, kann mit letzter Sicherheit nicht beantwortet werden. Es ist natürlich naheliegend, dass sich Architekten für die Traditionen und die Bausymbolik der Freimaurerei interessieren. Hinzukommt, dass Architektur, Bauunternehmung und städtische Baubehörden durch Netzwerke, die auch über Vereine laufen, so stark miteinander verflochten sind wie kein anderer kommunaler Wirtschaftszweig. Da die entsprechenden Fallstudien über einzelne Logen und Personen fehlen, kann jedoch über die Hamburger Verhältnisse nichts Näheres gesagt werden.

Die Reihe der Hamburger „Freimaurer-Architekten“ beginnt mit dem legendären Ernst Georg Sonnin (1713–1794), der höchstwahrscheinlich Mitglied der Loge *Absalom zu den drei Nesseln* war, auch wenn ein entsprechender Eintrag in der Matrikel fehlt.

Sonnin erbaute die große barocke Michaeliskirche von 1750 bis 1762. Er war Mitbegründer der *Patriotischen Gesellschaft* von 1765 (s. o.). Der technisch hochversierte Sonnin blieb den Hamburgern aber vor allem im Gedächtnis, wie er Kirchtürme wieder geraderückte, eine atemberaubende, mit krachenden und knarzenden Geräuschen einhergehende Tätigkeit, bei der er das Turmgerippe anhob und es genauestens berechnet in die neue Position niedersinken ließ.[335]

Axel Bundsen (1768–1832), der 1799 in die Loge *Absalom zu den drei Nesseln* eintrat, war der Architekt des Freimaurerkrankenhauses am Dammtorwall. Auch das Logenhaus an der großen Drehbahn wurde von Bundsen entworfen (s. o.). 1819/1820 baute er die bekannte Villa Weißes Säulenhaus.

Carl Ludwig Wimmel (1786–1845) war der führende Architekt des Vormärz. Der gebürtige Berliner wurde 1816 Zweiter Stadtbaumeisteradjunkt und 1841 Baumeister der Hansestadt. Seine architektonische Arbeit begann 1814 mit dem *Denkmal für die im Belagerungswinter 1813/14 vertriebenen Hamburger*. 1823 eröffnete das von ihm gestaltete St. Georgs-Krankenhaus für den zerstörten Pesthof. Fast alle öffentlichen Bauten des Vormärz tragen die Handschrift des Klassizisten Wimmel: unter anderem das Stadttheater an der Dammtorstraße, das Heilig-Geist-Hospital am Alsterfleet, das Johanneum am Domplatz und der Schlachthof. Die Börse gestaltete er zusammen mit Franz Gustav Forsmann.[336] Wimmel war 1810 in die Loge *Zum rothen Adler* aufgenommen worden und war jahrelang ihr Logenmeister.

International bekannt war Gottfried Semper (1803–1879). Er war der Sohn eines Hamburger Fabrikanten, der ebenfalls Freimaurer war. 1823 wurde er in Altona in die Loge *Ferdinand zum Felsen* aufgenommen. Er ist in Hamburg nicht durch Gebäude vertreten. Nach dem großen Brand von 1842 wurde Gottfried Semper aber als Berater für den Wiederaufbau der Stadt hinzugezogen. Teilweise wurden seine Ideen dann auch umgesetzt, so zum Beispiel bei der Neugestaltung des Jungfernstiegs.

Ab etwa 1880 begann eine Blütezeit der Hamburger Stadtarchitektur. Der wirtschaftliche Aufschwung schlug sich nieder in einer Reihe repräsentativer Kontorhäuser und öffentlicher Gebäude, allen voran das neue Rathaus. Martin Haller (1835–1925), der Mitglied der Loge *Absalom zu den drei Nesseln* war, war einer der führenden Hamburger Architekten dieser Zeit. Er stammte aus einer einflussreichen und wohlhabenden Familie jüdischen Ursprungs. Sein Vater Ferdinand Haller war der erste Hamburger Senator und Bürgermeister aus einer jüdischen Familie.[337] Martin Haller beteiligte sich mit Entwürfen und als Teilnehmer an Ausschüssen bei allen großen öffentlichen Ausschreibungen. Er war von 1886 bis 1897 führend an Planung und Bau des neuen Hamburger Rathauses beteiligt. Zahlreiche weitere Gebäude wurden von ihm gestaltet, viele davon zusammen mit Hermann Geißler (1859–1939), der ebenfalls Freimaurer war. Einige sollen genannt werden: 1885/86 baute Haller den Dovenhof, ein Bürohaus für die Ohlenhoff OHG. Es enthielt den ersten Paternoster auf dem europäischen Kontinent und gilt als richtungsweisend für eine neue Bürohausarchitektur.

1899 wurde das von Haller entworfene Afrikahaus für die Reederei Carl Woermann eingeweiht. 1901–03 entstand nach Plänen von Haller und Geißler das etwas überdimensionierte Verwaltungsgebäude der HAPAG. 1905 bauten die beiden Architekten eine Ladenzeile in Streit's Haus am Jungfernstieg. Hermann Geißler war 1906 am Wiederaufbau der abgebrannten St. Michaeliskirche beteiligt. 1908 folgte die neobarocke Musikhalle, die die Familie Laesz gestiftet hatte, nach Plänen von Martin Haller und Emil Meerwein. 1908/09 war ersterer der Architekt des Slomanhauses am Baumwall. Daneben baute Martin Haller eine Reihe klassizistischer Villen für Privatleute.[338] Er trug aber auch zu den Sozialbauten des frühen 20. Jahrhunderts bei. Martin Haller war ebenfalls ein umtriebiger Impressario für Ausstellungen und Feste. Legendär wurde seine Schlosskulisse auf einer Alsterinsel anlässlich des Besuchs des Königs von Preußen 1868.[339]

Otto William Richard Kahl (1881–1950) schuf in Hamburg zusammen mit Ludwig Endresen mehrere Mehrfamilienhäuser. Er war Mitglied der Loge *Ferdinande Caroline zu den drei Sternen*.

Der umtriebigste Architekt dieser Zeit allerdings war Franz Albert Bach (1865–1935). In Thüringen geboren, machte der Bauernsohn zunächst eine Maurerlehre und absolvierte dank eines Stipendiums ein Studium an der Sächsischen Staatsbauschule. Dann suchte er sein Glück als Architekt im wirtschaftlich prosperierenden Hamburg – was ihm auch gelang, denn neben einem gestalterischen und technischen Talent besaß er auch kaufmännisches Geschick. Zunächst im Dienst anderer Architekten stehend, konnte Bach 1904 mit der Klosterburg am Glockengießerwall und dem Alsenhof am Rödingsmarkt seine ersten beiden Kontorhäuser errichten. Zahlreiche weitere folgten.

Zunehmend wurde der selbstständige Architekt zum Bauunternehmer und Immobilienbesitzer, der von der Planung bis zur Vermietung der Gebäude alles auf eigene Rechnung durchführte. Seine große Stunde schlug, als die Mönckebergstraße als Verbindung zwischen dem Hauptbahnhof auf der einen und dem Rathaus und der Börse auf der anderen Seite angelegt wurde. Hier konnte er zwischen 1909 und 1913 eine ganz Reihe von im Backsteinstil gehaltenen Kontorhäusern erstellen. Sein letztes Geschäftshaus war das Kontorhaus Walter am Mönkedamm. Franz Albert Bach baute auch Privathäuser. Architektonisch herausragend ist das Etagenwohnhaus an der Schäferkampsallee, das er 1904 im Jugendstil errichtete.

Bach arbeitete nach 1907, als seine Architektur in die Kritik geriet, bei dem Bau von Geschäftshäusern häufiger mit dem jungen Architekten Carl Gustav Bensel (1878–1949) zusammen.[340] Bemerkenswert ist dabei vor allem die Jugendstilfassade, die Bensel für das von Bach 1911/12 errichtete Südseehaus gestaltete. Mit Otto H. Westphal (1853–1932) baute Franz Albert Bach an der Mönckebergstraße 1912 den Hansehof. Von Otto H. A. Westphal stammt auch das Henckels-Solingenhaus aus dem Jahre 1907 mit einer bemerkenswerten Jugendstilfassade. Alle drei Architekten waren Freimaurer. Bach war 1897 in die Loge *Zu den drei Rosen* eingetreten, Bensel 1919 in die Loge *Zum Pelikan*. Westphal gehörte seit 1884 der Loge *St. Georg zur grünenden Fichte* an.

Auch nach dem Ersten Weltkrieg setzten Architekten, die Freimaurer waren, im Hamburger Stadtbild Akzente. Auf sie wird weiter unten eingegangen.

Die Hamburger Freimaurerlogen in der Stadt-Gesellschaft zwischen 1814 und 1914

Die Freimaurerei war zwischen 1814 und 1914 ein integraler Bestand des Hamburger Bürgertums. Sie nahm an deren sozialen und gesellschaftlichen Einrichtungen und Veranstaltungen teil und verstärkte damit das Selbstverständnis, aber auch die Abgrenzung dieses Bürgertums von den unteren gesellschaftlichen Schichten. Der Kontakt zu den oberen politisch einflussreichen Familien ging ab den 1860er Jahren merklich zurück. Mit dem Bevölkerungswachstum im letzten Drittel des 19. Jahrhunderts hielt die Mitgliederentwicklung der Freimaurerei nicht ganz Schritt, obwohl ihr Wachstum beachtlich war. Als 1863 die *Vereinigten fünf Logen* vom Senat die Rechtsfähigkeit als Verein erhielten, änderte die *Große Loge* ihren Namen von *zu Hamburg* in *von Hamburg*.[341] Auf der einen Seite wurde sie damit endgültig ein Teil des modernen freien Vereinswesens, auf der anderen Seite bekundete die *Große Loge* jetzt ihre treue Verbindung zur Stadt und eine gewisse exklusive Stellung. Da die Logen des *Freimaurerorden*s in Hamburg hingegen einzeln rechtsfähige Körperschaften waren, musste sich die *Provinzialloge* in Vermögensangelegenheiten von diesen einen Revers unterschreiben lassen, mit dem die Logen ihre Rechte an letztere abtraten.[342]

Die Freimaurerlogen waren Orte, in denen sich alte bürgerliche Eliten und Aufsteiger treffen konnten. Die Logen waren aber keineswegs die einzigen bürgerlichen Vereinigungen, und sie standen unter Konkurrenzdruck. Es gab exklusivere Vereinigungen. Das Bild einer innovativen Institution wie im 18. Jahrhundert bot die Freimaurerei nicht mehr. Vor allem aber vernetzte sich die führende Hamburger Gesellschaft nach wie vor vor allem in privaten Veranstaltungen, die für Nichtstandesgemäße nie zugänglich waren. Dadurch waren dem politisch-sozialen Einfluss der Freimaurerlogen Grenzen gesetzt. Mit der Veränderung der politischen Landschaft ab 1860 nahm er weiter ab.

Der politische Absentismus der Hamburger Freimaurerei ging einher mit beachtlichen sozialkaritativen Aktivitäten, die sich nicht nur auf die Brüder und ihre Angehörigen erstreckten, sondern auch auf andere Bevölkerungsgruppen. Eine Stärke der Hamburger Freimaurerei war es, in Notsituationen wie dem Großen Brand oder im Krieg 1870/71 schnell und unkompliziert helfen zu können. Außerdem wurde das Stadtbild in hohem Maße von Architekten bestimmt, die einer Freimaurerloge angehörten.

Die Haltung gegenüber Juden war in der *Großen Loge von Hamburg* liberaler als in der *Provinzialloge von Niedersachsen*. Während zu ersterer ab den 40er Jahren Juden durchgängig Zugang hatten und dann einen bedeutenden Anteil der Brüder stellten, blieb ihnen die Mitgliedschaft in den Logen, die zu der sich christlich verstehenden *Provinzialloge* gehörten, verschlossen. Obwohl sich seit den 1880er Jahren antisemitische Tendenzen auch in der Hamburger Freimaurerei bemerkbar machten (s. o.), scheint sich jedoch der seit dem ausgehenden 19. Jahrhundert in Hamburg sehr virulente Antisemitismus zunächst jedoch geringer niedergeschlagen zu haben als in Preußen.[343]

Schließlich bildeten sich in Hamburg auch als Reaktion auf den wachsenden Antisemitismus in der Gesellschaft und eines Teils der Freimaurerei drei Logen der freimaurerähnliche Organisation des B'nai B'rith Ordens.

Teil III

Die Freimaurerei in Hamburg vom Ersten Weltkrieg bis zum Verbot 1935:

Die Zeit der Widersprüche

Hamburg vom Ersten Weltkrieg bis zur Zeit des Nationalsozialismus (1914–1945)

Die Geschichte Hamburgs in der Zeit vom Ersten Weltkrieg bis zum Ende der nationalsozialistischen Herrschaft ist von schweren Krisen geprägt. Die politische, soziale und ökonomische Lage in der zweitgrößten Stadt Deutschlands war mehrfach stark erschüttert. Nicht alle diese Ereignisse sollen und können hier im Detail geschildert werden, sondern nur insofern, wie sie als Hintergrundfolie für die Geschichte der Hamburger Freimaurerei von Bedeutung sind.

Der Krieg löste in Hamburg zunächst keineswegs bei allen eine Welle der Begeisterung aus. Sowohl die wirtschaftlichen Kreise als auch die Arbeiterschaft waren besorgt und skeptisch. Am 13. August 1914 kam das letzte Schiff aus Übersee in Hamburg an. Die britische Blockade riegelte den Fernschiffsverkehr nach und von Hamburg ab, was die Stadt natürlich sehr hart traf. Auf einen langen Krieg hatte sich niemand eingestellt, so dass schnell Versorgungsengpässe entstanden. Wärmehallen und Kriegsküchen wurden eingerichtet. Sofort nach Kriegsbeginn entstand eine zivilgesellschaftliche Selbsthilfe. Der Senator August Lattmann gründete die Hamburgische Kriegshilfe. Sie konnte auf die Bestrebungen Helene Bonforts, Vorsitzende der Ortsgruppe des Allgemeinen Deutschen Frauenvereins aufbauen, die 1913 die Hamburgische Gesellschaft für Wohltätigkeit gegründet hatte. Sie diente als eine zentrale Stelle, um die vielfältigen privaten Wohltätigkeiten in der Stadt zu bündeln.[344] Die Patriotische Gesellschaft kümmerte sich um die Arbeitsvermittlung. Hierin waren vor allem aber die Gewerkschaften sehr aktiv und effektiv.[345]

Einmal im Krieg wollten jedoch große Teile des Bürgertums von einem Verständigungsfrieden nichts wissen. Starken Anklang fand in Hamburg deshalb die Deutsche Vaterlandspartei, die am 1. September 1917 im Yorcksaal des Königsberger Schlosses auf Initiative des rechten Alldeutschen Verbandes gegründet wurde. Sie verschrieb sich der Aufgabe, alle Kräfte zu bündeln, um Deutschland zum Sieg zu führen. Ihr schlossen sich vor allem Kaufleute, Freiberufler, Beamte, Wissenschaftler, Lehrer und Pastoren an.[346]

Im Gefolge des Ersten Weltkriegs brach die alte monarchisch-ständische Ordnung des Wilhelminischen Kaiserreichs zusammen. Zweifel daran, dass Kaiser Wilhelm II. die bestehende politische Ordnung aufrechterhalten und deren Politiker den Krieg zu einem siegreichen Ende führen könnten, waren schon Ende 1914 von Rechtskonservativen geäußert worden. Unverblümt wurden Forderungen nach einer Militärdiktatur laut.[347]

Weiterhin machte die gemeinsame Teilnahme aller Schichten am Krieg, die durch die Rüstungsindustrie erstarkende Stellung der Arbeiterschaft und die wichtige Rolle, die die Gewerkschaften bei der Bewältigung der wachsenden Arbeitslosigkeit und bei der Bewahrung des sozialen Friedens im Krieg einnahmen, die Arbeiterschaft, die SPD und die Gewerkschaften zu in Zukunft unverzichtbaren politischen Akteuren.[348] Die gesellschaftliche Diskriminierung der Sozialdemokraten konnte längerfristig keinen Bestand haben. Zum Beispiel waren Sozialdemokraten in den Jahrzehnten vor dem Krieg von der Offizierslaufbahn völlig ausgeschlossen gewesen und wurden während des Krieges nur aufgrund des Personalmangels in allerdings sehr geringem Umfang zugelassen. Formal wurde die Diskriminierung von der Militärführung jedoch nicht aufgehoben.[349]

Die Zeit, in der ausschließlich das Besitz- und Bildungsbürgertum die Politik bestimmt hatte, war aber mit dem Ende des Krieges und der Revolution endgültig vorbei.[350] Neue Akteure aus der Arbeiterschicht und dem Kleinbürgertum drängten an die Macht.

Und es gab die Hoffnung derer, die zunächst glaubten, der Krieg werde die Nation einen und Klassenunterschiede aufheben, und die Hoffnung der bisher Unterprivilegierten, der Krieg werde ihnen die Anerkennung als vollgültige Staatsbürger bringen. Doch diese Hoffnungen trogen. Schnell brachen die Interessengegensätze zwischen den gesellschaftlichen Klassen wieder auf. Zwischen denen, die auf eine politische Beteiligung der Arbeiterschaft setzten, und denjenigen, die ihre Privilegien bewahren wollten, konnte es genauso wenig eine Verständigung geben, wie zwischen denen, die sich durch Inflation und Preissteigerungen benachteiligt und betrogen fühlten, und den vermeintlichen oder tatsächlichen Kriegsgewinnlern.[351]

Innerhalb der Sozialdemokratie standen sich im Krieg zwei Lager gegenüber: die Mehrheit, die loyal die finanziellen Anstrengungen im Reichstag, den Krieg zu gewinnen, unterstützten, und eine Minderheit, die den Krieg so schnell wie möglich beenden wollte.[352] Diese Lagerbildung überdauerte den Krieg, denn sie war zugleich eine Auseinandersetzung über die Gestalt der zukünftigen politischen Ordnung – Rätesystem oder parlamentarische Demokratie, Revolution oder Reformismus – und über die Frage, ob die Sozialisierung der Wirtschaft vor oder nach der Errichtung einer auf dem allgemeinen und gleichen Wahlrecht basierenden politischen Ordnung durchgeführt werden müsse.[353] Hans-Ulrich Wehler hat diese innere Spaltung als eines der „folgenreichsten Ergebnisse" bezeichnet, „die in der deutschen Innenpolitik durch den Krieg herbeigeführt wurden".[354]

Drei linke politische Parteien kämpften im und nach dem Krieg um die Zukunft Hamburgs. Von der SPD spaltete sich im April 1917 die USPD ab. Die Unabhängige Sozialdemokratische Partei wollte den Krieg so schnell wie möglich beenden und deshalb keine weiteren Kriegskredite genehmigen. Die Partei hatte keine große Anhängerschaft. Sie kam nur auf etwa 500 Mitglieder. Allerdings hatte sie gute Verbindungen zum Metallarbeiterverband und zu den Vertrauensleuten auf den Werften. In den Revolutionstagen des Novembers 1918 spielte sie in der Organisation der Streiks und der Errichtung des Arbeiter- und Soldatenrats eine wichtige Rolle. Am 31. Dezember 1918 gründeten der Spartakusbund und weitere linksradikale und kommunistische Gruppierungen dann die Kommunistische Partei Deutschlands (KPD), in der diejenigen, die auf den bewaffneten Umsturz hinarbeiteten und dem parlamentarischen System ablehnend gegenüberstanden, sich sammelten. An dieser radikalen Linie hielt die Hamburger KPD bis zum Ende der Weimarer Republik fest.[355] Ihr bekanntestes Mitglied war Ernst Thälmann. Seit Mai 1919 Vorsitzender der Hamburger USPD, wechselte er mit dem linken Flügel der USPD zur KPD, in der er Karriere machte. Streng bolschewistisch gesinnt, wurde er 1925 Vorsitzender der Partei. Als exponierter Kommunist wurde er am 3. März 1933 verhaftet und vermutlich auf direkten Befehl von Adolf Hitler im August 1944 im KZ Buchenwald erschossen.[356] Die neue Verfassung der Stadtrepublik, deren Beratung 1919 in der neuen Bürgerschaft begonnen hatte, trat 1921 in Kraft. Wie schon bei der Wahl zur Verfassungsgebenden Bürgerschaft gab es nun ein allgemeines Wahlrecht für Männer und Frauen ab 20 Jahren. Die Staatsgewalt übten jetzt nicht mehr Bürgerschaft und Senat zusammen aus, sondern sie lag nun allein bei der Bürgerschaft als gewähltes Parlament. Der Senat oder einzelne Senatoren konnten von der Bürgerschaft jederzeit abgewählt werden.[357]

Die SPD ging aus den Richtungskämpfen innerhalb des sozialistischen Spektrums mit ihrem reformistischen und parlamentarischen Kurs klar als Sieger hervor. Bei der Wahl zur Verfassungsgebenden Bürgerschaft 1919 errang sie 50,5 Prozent der Stimmen. Sie konnte damit die Stellung Hamburgs als Hochburg der gemäßigten sozialdemokratischen Arbeiterbewegung auch über die Wilhelminische Zeit hinweg dauerhaft sichern und stand gleichermaßen somit für Kontinuität und Erneuerung. Bestehen blieb bis zum Ende der Weimarer Republik die unversöhnliche Zwietracht zwischen SPD und KPD, die selbst beim Aufstieg des Nationalsozialismus nicht an Schärfe verlor.[358]

Zugleich musste sich die SPD gegen diejenigen konservativen bürgerlichen Kräfte, die einer weiteren Demokratisierung zumindest skeptisch gegenüberstanden, behaupten.

Die SPD war deshalb klug genug, ihre starke Stellung nicht auszunutzen, sondern mit den fortschrittlichen bürgerlichen Kräften eine Koalition einzugehen. Zusammen mit der Deutschen Demokratischen Partei (DDP), deren Hamburger Gliederung sich am linken Rand der Gesamtpartei befand,[359] bildete sie bis zum Ende der Weimarer Republik ein stabiles Regierungsbündnis, allerdings von 1924 bis 1931 unter Einbeziehung der DVP.[360] Dank ihrer Ausrichtung und Regierungsbeteiligung konnte die Hamburger DDP sich als bürgerlich-demokratische Partei so gegen den Trend der Gesamtpartei behaupten, die auf Reichsebene schon ab den 20er Jahren in der Wählergunst abstürzte.[361] Die Zentrumspartei, die man sich in einer solchen Koalition noch hätte vorstellen können, spielte im lutherischen Hamburg keine Rolle. Im September 1931 verlor die sozialliberale Koalition die Mehrheit in der Bürgerschaft. Da jedoch die Staatspartei – inzwischen aus der DDP und dem Jungdeutschen Orden hervorgegangen – eine Koalition mit der NSDAP ablehnte, auch als diese ab April 1932 die stärkste Fraktion geworden und eine Rechtskoalition rechnerisch möglich war, blieb der linksliberale Senat aus SPD und DDP bis zum 8. März 1933 kommissarisch im Amt.[362] Diesen Pragmatismus kann man durchaus hanseatisch nennen. Die sozialliberale Koalition war das Ergebnis der Kompromissfähigkeit der SPD und der Einsicht des linken bürgerlichen Spektrums, dass man die größte Partei der Arbeiterschaft nicht mehr übergehen konnte. Andererseits blieb manches an sozialistischen Ideen dabei auf der Strecke. Da die SPD mit bürgerlichen Kräften und nicht mit den anderen sozialistischen Parteien koalierte, sind Pläne einer Sozialisierung der Wirtschaft allesamt auf der Strecke geblieben. Hinzu kamen von Anfang an große praktische Schwierigkeiten, die Wirtschaft umzustrukturieren.[363]

Ein Teil der Bevölkerung fühlte sich durch die linksliberale Koalition nicht vertreten. Auf der Linken versprach die KPD eine politische Alternative, die sie als Streikführer und zuletzt 1923 als treibende Kraft eines gewaltsamen Umsturzes in die Tat umsetzen wollte. Allerdings fehlte ihr trotz der Wahlerfolge von 11 bis 21 Prozent, die ihr ab 1924 regelmäßig 17 bis 26 Sitze in der Bürgerschaft einbrachten, eine stabile ausreichend große Mitgliederbasis. 1929 hatte sie nur etwa 5 000 eingeschriebene Mitglieder.[364]

Auf der Rechten gab es zahlreiche gesellschaftliche Gruppierungen, die den neuen Institutionen und dem neuen Einfluss der Sozialdemokratie kritisch bis ablehnend gegenüberstanden. Der Mittelstand hatte mit der Beseitigung der Notabeln- und Grundbesitzerwahlen stark an Einfluss verloren. Während führende Familien und Persönlichkeiten den Verlust an parlamentarischer Macht durch soziale und wirtschaftliche Netzwerke ausgleichen konnten, gelang dies der bürgerlichen Mittelschicht nur in geringem Maße.[365] Diejenigen, die von der Kriegskonjunktur nicht begünstigt worden waren, fühlten sich benachteiligt. Gewerkschaften und SPD waren die Sündenböcke, die sie für ihre Lage verantwortlich machten. „Die Mehrheit der unzufriedenen bürgerlichen Kräfte schloss sich […] aus Furcht vor der Radikalisierung in Teilen der Arbeiterschaft den Organisationen der nationalen Rechten an und trug zu deren wachsender Militanz bei.“[366]

Die Deutsche Volkspartei (DVP) war eine Partei der Hamburger Oberschicht. Die Mehrheit der Kaufleute stand ihr nahe. Gegenüber der neuen parlamentarischen Demokratie bevorzugte sie die vergangene Ordnung des Wilhelminischen Reichs,[367] arbeitete aber in Senat und Bürgerschaft mit der linksliberalen Koalition zusammen und stand später aufgrund ihrer „gouvernementalen Gesinnung“ wenigstens teilweise der NSDAP ausgesprochen ablehnend gegenüber.[368] Dies war bei der Deutschnationalen Volkspartei (DNVP) anders. Zunächst von mittelständischen Ladenbesitzern und selbstständigen Handwerkern dominiert, wurde sie zunehmend zu einer Partei des „wohletablierten reaktionär-alldeutsch-völkisch denkenden Bürgertums“. Ihren größten politischen Einfluss hatte sie zwischen 1924 und 1928. Schon früh waren die Hamburger radikaler als die Gesamtpartei und unterstützten den Industriellen und Pressemogul Alfred Hugenberg. 1922 gründete sich als radikale Abspaltung von der DNVP die Deutschvölkische Freiheitspartei.[369]

„Hamburg gehörte seit der Wilhelminischen Ära nicht nur zu den Hochburgen der sozialdemokratischen Arbeiterbewegung und des Liberalismus, sondern auch des Antisemitismus.“ So das eindeutige Urteil der Historikerin Ursula Büttner.[370] Der hohe Anteil von Juden an der Bevölkerung und die Tatsache, dass Juden wichtige Positionen im Bankenwesen, im Handel und im Seehandel innehatten, machte sie zu idealen Sündenböcken. Daran änderte auch die Tatsache nichts, dass ein Jude wie Salomon Heine zu den großen Mäzenen der Stadt gehört hatte und während des Großen Brandes von 1842 bereitwillig sein Haus am Jungfernstieg hatte sprengen lassen, um der Feuersbrunst Einhalt zu gebieten. Bei seinem Tod 1844 waren Tausende seinem Sarg gefolgt.[371] Langfristig aber wirken solche Vorbilder weniger als tiefsitzende Ressentiments. Offener Antisemitismus erfasste vor allem das Hamburgische Kleinbürgertum und dabei insbesondere den neuen Mittelstand ab den 1880er Jahren (s. o.). Als der Weltkrieg ausbrach, hofften viele Juden durch besonderen Einsatz und aufgrund ihrer patriotischen Gesinnung endlich als Bürger anerkannt zu werden.[372] Diese Hoffnung trog. Bekanntlich nahm der Antisemitismus stattdessen weiter zu.

In Hamburg hatten eine Reihe antisemitischer Vereinigungen ihren Sitz. Antisemitisch agierten seit seiner Gründung 1893 der schon genannte Deutschnationale Handlungsgehilfen-Verband und seit 1908 der Alldeutsche Verband. Letzterer hatte in Hamburg die zweitgrößte Ortsgruppe im Reich.[373]

1894 war die antisemitische Deutschsoziale Reformpartei gegründet worden, die seit 1903 ihren Sitz in Hamburg hatte.[374] Ein Jahr zuvor war der Reichshammerbund in Leipzig ins Leben gerufen worden, der bis 1920 Vortrags- und Leseabende organisierte und Unmengen an Propagandamaterial verteilte. Die mitgliederstärksten Ortsgruppen waren in Hamburg und Stuttgart beheimatet. In Hamburg befand sich auch die Hauptgeschäftsstelle. 1919 wurde der Deutsche (ab 1920 Deutschvölkischer) Schutz- und Trutz-Bund (DSTB), initiiert vom Alldeutschen Verband, gegründet. Seine Zentrale hatte er ebenfalls in Hamburg. 1920 verschmolz er mit dem Reichshammerbund und dem Deutschvölkischen Bund. Der DSTB hielt Versammlungen und Demonstrationen ab. Er unterhielt einen eigenen Nachrichtendienst für die Presse und publizierte Broschüren, Bücher und zwei Zeitschriften. Vor allem verteilte er massenhaft Handzettel und Flugblätter, in denen er die Juden und die Arbeiterparteien als deren angebliche Unterstützer angriff. Die Ortsgruppen verteilten in den Jahren 1919 bis 1922 Millionen von Klebemarken, die in Hamburg hergestellt wurden. Allein 1920 wurden 7,8 Millionen solcher Aufkleber angebracht. Auffallend und leicht eingängig gestaltet, waren sie überall auf Laternenmasten, Litfaßsäulen, Wänden, Fenstern und Briefumschlägen zu finden. Ende 1921 hatte der Bund in Hamburg 3 579 Mitglieder. 1922 wurde er aufgrund des Republikschutzgesetzes verboten.[375]

Daneben gab es noch eine Reihe rechtsradikaler Freikorps und Verschwörergruppen, die auch in Hamburg ihr Unwesen trieben. Von diesen ist die bekannteste die Organisation Consul, die aus ehemaligen Offizieren der Brigade Ehrhard, die am Kapp-Putsch beteiligt gewesen war, bestand. Sie verübte in Hamburg 1922 eine Reihe von Sprengstoffattentaten auf kommunistische Einrichtungen und auf die

Wohnung von Ernst Thälmann. Gestoppt wurden diese Terroranschläge nur, weil sich die Verschwörer auf die Ermordung des Reichsaußenministers Walther Rathenau am 24. Juni 1922 konzentrierten.[376]

Das Narrativ des Antisemitismus griff weit über solche militanten Gruppierungen hinaus und durchsetzte die Gesellschaft. Zwar war er hauptsächlich eine Erscheinung der Rechten, aber auch im politisch linken Spektrum war antisemitisches Denken zu finden.

Die, abgesehen von den Jahren 1924 bis 1928, schwierige wirtschaftliche Lage, die Zahllose ins Elend stürzte, beförderte die Reduktion komplexer politisch-ökonomischer Faktoren durch simple Verschwörungstheorien und Schuldzuweisungen auf eine Minderheit. Bis 1933 erreichte „die innere Entwicklung des deutschen Antisemitismus [...] einen fatalen Reifezustand“. Er gab sich aus als das Kernproblem aller wirtschaftlichen, sozialen und kulturellen Probleme, hatte sich längst von konkreten Gruppenkonflikten gelöst und war der Rückfall hinter die Aufklärung und bürgerlich liberaler Emanzipation. In der NSDAP fand der Antisemitismus dann die Massenpartei, die den Rassenwahn in Vernichtungspraxis umsetzte.[377]

Die Spaltung der politischen Landschaft zwischen Unzufriedenen auf der rechten Seite, Demokraten in der Mitte und linksextremen, revolutionären Gegnern der Weimarer Republik war eine Konstante in der Zeit vom Krieg bis zur „Machtergreifung“ der Nationalsozialisten. Aufgrund der prekären bis desolaten wirtschaftlichen Lage verschärften sich die Angriffe auf die neue parlamentarische Demokratie. Der Krieg selbst brachte einen steilen Abfall des Realeinkommens mit sich. 1916, 1917 und 1918 kam es in Hamburg zu schweren sozialen Unruhen.[378] In der Kriegsindustrie des Reiches sanken die Reallöhne um ein Viertel. In der übrigen Industrie sogar um 44,5 Prozent.[379]

Der Krieg hinterließ Hamburg dann schwer getroffen. Die Demontage der Werftindustrie und das zeitweilige Verbot, größere Schiffe zu bauen und zu unterhalten, wogen schwer. Der Verlust der Kolonien und die Beschlagnahme des deutschen Auslandsvermögens trafen die stark vom Fernhandel abhängige Stadt. Der Mangel an Rohstoffen und Kohle lähmte die Wirtschaft und die Versorgung der Bevölkerung.[380]

Nach dem Krieg und der Revolution kam es in der deutschen Wirtschaft zu Lohnsteigerungen, die in der unmittelbaren Nachkriegszeit die Reallöhne sogar wieder auf 85 Prozent des Niveaus von 1913 hoben. Bedingung hierfür war, dass die deutsche Industrie zunächst von der Inflation profitierte, die den Export ankurbelte. Mit der Hyperinflation und der Ruhrbesetzung von 1923 sanken die Reallöhne wieder auf 48 Prozent des Niveaus von 1913. Die Arbeitslosigkeit nahm bis auf 28 Prozent Ende des Jahres 1923 zu. Nach einem Zwischenhoch von 1924 bis 1928, in der die Löhne um bis zu 20 Prozent stiegen, löste der Schwarze Freitag am 25. Oktober 1929 die Weltwirtschaftskrise aus.[381] Die Arbeitslosenzahlen, die zwischen Februar 1928 und September 1929 zwischenzeitlich von 3 Millionen auf 1,5 Millionen gesunken waren, explodierten. 1932 wurde der absolute Höchststand mit 8,5 Millionen Arbeitslosen und 5,2 Millionen Kurzarbeitern erreicht. Von den Gewerkschaftsmitgliedern war nur noch ein Drittel vollbeschäftigt, 21 Prozent lebten von Kurzarbeit und 46 Prozent waren arbeitslos. Hinzukam die unsichtbare, weil von der Statistik nicht erfasste Arbeitslosigkeit.[382] Allein in Hamburg gab es 173.000 Arbeitslose.[383]

Der wirtschaftliche Niedergang des Landes traf nicht alle Schichten gleichmäßig. Das obere Wirtschaftsbürgertum überstand Krieg und die krisengeschüttelten folgenden Jahre gut und gewann sogar bei der Rückkehr der Industriewirtschaft. Erst in der Dritten Weltwirtschaftskrise wurde es auch, allerdings in unterschiedlichem Maße, in Mitleidenschaft gezogen. Stark getroffen wurde hingegen das Bildungsbürgertum, dabei besonders beamtete Akademiker. Besser ging es den Freiberuflern. Die soziale Lage des Kleinbürgertums war diffus: Während die alte Mittelschicht, vor allem Handwerker und kleine Selbständige stark unter den wechselnden Konjunkturen litten, ging es den Angestellten, Lehrern, Technikern und kleinen Beamten oft besser. Insgesamt ergibt sich kein einheitliches Bild. Das Kleinbürgertum wandte sich auch nicht, wie vielfach angenommen, geschlossen der rechtsradikalen Opposition zu.[384]

Für diejenigen, die schon wenig besaßen, war die Lage besonders katastrophal. Schon der Weltkrieg selbst stellte für die Arbeiterschaft eine ungeheure Belastung dar. Er verursachte eine „Pauperisierung [...], wie es sie seit der Frühzeit des deutschen Industriekapitalismus nicht mehr gegeben hatte".[385] Während der ganzen Nachkriegszeit erreichte der Lohn eines Hamburger Hafenarbeiters nur während des Höchststandes der Reallöhne 1927 das Existenzminimum für eine fünfköpfige Familie von 205 Mark. Während des Sommers 1932 lagen die Einkommen der Schauerleute und Kaiarbeiter nur bei 142 bzw. 110 Mark, während die Lebenshaltungskosten nicht gesunken waren.[386] Die Lebensverhältnisse der Arbeiterfamilien waren dementsprechend trist.

Sozialpolitik war in der Nachkriegszeit deshalb eines der wichtigsten Arbeitsfelder der Hamburger Stadtführung.[387] Bei Kriegsende hatte Hamburg 40 000 Kriegstote zu beklagen.[388] Vielen Familien war der Ernährer gestorben. Hinzukamen die zahlreichen Kriegsversehrten. Da zudem durch die Kriegsfolgen und die Inflation zahlreiche private Wohlfahrtseinrichtungen eingegangen waren, musste die öffentliche Hand sich jetzt stärker sozialpolitisch betätigen. Zahlreiche private Stiftungen hatten Kriegsanleihen gezeichnet: Geld, das nun fehlte.[389] Allerdings waren auch der Kommune dabei finanzielle Grenzen gesetzt. Neben der Wohlfahrtspflege war die Schaffung neuen sozialen Wohnraums und eine moderne Stadtbildgestaltung dringend vonnöten. In beiden Bereichen war die Stadt schon vor dem Krieg aktiv gewesen, setzte dies dann, soweit die Mittel reichten, fort, wobei der Wohnungsbau vor allem zwischen 1924 und 1928 beachtliche Fortschritte machte.[390]

Hans-Ulrich Wehler hat darauf hingewiesen, dass während der gesamten Weimarer Republik trotz der sozialen Verwerfungen die bürgerliche Kultur ihre Vorranggestellung behaupten konnte. Während die Adelskultur verblasste und das Proletariat eine eigene Arbeiterkultur herausbildete, die aber ständig „unter dem Anpassungsdruck des bürgerlichen Vorbildes stand", blieb Bürgerlichkeit in allen öffentlichen und privaten Bereichen stil- und normbildend. Die Tragik bestand nun darin, dass es an einer „zielbewussten Bürgertumspartei" fehlte, die diese „Zielvision einer ‚Bürgerlichen Gesellschaft'" politisch umgesetzt hätte. Stattdessen, so Wehler, seien die Kräfte, die an ihrer Verwirklichung festgehalten hätten, beispiellos geschwächt worden. „Es ist dieses kraftlose Verblassen der attraktivsten Utopie, die das europäische Bürgertum je hervorgebracht hat, welches seine fatale moralische und politische Schwächung besiegelte, als der Ansturm der Hitler-Bewegung seinem Höhepunkt zustrebte."[391] Die deutsche Freimaurerei war zu schwach, um diesem politischen Verfall einen Widerstand entgegenzusetzen. Stattdessen hatte ein Gutteil, allen voran die altpreußischen Großlogen, sich schon längst von einem bürgerlich-liberalen Gedankgut verabschiedet (s. u.).

In Hamburg war es die mangelnde Unterstützung der sozialliberalen Koalition durch die Spaltung des Bürgertums in einen sozialliberalen und einen rechtsnationalen Flügel, die sie schließlich zu Fall brachte. Verheerend wirkte sich der immer stärker grassierende Antisemitismus aus. Er wurde vor allem durch Verbände verbreitet, die im Vorfeld der Parteien Agitation betrieben, und der sich so bis weit in das Alltagsleben und die Mentalität der Bevölkerung hineinfraß. Dagegen vermochten auch die öffentliche Kunst und Kultur auf Dauer nichts auszurichten. Dabei war die städtische Kulturlandschaft in der

Zwischenkriegszeit durchaus lebendig und weltoffen. Das Kunst- und Musikleben entsprach dem einer deutschen Großstadt. Da private Mäzene seltener geworden waren, musste die Stadt jetzt verstärkt auch im kulturellen Bereich unterstützend tätig sein.[392] Sie bemühte sich dabei, die Kultureinrichtungen breiten Schichten zugänglich zu machen. In der Oper gab es billige Sondervorstellungen und selbst im Winter 1930/31, mitten in der Weltwirtschaftskrise, besuchten 165 000 Interessierte die Konzerte der Hamburger Philharmoniker.[393] Als eine Art Interessenvertretung avantgardistischer Künstler gründete sich 1919 die *Hamburger Sezession*, die ab Mitte der 1920er Jahre sich dem Expressionismus und später der Neuen Sachlichkeit zuwandte. Durch ein vielfältiges Ausstellungsangebot versuchte sie, die zeitgenössische Kunst den Bürgerinnen und Bürgern näherzubringen.[394]

Auch die Wissenschaft wurde gefördert. 1919 wurde die Universität gegründet. Der jüdische Philosoph Ernst Cassirer war von 1929 bis 1930 ihr Rektor. Der ebenfalls jüdische Kunstwissenschaftler Erwin Panofsky entwickelte in Hamburg seine Ikonologie. Die Bibliothek des Bankierserben Aby Warburg in der Heilwigstraße wurde „nach und nach eine Art Thinktank aus Philosophen, Orientalisten, Judaisten, Kunsthistorikern und Philologen".[395] Ebenfalls in der Zwischenkriegszeit fasste eine neue Art von Vereinigung in Hamburg Fuß. 1927 wurde hier der erste *Rotary Club* in Deutschland gegründet.[396] Die aus den USA stammenden *Service Clubs* wurden zu einer ernstzunehmenden Konkurrenz zu den Freimaurerlogen. Im Gegensatz zu letzteren verstanden sie sich ausdrücklich als Netzwerk, das auch dem beruflichen Fortkommen dienen soll, während in den Logen eine solche Praxis, Geschäftsmaurerei genannt, verpönt war und ist. Außerdem sprechen die *Service Clubs* gezielt die Eliten einer Stadt an, so dass die Mitgliedschaft in einem solchen Verein eher als die in einer Freimaurerloge Erfolg und Einfluss in der städtischen Gesellschaft mit sich bringen mag.

Der 1922 gegründete *Übersee-Club* sollte dem Wiederaufbau internationaler Wirtschaftsbeziehungen dienen und zugleich ein Ort des freien Meinungsaustausches und des sich Kennenlernens und vor allem des Austausches zwischen Wirtschaft und Wissenschaft sein.[397] Einen „Sprechsaal" nannte ihn der jüdische Bankier Max M. Warburg. Seinen Vortrag auf der Gründungsversammlung des Vereins konnte er selbst nicht halten. Drei Tage zuvor war Walther Rathenau ermordet worden. Der Hamburger Polizeipräsident fürchtete auch um das Leben des jüdischen Bankiers, denn die Organisation Consul hatte ihn als nächstes Opfer im Visier.[398]

Mit politischer Pluralität und Toleranz war es am 30. Januar 1933 endgültig vorbei. Der Aufschwung der NSDAP begann in der Hansestadt in der Weltwirtschaftskrise. Die republikanischen Parteien verloren an Unterstützung. Seit April 1932 bildete die NSDAP in der Bürgerschaft die stärkste Fraktion. Auch nach der Reichstagswahl am 30. Januar 1933 widersetzte sich die Staatspartei einer Regierungsbeteiligung der Nationalsozialisten, und der linksliberale Senat blieb weiterhin kommissarisch im Amt (s. o.). Anlässlich der Reichstagswahl am 5. März 1933 kam Adolf Hitler selbst nach Hamburg und hielt zwei Tage vor der Wahl eine flammende Rede. Zwar holten die NSDAP und die mit ihr verbündete Kampffront Schwarz-Weiß-Rot im Reich die absolute Mehrheit der Stimmen, aber in Hamburg erhielten sie nur 46,9 Prozent der abgegebenen Voten. Die Lage im Reich, der Druck der Straße und die Nachgiebigkeit der bürgerlichen Parteien reichten jedoch aus, dass am 8. März die Bürgerschaft einen neuen Senat unter Führung der NSDAP wählte. Die Abgeordneten der KPD waren entweder schon verhaftet oder blieben aus Furcht der Sitzung fern. Bürgermeister wurde der damals parteilose Carl Vincent Krogmann. Insgesamt stellte die NSDAP einschließlich Krogmann sechs von zwölf Senatoren.[399] Der starke Mann in Hamburg war jedoch der Gauleiter Karl Kaufmann, der am 7. April 1933 zum Reichsstatthalter ernannt wurde.[400]

Die Ausschaltung jedweder politischer Opposition, die Kontrolle und Durchdringung der Zivilgesellschaft im Sinne des Nationalsozialismus und dabei die Auflösung aller selbstständigen Vereinigungen mit Ausnahme der Kirchen, die unerbittliche Verfolgung Andersdenkender, schließlich die Drangsalierung und die folgende Vernichtung des Judentums – viele Hamburger Juden flohen ins Ausland, 10.000 wurden ermordet[401] – all dies ist oft beschrieben worden. Da die Freimaurerei 1935 in Deutschland verboten wurde und erst nach dem Zweiten Weltkrieg wieder auferstand, sie also während der meisten Zeit der nationalsozialistischen Herrschaft nicht aktiv war, müssen diese Ereignisse hier nicht im Einzelnen geschildert werden – so wichtig sie auch in anderen Zusammenhängen sind. Das Verhältnis der Freimaurerei zu völkischem und nationalistischem Denken und Politik sowie die Umstände ihres Verbots 1935 werden weiter unten behandelt.

Das Ende des Zweiten Weltkriegs bedeutete auch das Ende dieser zwölfjährigen Diktatur. Hamburgs Innenstadt war fast völlig zerstört. Vor allem die in der Nacht zum 25. Juli 1943 einsetzenden zehntägigen Bombardements waren ein Inferno. 3000 britische und amerikanische Flugzeuge waren im Einsatz. Mehr als 9000 Tonnen an Brand- und Sprengbomben wurden abgeworfen. 35000 Menschen starben, 37000 waren verletzt, die meisten davon im Feuersturm des Nachtangriffs am 28. Juli 1943. 61% des Wohnraumes waren zerstört, fast eine Million Menschen obdachlos geworden und Hunderttausende waren geflohen.[402]

Als sich 1945 die Besetzung Deutschlands und die militärische Niederlage abzeichneten, stellte Karl Kaufmann, der Reichsstatthalter und Reichsverteidigungskommissar Überlegungen an, die Stadt entgegen ausdrücklichem Führerbefehl kampflos zu übergeben und ihr damit die vollständige Zerstörung zu ersparen. Unterstützt wurde er darin von Generalmajor Alwin Wolz, dem Kampfkommandanten der Stadt. Heimlich wurden Verhandlungen mit der britischen Seite eingeleitet. Schließlich sahen auch die Wehrmachtsleitung und Admiral Dönitz, Hitlers Nachfolger, ein, dass eine Verteidigung Hamburgs sinnlos sei. Am 3. Mai 1945 rückten die britischen Truppen in die Stadt ein. Wolz empfing den britischen General Spurling am Eingang des Rathauses und führte ihn zu Karl Kaufmann, der ihm im Bürgermeistersaal die Stadt übergab.[403]

Im Hafen waren bis auf die Kaimauern die meisten Einrichtungen zerstört. Außerhalb des Hafengebiets lag die Stadt in Trümmern. 40 Millionen Kubikmeter Schutt hatten sich angesammelt.[404] Groß-Hamburg, das durch Zusammenschluss der Stadt mit umliegenden Gemeinden 1937 entstanden war, hatte in jenem Jahr 1,7 Millionen Einwohner gehabt. Jetzt zum Ende des Kriegs lebten dort nur noch rund eine Million Menschen. Die durch die Bombenangriffe völlig zerstörte Innenstadt hatte eine halbe Million Einwohner weniger als vor dem Krieg. Erst 1947 hatte Hamburg wieder 1,5 Millionen Bürgerinnen und Bürger.[405]

Die Hamburger Freimaurerei während des Ersten Weltkriegs

Die historische Forschung hat schon seit längerem darauf hingewiesen, dass bei der deutschen Generalmobilmachung und in den ersten Kriegstagen keineswegs die gesamte Bevölkerung am 1. August 1914 in Jubel ausbrach. Zwar löste der Kriegsbeginn die sich in den letzten Wochen angestaute Spannung, aber „durchweg handelte es sich um eine Mischung von Begeisterung und Betroffenheit, von Ernst und Erleichterung“. Dabei unterschieden sich die Gefühlslagen der gesellschaftlichen Schichten voneinander. Allein das Bildungsbürgertum war einer „wahren Kriegseuphorie verfallen". Das Wirtschaftsbürgertum war skeptischer. Sehr wenige vertraten eine grundsätzlich pazifische Haltung. Landbevölkerung und Arbeiterschicht waren von Angst und Schrecken erfüllt, waren sie sich doch der harten materiellen und emotionalen Belastungen bewusst, die auf sie zukamen. Die anfachende Begeisterung, die von Kanzeln und aus Redaktionsstuben auf die Bevölkerung einprasselte, die überspannten Deklamationen von Schriftstellern, die einpeitschenden Propagandareden konservativ-nationalistischer Politiker und die Bilder naiv-begeisterter Studenten, die in den Krieg zogen, schafften es aber, der Nachwelt eine allgemeine Kriegseuphorie im Jahre 1914 vorzugaukeln, die so nicht existiert hatte, sondern dem Wunschdenken eben dieser Bildungsbürger entsprungen war.[406]

Auch in Hamburg waren Senat und Kaufmannschaft genauso wie die Arbeiter angesichts des begonnenen Krieges skeptisch gegenüber dem, was da kommen sollte.[407] Wenn also die Hamburger Freimaurergeschichtsschreibung davon spricht, dass beim Ausbruch des Ersten Weltkrieges sich die allgemeine Kriegsbegeisterung auf die Logen übertragen habe, so ist diese Aussage nur mit Vorsicht aufzunehmen.[408]

Aber natürlich stand man bei den patriotischen Aufgaben, die der Krieg jetzt einforderte, nicht abseits. So wurde die Hamburger Freimaurerei Mitglied in der *Hamburgischen Kriegshilfe*. Die *Provinzialloge* beschloss, die beiden Festsäle im Logenhaus dem Roten Kreuz für die Pflege verwundeter Soldaten zur Verfügung zu stellen, ein Angebot, dass die Hilfsorganisation allerdings nicht annehmen musste. In den Logen bildeten sich Kriegsausschüsse, die den Kontakt zu den einberufenen Soldaten hielten und sich um die angehörigen Familien kümmerten. An die im Felde Liegenden wurden Päckchen aus der Heimat geschickt. Die Hamburger Logen der *Provinzialloge* stifteten einen aus zwei Waggons bestehenden Lazarettzug, der Verwundete in die Hamburger Krankenstationen bringen konnte. Für das Kriegslazarett in Kutno stifteten sie einen Röntgenapparat.[409]

Die Loge *Absalom zu den drei Nesseln* baute mit Hilfe der Schönewald-Stiftung im Garten des Freimaurerkrankenhauses ein Kriegslazarett und übernahm die Kosten der Versorgung von 2 397 Soldaten in dem Freimaurerkrankenhaus. Sie stattete weiterhin einen Lazarettzug aus, der, aus 38 Waggons bestehend, zahlreiche Fahrten nach Frankreich unternahm, um Verwundete in die Heimat zurückzubringen.

Insgesamt gab die Loge mehr als 355.000 RM für die Kriegshilfe aus.[410] Die *Vereinigten fünf Logen* richteten außerdem in ihrem Logenhaus einen Kriegsmittagstisch ein, wo – vermutlich koscheres – Essen angeboten wurde.[411]

Mit Kriegsende war die Not natürlich nicht zu Ende. Kriegsversehrte, Arbeitslose und Rentner mussten versorgt werden. Deshalb stellte man an mehreren bevölkerungsreichen Orten der Stadt Gulaschkanonen auf, die man vom Heer übernommen hatte. Die Logen stellten das Essen, bezahlten Köchinnen und Köche. Zwei Jahre lang wurde das Projekt durchgeführt.[412] Die *Provinzialloge* ließ im Logenhaus ein Brett, „Bruderdank" genannt, anbringen, in das man gegen eine Geldspende für Bedürftige einen Nagel einschlagen konnte – eine Art der Spendensammlung, wie sie damals allerorts praktiziert wurde.[413]

Als der Krieg ausgebrochen war, hielten alle Hamburger Logen am 6. August 1914 eine gemeinsame außerordentliche Logenarbeit im Logenhaus in der Welckerstraße ab. Rund 500 Freimaurer versammelten sich dort, um von den Brüdern Abschied zu nehmen, die in den Krieg zogen.[414] Von diesen kamen natürlich viele nicht zurück.

Lazarettzug der Loge Absalom zu den drei Nesseln

Wie viele Kriegsopfer insgesamt zu beklagen waren, lässt sich nicht mehr feststellen. Lediglich für die Hamburger Logen der *Provinzialloge* haben wir eine Aufstellung. Danach fielen 28 Brüder an der Front. Ein Bruder starb an den Kriegsfolgen 1920.[415] Bezogen auf 1634 Logenmitgliedern 1918 erklärt sich die geringe Zahl der Kriegsopfer durch das relativ hohe Alter der Freimaurerbrüder.[416]

Die Hamburger Freimaurerei in der Weimarer Republik

Mitgliederzahlen und Organisation

Die Mitgliederzahlen der *Vereinigten fünf Logen* nahmen seit den 1882 Jahren kontinuierlich ab, um sich dann nach 1909 wieder zu konsolidieren (s. o.). Ein wirklicher Aufschwung setzte aber erst 1921 ein. Der Höhepunkt wurde 1924 mit 813 Brüdern erreicht. Danach nahmen die Zahlen ab. Mit 738 Mitgliedern im Jahre 1927 war man aber wieder weit entfernt vom Maximum an 866 Brüdern im Jahre 1882.[417] 1932 schließlich hatten die sechs Hamburger Logen der *Großen Loge – Absalom, St. Georg, Emanuel, Ferdinande Caroline, Ferdinand zum Felsen* und *Alte Treue* – zusammen insgesamt 611 Brüder. Dabei war mit 159 Brüdern die *Ferdinand zum Felsen* vor der Loge *Absalom* mit 136 Brüdern die größte.[418]

Anders die *Große Loge* insgesamt, also einschließlich der auswärtigen Tochterlogen: Sie nahm nach einer Wachstumsphase zwischen 1880 und 1910 (33 Logen mit 3179 zu 55 Logen mit 4856 Mitgliedern) nur noch marginal an Mitgliedern zu. 1932 zählte sie 50 Logen mit rund 5000 Mitgliedern.[419]

Die *Provinzialloge* der *Großen Landesloge* hatte 1902 in sechs Hamburger 1022 Brüder und in zwei auswärtigen Logen 594 Brüder. Das kontinuierliche Wachstum nahm jeweils 1906 und ab 1919 besonders stark zu. 1926 zählte sie 12 Hamburger und 14 auswärtige Logen mit insgesamt 5261 Brüdern. Die „alten" sechs Hamburger Logen, die im 18. und 19. Jahrhundert gegründet worden waren, umfassten dabei allein schon 2318 Brüder. Sie bildeten das „Rückgrat" der *Provinzialloge*. Von ihnen war die Loge *Zur goldenen Kugel* mit 473 Mitgliedern die größte, die *Boanerges zur Bruderliebe* mit 300 Brüdern die kleinste.[420] Die Hamburger Logen des *Freimaurerordens* waren also im frühen 20. Jahrhundert bedeutend größer als die der *Großen Loge*.

Aus diesen etwas disparaten Zahlen lassen sich dennoch einige Schlüsse ziehen. In Hamburg war die *Große Landesloge* stärker vertreten als die *Große Loge*. Im Kaiserreich konnte sie ihren Vorsprung ausbauen, verstärkt noch einmal im Laufe der ersten zweieinhalb Jahrzehnte des 20. Jahrhunderts. Ganz offensichtlich war in der Stadt Hamburg die konservative, preußische und christliche Richtung der *Großen Landesloge* jetzt deutlich attraktiver als die in liberaler Tradition stehende *Große Loge von Hamburg*. Allerdings ist eine solche Charakterisierung der beiden Richtungen sehr schematisch und sagt nicht unbedingt etwas über die einzelnen Logen aus. Auch inwieweit diese Präferenz mit einem unterschiedlichen Sozialprofil und direkt mit politischen Anschauungen und Tätigkeiten und dem Wahlverhalten der einzelnen Brüder korreliert, kann nur weitere Forschung, die die Daten der politischen Parteien und Verbände mit denen der Logen abgleicht, klären. Naheliegend ist aber, dass sich in der Konkurrenz der beiden freimaurerischen Systeme die Differenz zwischen einem liberalen und einem konservativ-nationalen Bürgertum in der Stadt widerspiegelte.

Im Unterschied zur Lage in der Stadt Hamburg war die *Große Loge* einschließlich ihrer auswärtigen Logen zunächst deutlich stärker als die gesamte *Provinzialloge*. Diese schloss aber im 20. Jahrhundert auf und überholte schließlich die *Große Loge*, währenddessen deren Mitgliedszahlen ab 1910 stagnierten. Stellt man noch zusätzlich in Rechnung, dass zur *Großen Loge* auch Logen in ferneren deutschen Regionen und auch im Ausland gehörten, so ergibt sich, dass während der Weimarer Republik im Nordwesten Deutschlands die konservativere Richtung der Freimaurerei die beliebtere war, während ein gewisser liberaler Partikularismus, der sich in der Zugehörigkeit zur *Großen Loge* ausdrückte, etwas an Bedeutung verlor.

Interessant ist auch die Tatsache, dass der Mitgliedszuwachs der *Provinzialloge* mit einer stärkeren Hierarchisierung der Ordensbrüder einherging. Die *Andreaslogen* und das *Ordenskapitel*, die sich über die Logen der ersten drei Grade erhoben, erlaubten es nicht nur, den Brüdern weiteres Wissen zu vermitteln und als Freimaurer über das „normale Maß" hinaus, aktiv zu sein, sondern sie waren auch ein probates Mittel, sie zu disziplinieren und zu kontrollieren. Während nun 1870 im Ordenskapitel *Inviolabilis* zu Hamburg von 88 Brüdern 11 den X., den höchsten Grad innehatten, waren es 1932 46 von 1014. Bis 1920 bewegte sich ihr Anteil bei rund 12 %. Mit dem Mitgliedszuwachs in den zwanziger Jahren verschob sich das Verhältnis von Brüdern niedrigerer Grade zur Führung. 1920 bis 1921 stieg die Mitgliedszahl des Kapitels von 555 auf 700 Brüder, um 1930 die Höchstzahl von 1112 Mitgliedern zu erreichen, die bis 1932 auf 1014 Brüder zurückging. Die Brüder des X. Grades hingegen wurden kaum zahlreicher, teilweise sogar weniger. 1921 waren es 62, 1930 53 und 1932 46, die den höchsten Grad erlangt hatten. Das Verhältnis der Führungsspitze zur Mitgliederschaft bewegte sich jetzt im niedrigen einstelligen Bereich. Stattdessen ergab sich ein Beförderungsstau im IX. Grad. 1932 gehörten ihm 22 % der Brüder an. Mit Fleiß und Verdienst konnte man bis hier aufsteigen, während die Tür zum innersten Kern den meisten Brüdern verschlossen blieb.[421]

Generell nahm die Freimaurerei in Deutschland in der Nachkriegszeit an Mitgliedern zu, 1925 wurde in Deutschland mit 82000 Brüdern der Höchststand erreicht. Danach gingen die Mitgliedszahlen je nach Großloge in unterschiedlichem Maße zurück. Gegen Ende der 1920er Jahre war dann der Rückgang ein allgemeines Phänomen geworden. 1932 gab es „nur noch" 74000 Freimaurer in Deutschland.[422]

In den zunächst stattfindenden landesweiten Aufschwung nach dem Kriege schrieben sich die *Große Loge* und die *Provinzialloge* Hamburgs ein, wenn auch in unterschiedlichem Maße und Rhythmus, und vor allem kam er letzterer zugute. Wie aber ist der Aufschwung der Freimaurerei nach dem Krieg zu deuten? Manuel Pauli spricht im Anschluss an Frank Bösch von einem „Formierungsschub" des Bürgertums, das heißt, dass sich nach dem Kriege auch die bürgerlichen Kreise nach Katholizismus und Sozialdemokratie verstärkt in Vereinen organisierten, um sich gegenüber den anderen Schichten abzusetzen und ihre eigene Identität zu stärken.[423] Die Freimaurerei partizipierte von dieser breiteren Bewegung der Selbstvergewisserung. Hinzukommt, dass die wirtschaftlich-politische Krise die Menschen enger zusammenrücken ließ. Man schloss sich mit Gleichgesinnten zusammen, um die Kämpfe der Zeit zu überstehen. Die Freimaurerei versprach zudem vor allem eine gewisse Sinnerfüllung und zugleich die Teilhabe an einem überlokalen Netzwerk. Ganz offensichtlich war dieses Bedürfnis des Zusammenschlusses so stark, dass es auch den zeitgleichen starken antimasonischen Kampagnen, wie denen des Ehepaars Ludendorff, zunächst widerstand. Schließlich ließen Weltwirtschaftskrise und Antifreimaurerei den Zustrom an neuen Mitgliedern verebben.[424] Die Zahl der Austritte nahm zu.[425]

Für die *Provinzialloge* verfügen wir für das Jahr 1921 über eine Aufstellung der Berufe, die die Freimaurerbrüder ausübten: Von den 3326 Mitgliedern waren 1511 „Kaufleute, Fabrikanten und kaufmännische Direktoren". Es folgten mit großem Abstand 375 „Staats-, Gemeinde- und Privatbeamte [Angestellte]" und 264 „Kapitäne, Schiffsoffiziere, Seemaschinisten und Lotsen", 245 „Ingenieure und technische Betriebsleiter" und 204 „Handwerker und Gewerbetreibende". Der Rest verteilte sich auf verschiedenste Berufe. Akademische Berufe spielten eine untergeordnete Rolle (77 Ärzte, 52 Juristen, 44 Professoren und Oberlehrer, 18 Geistliche). Ein Student war Mitglied.[426] Die *Provinzialloge* des *Freimaurerordens* war also im Wesentlichen eine Organisation von Kaufleuten, Beamten und Angestellten und in geringerem Maße von gehobenen Seeleuten, Technikern und Handwerkern. Keineswegs also zog das christlich-gnostische Ritualgebäude des Ordens vornehmlich Geistesarbeiter und Berufsdenker an. Ein Vergleich mit der *Großen Loge* muss dabei aber weiterer Forschung überlassen bleiben.

Die im 19. Jahrhundert gegründeten zwei Logen der Großloge *Royal York zur Freundschaft*, die Loge der Großloge *Zu den Drei Weltkugeln* und die zwei Logen der Frankfurter Großloge bestanden weiterhin genau so wie die 1876 unter der Bayreuther Großloge *Zur Sonne* gegründete Loge *Globus*.[427]

1924 wurde eine Loge des *Droit humain*, einer aus Frankreich stammenden, von Frauen und Männern gleichermaßen besuchten Großloge, in Hamburg gegründet. Da sie von den deutschen Großlogen nicht anerkannt war, gab es keinen Besuch von und zu deutschen Logen.

Seit 1909 war der *Freimaurerbund zur aufgehenden Sonne* mit der Loge *Hansa* in Hamburg vertreten. Der *Freimaurerbund* war eine von den übrigen Großlogen nicht anerkannte Organisation. Er war pazifistisch und monistisch orientiert. Deshalb fand die Loge *Hansa* auch keine gastliche Aufnahme in einem der Logenhäuser, sondern musste sich im Wartesaal I. Klasse des Hamburger Hauptbahnhofs treffen. Aus Brüdern dieser Loge ging 1914 die Loge *Zur Erkenntnis* in Harburg hervor. Harburg gehörte zwar bis 1937 nicht zu Hamburg, aber die dortigen Ereignisse waren für die Geschichte der Hamburger und der deutschen Freimaurerei von großer Bedeutung. Die Loge startete mit 22 Brüdern. Das Logenleben entwickelte sich gut. 1924 hatte die Loge 97 Mitglieder. Nach dem Krieg organisierten Brüder des *Freimaurerbundes* zusammen mit französischen Brüdern Friedenskundgebungen. Der Bund führte Gespräche sowohl mit dem Großorient als auch mit der Großloge von Frankreich, die ihn 1921 als „regulär" anerkannten. Auf der anderen Seite wünschten viele Brüder, ihre Logen mögen auch von den deutschen Großlogen anerkannt werden.

Darüber kam es zur Spaltung. 600 Brüder bildeten mit einigen anderen Freimaurern die neue *Symbolische Großloge von Deutschland.* Sie wurde 1930 in Hamburg-Harburg von acht Logen, darunter auch von der Harburger Loge *Zur Erkenntnis*, gegründet. *Großmeister* wurde Leo Müffelmann, der sich schon durch eine Reihe internationaler freimaurerischer Aktivitäten ausgezeichnet hatte. Diese neue Großloge erhielt ihr Gründungspatent durch den im selben Jahr gegründeten *Obersten Rat für Deutschland* des *Alten und Angenommenen Schottischen Ritus*, ein eigenständiges, 33 Grade umfassendes freimaurerisches System, das internationale Verbreitung hatte, aber in Deutschland bisher aufgrund des Widerstandes der Großlogen nicht vertreten war. Schon im März 1931 gründete die neue Großloge die Tochterloge *Zur Quelle Siloah* in Israel, deren Patin die Harburger Loge *Zur Erkenntnis* war.[428]

Die neun „regulären" Großlogen lehnten die neue Gründung entschieden ab, obwohl sie formal korrekt vonstatten gegangen war und die *Symbolische Großloge* sich zu den Prinzipien der „regulären" Freimaurerei, wie den Begriff des *Großen Baumeisters aller Welten* und das Auflegen der geöffneten Bibel während der Tempelarbeiten, bekannte. Die *Symbolische Großloge* sei – obwohl sie die „Liebe zum Vaterland" betonte – in der deutschen Freimaurerei ein Fremdkörper, ein „Werk ausländischer Mächte", wie es in einem Artikel der Zeitschrift *Bauhütte* hieß. Der *Großmeister* der *Großen Loge von Hamburg*, Richard Böse, bezeichnete in einer offiziellen Bekanntmachung im *Hamburger Logenblatt* den *Obersten Rat* des *Schottischen Ritus* und die *Symbolische Großloge* als „der deutschen Freimaurerei ‚wesensfremde' Organisationen unter dem Einfluss des masonischen Auslands".[429]

Die *Symbolische Großloge* erhielt stattdessen die Anerkennung einer ganzen Reihe ausländischer Großlogen, was wiederum dazu führte, dass die deutschen Großlogen den Kontakt zu diesen abbrachen. Die humanitären Großlogen, damit auch die *Großloge von Hamburg*, lösten 1932 die Beziehungen zur *Großloge von Österreich*, als diese den unliebsamen Konkurrenten vor der Haustür anerkannt hatte.[430] Aber dass die Geschichte der *Symbolischen Großloge* und ihres *Großmeisters* Leo Müffelmann noch einmal eine ganz andere Wendung nehmen würde, ahnte damals niemand.

Logenleben

Das Logenleben entsprach im Wesentlichen dem, wie es auch im 19. Jahrhundert üblich gewesen war. Natürlich war es während des Krieges zu Einschränkungen gekommen. Üppige Bankette und aufwändige Bälle wären unangebracht und aus Kostengründen auch nicht durchführbar gewesen. Auch nach Kriegsende machte sich in den folgenden Jahren Armut aufgrund von Arbeitslosigkeit und Inflation auch bei den Brüdern immer wieder bemerkbar. Die 150-jährigen Stiftungsfeste der Logen *Zu den drei Rosen* und *Zur goldenen Kugel* 1920, der Loge *Zum Pelikan* 1921 und 1924 der Loge *Zum rothen Adler* fanden unter reger Teilnahme der Brüder statt. Einschränkungen aber mussten gemacht werden. Auswärtigen Brüdern war die Teilnahme nur sehr bedingt oder gar nicht möglich. Auch war der Krieg noch in unmittelbarer Erinnerung und die äußeren Umstände ließen eine rechte Festtagsstimmung nicht aufkommen. Anläßlich des Jubiläums der Loge *Zum rothen Adler* wurde in der Michaeliskirche ein freimaurerischer Gedächtnisgottesdienst gehalten. Die Festrede hielt Pastor Wilken, Bruder in der Loge *Zum Pelikan*. Diese Sitte, einen Festgottesdienst zu halten, fanden die Brüder der *Provinzialloge* nach dem „Schmachfrieden" besonders gelungen. Sie wurde fortan beibehalten. Aufschlussreich für die damalige Zeit ist auch die Tatsache, dass ein in New York weilender Bruder anlässlich des Stiftungsfestes der Loge *Zur goldenen Kugel* 350 Pfund Mehl stiftete, die an die Schwestern der teilnehmenden Brüder verteilt wurden.[431]

Freimaurerlogen unterhalten bekanntlich für ihre Brüder und deren Hinterbliebene eine Unterstützungskasse. Oft werden auch Stiftungen für Personen in Not im Allgemeinen unterhalten. Dies war auch im Ersten Weltkrieg und während der Weimarer Republik nicht anders,[432] wobei aber zu berücksichtigen ist, dass Krieg und Inflation das Stiftungsvermögen hatten zusammenschmelzen lassen. Alleine die Logen der *Provinzialloge* unterhielten 20 sogenannte „Hilfskassen".[433] Bei der *Großen Loge* war es ähnlich. Unter anderem war die *Absalom-Stiftung* der gleichnamigen Loge sehr aktiv. Mit Beginn des Krieges gründete die Loge *Zum Rothen Adler* eine *Kriegshilfe*, die später *Adlerhilfe* genannt wurde.[434] 1924 startete die *Provinzialloge* ein neues Projekt mit dem Namen *Niedersachsenhort*, um die Kriegsfolgen zu lindern. Träger war ein eingetragener Verein, in dem alle Logen der *Provinzialloge*, der *Großen National-Mutterloge zu den Drei Weltkugeln* und der *Großen Loge von Preußen* Mitglied werden konnten, nicht aber die Logen der *Großen Loge von Hamburg*. 1924 bis 1926 wurde einmal im Jahr ein großer Gesellschaftsabend in Sagebiels Fährhaus veranstaltet, der begeisterten Anklang fand. Jeweils mehr als 20.000 Reichsmark konnten als Überschuss erwirtschaftet werden. 1925 musste wegen des großen Ansturms der Eintritt auf 3000 Personen beschränkt werden. Mit dem Erlös wurden Bedürftige vor allem mit Kleidung unterstützt. Ebenfalls ermöglichte der *Niedersachsenhort* Kindern einen Urlaub in Timmendorf.[435]

Vor allem ab 1929 machte sich die prekäre wirtschaftliche Lage auch in den Logen bemerkbar. Im Februar 1933 zum Beispiel musste der Beitrag für die Teilnahme am Schwesternfest auf 1 RM reduziert werden. Ausdrücklich wurde aber darauf hingewiesen, dass weiterhin Frack zu tragen sei.[436] Die *Vereinigten fünf Logen* richteten Ende 1930 eine Winterhilfe ein, bei der Bedürftigen eine warme Mahlzeit gereicht wurde. Das Projekt lief bis März 1933.[437]

Das Logenleben änderte sich nach dem Krieg aber insofern, als jetzt auch die Logen von der allgemeinen Politisierung des öffentlichen Lebens betroffen waren. Die Niederlage im Krieg, der Untergang der alten Ordnung und schließlich die Versailler Verträge bewirkten in der gesamten deutschen Gesellschaft eine politische Radikalisierung, bei der eine gemäßigte republikanische Mitte von Rechts und von Links in die Zange genommen wurde. In den freimaurerischen Zeitschriften war die Mehrheit der Autoren davon überzeugt, dass Deutschland nicht im Felde, sondern aufgrund eines seelisch-moralischen Versagens den Krieg verloren habe. Es gelte wieder zum „Geist von 1914“ zurückzukehren. Beschworen wurde die Wiederherstellung der Volksgemeinschaft.[438] Dabei wirkten die zunehmenden Angriffe auf die Freimaurerei seitens Ludendorffs, der völkischen Bewegung und der Antisemiten keineswegs immer in dem Sinne, dass die deutsche Freimaurerei als Reaktion stolz auf Liberalität und Toleranz, die sie vertrete, verwies, sondern eher katalytisch. Man war stattdessen beleidigt angesichts der eigenen „glühenden Vaterlandsliebe“[439] und reagierte mit gesteigerter Anpassung an nationalistisches und völkisches Denken.

Auf Reichsebene war es der *Verein deutscher Freimaurer*, der, 1861 gegründet, es sich als ein wissenschaftlich und publizistisch tätiger Verein verstehend zur Aufgabe machte, freimaurerische Standpunkte öffentlich zu vertreten. Unter der Leitung von Diedrich Bischoff entfaltete er auf der einen Seite eine rege publizistische Tätigkeit gegen die infamen Kampfschriften Ludendorffs, stand aber auf der anderen Seite der Weimarer Republik distanziert gegenüber. Den Versailler Vertrag bezeichnete er öffentlich als „Henkersplan“.[440] Auf den Hauptversammlungen 1922 und 1924 wurde die sogenannte Kriegsschuldlüge zurückgewiesen.[441]

Nicht, dass es nicht auch andere Stimmen gegeben hätte, aber sie waren in zunehmenden Maße in der Minderzahl. Sie kamen vor allem aus den humanitären Großlogen. Der *Provinzialgroßmeister* der Provinz Berlin der *Großen Loge von Hamburg,* Heinrich Möller, forderte 1921, dass die Freimaurerei das Verständnis für „Menschenrechte und -pflichten" stärken und „dem Gelingen der Demokratie" zuarbeiten solle. Auch die Idee eines Völkerbundes wurde von einigen Freimaurern unterstützt.[442] Aber gerade „Internationalismus" wurde zu einer „politisierten Kampfformel der altpreußischen Großlogen gegen die humanitäre Freimaurerei. Einen konsequenten Pazifismus und Kosmopolitismus vertraten nur die beiden nicht anerkannten Großlogen *Freimaurerbund zur aufgehenden Sonne* und die 1930 gegründete *Symbolische Großloge.*[443] Als die *Große Loge von Hamburg* 1932 ihre Beziehungen zur *United Grand Lodge of England*, die im Krieg unterbrochen worden waren, wieder aufnahm, brachen die drei altpreußischen Großlogen mit ihr den Verkehr ab.[444]

Das Räsonieren über das deutsche Wesen, über die politische Ordnung und den Kampf gegen innere und äußere Feinde erreichte auch die einzelnen Logen. Dabei galt zwar nach wie vor das Verbot, in der Loge über Politik zu streiten, aber de facto kamen politische Themen nun doch zur Sprache. Zu groß war der Druck der Ereignisse.[445] Das war nicht allen Meistern vom Stuhl recht. In der Loge *Absalom zu den drei Nesseln* versuchten Cäsar Wolf und in der Loge *Ferdinande Caroline* Felix Wolff, jede politische Diskussion zu verhindern. Immerhin, so Rolf Appel, findet sich in den Logenprotokollen der *Vereinigten fünf Logen* bis 1933 kein Wort über Adolf Hitler oder die NSDAP.[446]

Ein wirksameres Mittel, um auf die politische Einstellung Einfluss nehmen, als politische Diskussionen oder Reden waren Feiern. Sie sprachen alle Sinne an, luden die Anwesenden durch Bewegungen und Singen ein, am Geschehen mitzuwirken. Die Botschaft der Feier schrieb sich in die Körper der Teilnehmer ein. Schon im Kaiserreich hatte es in den Logen patriotische Feiern gegeben. Seit 1895 feierten die Logen aus Hamburg und dem Umland zusammen „Kaisers Geburtstag" und Trauerlogen beim Ableben der kaiserlichen Freimaurerbrüder (s. o.).

Nicht monarchistisch ausgerichtet, sondern ein nationalistischer Appell an die Einigkeit und die militärische Stärke war die Bismarckfeier, die am 1. April 1915, also mitten im Ersten Weltkrieg, unter Beteiligung von 300 Brüdern in der Loge *Absalom zu den drei Nes-*

seln stattfand – ohne maurische Bekleidung, denn Bismarck war im Gegensatz zu Wilhelm II. kein Freimaurer gewesen. Der Meister vom Stuhl der Loge erinnerte daran, dass Bismarck für die Heeresvermehrung eingetreten sei und gesagt habe: „Wir Deutschen fürchten Gott, und sonst nichts in der Welt!"[447]

Dieser Festakt bildete den Übergang zu den „Vaterländischen Feiern", die die Logen der *Provinzialloge* nun während der Weimarer Republik anstelle der monarchischen Feiern veranstalteten.[448] Zwar seien, so ein Bruder bei einer Feier 1922, politische Erörterungen in den deutschen Logen verboten. „Die Stärkung der Vaterlandsliebe ist uns aber seit Jahrzehnten eine der bestehenden Ordensverpflichtungen." Am 11. Januar 1927 versammelten sich zum Beispiel die Brüder der Loge *Zum Gral*. Die Schilderung, die Friedrich Kneisner von der Feier gab, verdient es, ausführlich wiedergegeben zu werden:

„Durch eine feinsinnige Ausdeutung der Symbole unserer Arbeitstafel legte er [der Logenmeister] in einem Wechselgespräch mit den beiden Aufsehern die Beziehungen dar, die der Vaterlandsfreund aus ihnen entnehmen kann. Möge der Stern inmitten der Tafel[449] einst einem neugekräftigten und wiederauferstandenen Reiche leuchten, das war sein Wunsch. Die kunstübenden Brüder gaben durch Orgel- und Geigenton die Gefühle wieder, die wir für des Reiches Schmach und für seinen Wiederaufbau empfinden müssen, und der Redner des Abends, Br. Kessemeier, betrachtete in kurzer, markiger und herzerfrischender Darlegung die Begriffsinhalte Heimat, Vaterland und Staat. Erhobenen Gefühls verließen wir den Tempel."[450]

Das Vaterländische wurde revisionistisch verstanden. Im Zentrum der Feier stand die „Schmach" des Versailler Vertrages. Durch die Feier, durch Musik und Ansprache, wurde dies den Brüdern nicht nur mitgeteilt, sondern gefühlsmäßig eingeschrieben. Bemerkenswert ist weiterhin, dass die Symbole nun auch politisch gedeutet wurden. Dies war nun nicht, wie es vielleicht den Anschein haben könnte, eine bloße Erweiterung der Symbolbedeutung, sondern diese semantische Neubesetzung der freimaurerischen Symbolik stand 1927 schon in einer längeren Tradition, die bis vor den Ersten Weltkrieg zurückreichte. Schon damals gab es Stimmen, die die freimaurerische Symbolik völkisch reformieren wollten. Sie sollten von Symbolen und Gebräuchen gereinigt werden, die von fremden Völkern und Religionen übernommen worden seien. Stattdessen sollten Bilder aus der germanischen und deutschen Tradition benutzt werden. Das Ergebnis solcher Gedanken war in den altpreußischen Großlogen ein Umsichgreifen eines merkwürdigen antisemitischen „Deutschchristentums", dem protestantische Theologen seit der Nachkriegszeit Gestalt verliehen hatten. 1928 begann die Großloge *Zu den drei Weltkugeln* mit einer entsprechenden Reform ihrer Rituale.[451] 1933 legten alle drei altpreußischen Großlogen den neuen Machthabern schließlich Rituale vor, aus denen alle jüdisch-alttestamentarischen Bezüge getilgt worden waren.[452]

Die Hamburger Freimaurerei und die Juden Teil III

Das ständige Debattieren und Politisieren über militärische Niederlage, über die politische Revolution und über die Eigenheit der Deutschen im Vergleich zu den westeuropäischen Kulturen und die Angst vor einem kommunistischen Umsturz wirkten auf den Antisemitismus in der deutschen Gesellschaft wie ein Brandbeschleuniger. Sowohl im liberalen Westen als auch in der neuen kommunistischen Macht im Osten, überall sahen antisemitische Kreise die Juden gegen Deutschland und letztlich gegen die ganze Welt am Werk.

Zugleich kann mit Fug und Recht gesagt werden, dass ihre Haltung gegenüber den jüdischen Mitbürgern die zentrale Frage war, der sich die deutsche Freimaurerei seit ihrem Beginn an zu stellen hatte.[453] Dabei spielten zunächst gesellschaftliche Ressentiments, die bis 1848/1860 eingeschränkte Rechtsfähigkeit der Juden und im Falle des *Freimaurerordens* das Argument, man sei eine christliche Vereinigung, eine Rolle. Als ab den 1880er Jahren ein rassisch-völkischer Antisemitismus in der deutschen Gesellschaft immer stärker wurde und sich eine organisatorische Basis in einer Reihe von Verbänden und Parteien schuf, war es nicht verwunderlich, dass das Thema der Mitgliedschaft von Juden in den Logen nun auch erneut und verstärkt in der deutschen Freimaurerei behandelt wurde. Allerdings war diese keineswegs nur ein Spiegelbild allgemeiner gesellschaftlicher Tendenzen, sondern die „Judenfrage“ wurde von ihr aktiv vorangetrieben. Die historische Forschung hat klar herausgearbeitet, dass es sich bei den völkischen und antisemitischen Tendenzen in der deutschen Freimaurerei nicht um eine marginale, nur von außen auf den Bund einwirkende Erscheinung oder eine taktische Anpassung handelte, sondern auf allen Ebenen, von einzelnen Brüdern, von Logen und Großlogen aktiv befördert wurden.[454] Innerhalb der Freimaurerei sorgte die Frage nach der Stellung der Juden für ständige Diskussionen. Hamburg war dabei, wie gezeigt, in den ersten drei Jahrzehnten des 20. Jahrhunderts eine Hochburg des organisierten Antisemitismus, und Auseinandersetzungen um das Verhältnis von Freimaurerei und Judentum in der Hamburger Freimaurerei hatten teilweise deutschlandweite Auswirkungen.

Logen spalteten sich über die „Judenfrage". 1924 zerstritt sich die Loge *Globus*, die zur Großloge *Zur Sonne* gehörte, über die Frage, ob Juden weiterhin aufgenommen werden sollten, und die Loge *Alte Treue* wurde gegründet. Sie wurde Mitglied der Großloge von Hamburg und bot weiterhin Brüdern jüdischen Glaubens eine Heimstatt.[455] Die Loge *Gudrun* ihrerseits wechselte von der *Großen Loge von Hamburg* zum *Freimaurerorden*.[456]

Vor allem in den altpreußischen Großlogen wurde das völkische Gedankengut seit den 1920er Jahren immer stärker. Allerdings war die Trennlinie zwischen den humanitären und altpreußischen Großlogen, was nationalistisch-völkisches und antisemitisches Denken betraf, keineswegs scharf gezogen. Dies musste die Großloge von Hamburg schmerzlich erfahren, als es 1924 erneut zu Auseinandersetzungen um die ehemaligen Settegast-Logen, die vor allem in Berlin beheimatet waren (s. o.), kam.[457] Sie nahmen auch Juden auf. Im Oktober 1924 stellte die Loge *Zur Vaterlandsliebe* in Wismar den Antrag, diese Logen aus dem Hamburger Großlogenverband auszuschließen, weil sie zu enge Beziehungen zu französischen Logen hätten und nicht genügend national eingestellt seien. Der Antrag wurde von insgesamt 13 Logen unterstützt. Die Settegast-Logen seien, so schrieb ein Wismarer Bruder, „jüdisch beeinflusst". Andere sprachen davon, dass in dem „deutschen Volksleben" der „Jude" nur ein „Fremdkörper" sei, der „aus dem Organismus, wenn er gesunden soll, ausgeschieden werden [muss]". Die Kritiker der bisherigen Ausrichtung der Großloge wünschten sich eine größere Nähe zu den Altpreußen und zum christlichen Prinzip. Finanzielle Streitfragen rundeten diese Gravamina vereinstypisch ab.

Bei der Großlogenversammlung am 23. Mai 1925 wurde beschlossen: „Die *Große Loge von Hamburg* steht auf nationalem Boden. Sie fordert von jedem Deutschen Bekenntnis zu Deutschem Volkstum und Opferbereitschaft für das deutsche Vaterland." Trotz dieser Huldigung an den rechten Zeitgeist, war ein antijüdisches Bekenntnis geschickt vermieden worden. Die rechte Opposition beharrte aber weiter auf den Ausschluss der ehemaligen Settegast-Logen. Man drohte mit einer eigenen Großloge mit Sitz ebenfalls in Hamburg. Im weiteren Verlauf des Streits kam es weder zu dieser Gründung noch zum

Ausschluss der Settegastlogen. Allerdings verließen neun Logen die Hamburger Großloge und wechselten zu den altpreußischen Großlogen. Unter ihnen war auch die traditionsreiche Loge *Amalia* in Weimar, die sich den *Drei Weltkugeln* anschloss.[458] In der Stadt Hamburg wechselte die Loge *Phönix zur Wahrheit* zur *Großen Landesloge*. Sie hatte allerdings schon seit längerem die Absicht, die Großlogenzugehörigkeit zu ändern, weil sie das System der „Weltfreimaurerei" ablehnte und stattdessen die „Besonderheit deutschen Wesens", das eigentlich „allen Völkern eigen sein" müsse, pflegen wollte.[459]

Einer der umtriebigsten antisemitischen freimaurerischen Autoren war deren zeitweiliger *Erster Aufseher* Robert F. Eskau, ein Hamburger Kaufmann, der seit Anfang der 1920er Jahre für eine völkische Reinigung der Freimaurerei eintrat. 1923 wurde er nach einem Ehrengerichtsverfahren aus der Freimaurerei ausgeschlossen, was ihn aber nur noch mehr anspornte. In Schriften, die eine Auflage von mehreren tausend Exemplaren hatten, warb er unter Freimaurern und Logen für seine rassistischen Ansichten und sparte nicht mit Kritik auch an den altpreußischen Großlogen als die „stärkste Stütze des Judentums", was diese ihm sehr übelnahmen. Nach Eskaus Worten sollte die Freimaurerei stattdessen eine „Schöpferstätte arischer Kultur und Weisheit" unter dem „alt-arischen Heilszeichen", des Hakenkreuzes, werden. Eskau landete schließlich 1940 beim „Ahnenerbe" der SS.[460]

Eskau war keineswegs der einzige antisemitische Aktivist aus den Reihen der Freimaurerei. Mit seinen Angriffen auf den Alldeutschen Verband befasste sich dessen Vorstandsmitglied Alfred Marcus Jacobsen.[461] Der Hamburger Rechtsanwalt gehörte nach eigenem Bekunden selbst einer christlichen Freimaurerloge an, vermutlich der Loge *Zu den drei Rosen*.[462] Er war seit 1919 Mitglied in der neuen Hamburger Bürgerschaft, wo er die gemeinsame Liste der Deutsch-Sozialen Partei, der Deutschsozialen Reformpartei und der DNVP anführte. Im Kaiserreich hatte er der Bürgerschaft schon einmal 1901 bis 1904 angehört. Mitglied des Alldeutschen Verbandes, war er Mitbegründer des Deutschvölkischen Schutz- und Trutzbundes.[463]

Im Alldeutschen Verband war Jacobsen einer der aktivsten Antisemiten. Im Rahmen des Deutschen Schutz- und Trutzbundes gründete er 1919 eine geheime Nebenorganisation, den „Bund", für den antijüdischen Kampf. Aufgebaut war der „Bund" nach freimaurerischem Vorbild. Er kannte sieben Grade. Vorsitzender war Jacobsen selbst. Darüber gab es (angeblich ?) noch einen geheimen Oberleiter. Beeinflusst war Jacobsen von dem esoterischen Freimaurer Dr. Paul Köthner, der die Freimaurerei völkisch ausrichten und mit ihrer Hilfe die ganze Welt reformieren wollte. Allerdings war dem „Bund" kein Erfolg beschieden. Die Rekrutierung von Anhängern aus der Freimaurerei und aus dem Alldeutschen Verband kam nicht voran. Im völkischen Milieu stießen Jacobsens Verbindungen zur Freimaurerei vielfach auf Ablehnung. 1923 nahm er am Kapp-Putsch teil. Als dieser scheiterte, war auch das Ende des „Bundes" gekommen.[464]

Der Antisemitismus in der Freimaurerei war, insgesamt gesehen, das Ergebnis eines Zusammenspiels von Publizisten, Logen, freimaurerischen Zusammenschlüssen, wie dem Bielefelder und Wetzlarer Ring, und Großlogenführungen.[465] Von letzteren war die der *Großen Landesloge* die radikalste. 1926 schickte sie einen Text an alle Tochterlogen, in dem es hieß, dass sich die *Große Landesloge* immer darum bemüht habe, eine Vermischung von Rassen, Kulturen und Völkern zu verhindern. Deshalb sei in ihr auch eine starke Bewegung gegen die Aufnahme getaufter Juden entstanden. Diese Position löste allerdings auch bestürzte Reaktionen in Teilen der Freimaurerei aus.[466]

Es gab natürlich auch Brüder, die sich dem Ausschluss jüdischer Brüder vehement widersetzten. Noch Ende Februar 1933 wurde einem Bruder in der Loge *Ferdinand zum Felsen* die Ehrenmitgliedschaft verliehen.[467] Für die jüdischen Mitbrüder selbst waren die antisemitischen Entwicklungen in der Freimaurerei besonders schmerzlich und bedrückend. Zu schwach war jedoch deren gesellschaftliche Position, als dass sie selbst gegen den Antisemitismus in der Maurerei hätten wirksam vorgehen können. Bezeichnend ist das Verhalten Cäsar Wolfs, der, jüdischen Glaubens, 1923 als Meister der Loge *Absalom zu den drei Nesseln* zurücktrat, weil er das Wohl der Loge nicht gefährden wollte. 1926 nahm er das Amt, gedrängt von seinen Brüdern, wieder an.[468]

Freimaurer in der Hamburger Politik und Gesellschaft 1914–1933

Politiker

Im Ersten Weltkrieg und in der Weimarer Republik verstärkte sich der Trend, dass Freimaurer in der politischen Elite nur in geringem Maße, wenn überhaupt, vertreten waren. Dies hing natürlich mit dem Aufstieg der SPD zusammen, die im 20. Jahrhundert bis weit in die Zeit der Bundesrepublik hinein unangefochten die führende Partei in der Hansestadt war. Zu ihr hatte die Freimaurerei nie ein enges Verhältnis. Auch der Bezug zu anderen gesellschaftlich führenden Kreisen lockerte sich.

Als Politiker dieser Zeit ist jedoch Ernst Aldolph Godeffroy (1884–1963) zu erwähnen, der Reeder, Präsident des „Deutschen Orient-Vereins“ und Abgeordneter der DVP in der Hamburger Bürgerschaft von 1932 bis 1933 war. Er war Mitglied der Loge *Zum Pelikan*.[469]

Kaufleute und Unternehmer

An Kaufleuten und Unternehmern sind als erstes Arthur Darboven (1871–1954) und sein Neffe Nicolaus Darboven (1902–1985) zu nennen. Arthurs Vater hatte den frisch gerösteten Kaffee in Papiertüten und den Würfelzucker als erster auf den Markt gebracht hatte. Unter Arthur und seinem Bruder Cäsar erfand das gleichnamige Kaffeehandelshaus nach dem Ersten Weltkrieg dann den Muckefuck, im Zweiten Weltkrieg wird „Koff“ der neue Ersatzkaffee aus dem Hause Darboven.[470] Arthur und Nikolaus Darboven waren Mitglieder der Loge *Alte Treue*. Arthur hatte 1924 zu den Gründungsmitgliedern gehört, die aus Protest die Loge *Globus* verlassen hatten, weil diese keine Juden mehr aufnehmen wollte.

Erwähnt werden muss auch Heinrich Hans Freiherr von Ohlendorff (1880–1967).[471] Die Familie nobilitierter Kaufleute aus Hamburg war durch den Guano-Handel wohlhabend geworden. Hans stieg in das Familienunternehmen ein und betätige sich zusätzlich in anderen Branchen. Er war hochmusikalisch und engagierte sich vielfältig für und in sozialen und kirchlichen Einrichtungen. So war er im Kirchenvorstand von St. Michaelis und Ehrenritter des Johanniter-Ordens. Er war Freimaurer in der Loge *Zum Pelikan*.

Architekten

Auch in der Zeit in und nach dem Ersten Weltkrieg waren einige der führenden Hamburger Architekten Freimaurer. Während aber Franz Albert Bach, Carl Gustav Bensel, Otto William Richard Kahl und Otto Heinrich Westphal schon vor dem Krieg ihre große Stunde hatten, obwohl sie weiterhin noch tätig waren, setzte der Erfolg der Brüder Frank erst nach 1918 ein. Hermann Friedrich Wilhelm Frank (1871–1941) und Paul August Raimund Frank (1878–1951) waren in Hamburg maßgeblich an der Entwicklung neuer Wohnungsbauprojekte für die breitere Bevölkerung beteiligt. Es sollten zweckmäßige, gesunde und mit ausreichend grünen Flächen zwischen den Häusern versehene kostengünstige Siedlungen für Arbeiter und Angestellte geschaffen werden – eine Idee, die nach 1933 von den Nationalsozialisten aufgegriffen wurde. Die Gebrüder Frank entwickelten dabei das sogenannte Laubenganghaus. 1928 gründeten sie unter anderem mit Carl Gustav Bensel die Wohnungsbaugesellschaft „Rationell". Sie waren Mitglieder der Loge *Zum rothen Adler*.

Laubenganghaus in der denkmalgeschützten Wohnanlage Hamburg-Dulsberg.

Die Hamburger Freimaurerei und der Nationalsozialismus

Anpassung

Die sogenannte „Machtübernahme“ am 30. Januar 1933 durch die Ernennung von Adolf Hitler zum Reichskanzler löste zunächst keine Ausschreitungen seitens der nationalsozialistischen Verbände gegen Freimaurerlogen aus.[472] Hitler hielt sich offensichtlich zurück, um ein gutes Abschneiden der NSDAP bei der Reichstagswahl am 5. März nicht zu gefährden. Nach der Wahl kam es in Preußen jedoch zu einer Reihe von Ausschreitungen, bei denen Logenhäuser verwüstet wurden. Die Freimaurerei geriet nun auch in das ideologische Visier Hitlers. Am 22. Juli 1933 wurde die SS mit einem Führerbefehl beauftragt, sich mit der Freimaurerei zu beschäftigen.

Die altpreußischen Großlogen, die ja schon seit längerem einen nationalistischen, anti-kosmopolitischen Kurs eingeschlagen hatten und in denen rechtsextreme und völkische Stimmen immer lauter geworden waren, reagierten auf die neuen politischen Gegebenheiten ängstlich bis wohlwollend und versuchten, Zweifel an ihrer nationalen Gesinnung zu zerstreuen. Zunächst forderten sie nach der Reichstagswahl vom 5. März 1933 die Logen auf, die neuen Machthaber nicht zu provozieren. Am 24. März machten die altpreußischen Großlogen eine Eingabe beim preußischen Innenministerium, in der sie ihre nationale Gesinnung betonten und jeden Kontakt zu nicht christlich-nationalen Systemen abbrachen und im Gegenzug um eine Erneuerung des Protektorats, wie einst durch den preußischen König nachsuchten. Nach einem ergebnislos verlaufenen Gespräch der *Großen Landesloge* mit Hermann Göring am 7. April 1933 wandelte sich diese umgehend in einen „Deutsch-christlichen Orden der Tempelherren“ um. Die Logen wurden zu Ordensgruppen. Alle alttestamentarischen Bezüge wurden aus dem Ritual gestrichen. Der „Arierparagraph“ wurde eingeführt.[473] Die *Große-National-Mutterloge* folgte. Aus ihr wurde der „Nationale christliche Orden Friedrich der Große“. Die Rituale wurden, wie bei der *Großen Landesloge*, angepasst. Mitglieder konnten jetzt nur noch „deutschstämmige“ Männer werden. Dieselben Veränderungen nahm auch die *Große Loge von Preußen* vor. Diese Umwandlungen der altpreußischen Großlogen in „Deutsche Orden“ wurden allesamt von oben nach unten verordnet. Die einzelnen Logen und Mitglieder hatten auf die Entscheidungen keinen Einfluss. Die Logen der *Provinzialloge von Niedersachsen* zu Hamburg der *Großen Landesloge* folgten den Berliner Beschlüssen zur Umwandlung in Ordensgruppen.

Vom Mai 1933 bis in den September hinein fanden in den Logen des *Freimaurerordens* keine rituellen Arbeiten statt. Die neuen Rituale mussten fertiggestellt werden. In Versammlungen wurden die Brüder mit den neuen Ordensgegebenheiten vertraut gemacht.[474]

Die schlussendliche Preisgabe aller „jüdischen" Elemente des Rituals durch die altpreußischen Großlogen und deren Umwandlung in „Deutsche Orden" waren nicht nur das Ergebnis von Opportunismus und Angst vor der Auflösung durch den Nationalsozialismus – die dann trotzdem kam –, sondern auch das Endergebnis einer längeren Aneignung völkisch-protestantischer Spekulationen und einer nationalistischen Ausrichtung (s. o.).

Zur *Großen Loge von Hamburg* gehörten 1933 56 Logen im In- und Ausland.[475] Schon 1931 hatte sich der *Großmeister* mit einem Schreiben an Adolf Hitler gewandt, in dem er versucht hatte, die Vorurteile gegenüber der Freimaurerei auszuräumen, was aber genauso wenig Folgen zeitigte, wie die im März 1933 an den neuen Hamburger Bürgermeister Krogmann und dann an den Innenminister Frick gerichtete Bitte um eine Aussprache.[476] Inzwischen war nach dem Vorbild des von Friedrich Ludwig Schröder gegründeten Engbundes ein sogenannter „Bruderzirkel" unter Vorsitz des *Großmeisters* gegründet worden, der Bildungsveranstaltungen organisieren, vor allem aber mit regierungsnahen Kreisen ins Gespräch kommen sollte.[477]

In Scharen jedoch liefen den Logen die Brüder davon. Die Loge *Absalom zu den drei Nesseln* zum Beispiel hatte gegenüber einem Mitgliederstand von 175 Brüdern im Jahre 1927 bei der letzten Zählung im Mai 1933 nur noch 65 Mitglieder.[478] Mit Schreiben vom 15. April 1933 teilte der *Großmeister* Bröse den Logen mit, dass die Großloge ihre Tätigkeit als freimaurerische Organisation einstelle. Er empfahl den Logen ebenfalls ihre „Arbeiten auf freimaurerischer Grundlage" einzustellen und „unter neuem Namen und neuer Zielsetzung in bisheriger Treue und Freundschaft mit ihr in Verbindung zu bleiben".[479]

Am 13. April 1933 fand eine Großbeamtensitzung der *Großen Loge* statt, in der Bröse die „Umwandlung" der bisherigen Großloge vorschlug, was auf „widerwillige Zustimmung" stieß. Der Bruder Cäsar Wolf sagte: „Der neuen Zeit muß Genüge getan werden. Freimaurerei ist nichts für die große Menge. Es ist ehrenvoller, selbst die Pforten zu schließen, als zu warten, bis andere sie versperren."[480]

Mit Schreiben vom 18. April 1933 gab Bröse bekannt, dass kein Mitglied der *Großen Loge* sich fortan als „Angehöriger des Freimaurerbundes" zu betrachten habe. „Der Name ‚Freimaurer', den wir mit vollem Rechte als Ehrentitel ansahen, wird also künftig für unsere Mitglieder zu keinen Gewissenskonflikten mehr Anlaß geben und ihnen weder im Berufe noch im politischen Leben abträglich sein." Den Tochterlogen empfahl er, sich nicht aufzulösen, sondern: „Ihr künftiges Aufgabengebiet wird die Pflege deutscher Art, deutschen Geisteslebens und einer von echter Freundschaft durchdrungener Geselligkeit sein. Wie bisher werden sie sich auch fernerhin bestreben, ein Vorbild vaterländischer Gesinnung zu sein und unseren notleidenden Volksgenossen nach Kräften durch Rat und Tat zu dienen." Unvermeidbar sei „die Abkehr vom humanitären Prinzip". Gemeint war die Mitgliedschaft von Juden. Bröse sprach die Hoffnung aus, dass die „hiervon betroffenen Freunde" sich mit „Würde" und „Verständnis" in „das Unvermeidbare fügen". Als Namen für die neue Organisation schlug er „Bund der Brüder vom Deutschen Hause" vor. Die Tochterlogen würden „Ortsgruppen" sein.[481]

Am 11. Mai 1933 fand eine Versammlung der bisherigen Großloge statt. Aus den Tochterlogen war der Vorschlag gekommen, die neue Organisation „Deutscher Orden (r. V.)[482] Sitz Hamburg" zu nennen.[483]

Am 18. Mai 1933 tagten die *Vereinigten fünf Logen* in getrennten Mitgliederversammlungen, um diese Beschlüsse umzusetzen. Die jüdischen Mitbrüder wurden aus den Logen entlassen.[484]

Nicht alle Logen folgten der Umwandlung der Hamburger Großloge in einen Deutschen Orden mit. Die Kieler Loge *Frithjof zum Nesselblatt* beispielsweise löste sich schon am 18. März 1933 auf, weil für sie Freimaurerei und Nationalsozialismus nicht zusammengingen.[485]

Auflösung

Alle Anpassungsversuche retteten jedoch die Freimaurerei nicht vor dem Verbot. Am 4. Januar 1934 erleichterte ein Erlass des preußischen Ministerpräsidenten Hermann Göring die Selbstauflösung der Logen und beschnitt die Rechte der Dachorganisationen. Dieser Erlass betraf natürlich vor allem die altpreußische Freimaurerei. Am 8. Januar 1934 verfügte das oberste Parteigericht der NSDAP, dass Freimaurer, die einen höheren als den Gesellengrad innehatten und erst nach dem 30. Januar 1933 ausgetreten waren, nicht Mitglied der Partei sein konnten bzw. auszuschließen seien. Freimaurer, die nur den 2. Grad besaßen und vor der Machtergreifung die Loge verlassen hatten, konnten einfache Parteimitglieder ohne Aufstiegschancen werden oder bleiben. Von Januar bis März 1934 kam es dann an verschiedenen Orten zu antifreimaurerischen Ausschreitungen.[486] Anfang 1934 gab die Staatspolizei Hamburg eine Broschüre für den Dienstgebrauch heraus, in der antifreimaurerische Argumente, die bei der Anwendung des Gesetzes „zum Schutze von Volk und Staat" hervorgebracht werden konnten, aufgelistet waren. Diese Schrift, die auch über Hamburg hinaus Verbreitung fand, geriet in die Hände des Vorsitzenden der fünf Hamburger Ordensämter, Dr. Eduard Uterharck, der sie an seinen Schwager in Schwerin sandte, der zu einer noch aktiven Loge der *Großen Landesloge* gehörte. Dieser beschwerte sich bei der Geheimen Staatspolizei, woraufhin er in dem berüchtigten Berliner „Columbia-Haus" misshandelt wurde. Uterharck wandte sich an einen holländischen Verwandten, der seinerseits an Hitler schrieb, um gegen dieses Vorgehen zu protestieren. Uterharck wurde nun seinerseits verhaftet und zu einem Jahr Gefängnis verurteilt. Das „Hamburger Tageblatt" berichtete darüber am 27. Juli 1935 unter der Überschrift „Zuchthaus für Hamburger Freimaurer" und forderte die Auflösung der Logen.[487]

Uterharcks Schwiegervater, Pastor Primarius Julius Bode, setzte sich für ihn beim Vorsitzenden des Volksgerichtshofes, Julius Freisler ein. Bode hatte das Ehepaar Freisler getraut. In der Tat wurde Uterharck aufgrund eines Telefonanrufes aus Berlin vorzeitig aus der Haft entlassen.[488]

Einige Tage zuvor hatte der bisherige *Großmeister* den Brüdern mitgeteilt, dass die Leitung des „Deutschen Ordens" und der Vorstand der vereinigten fünf Ordensämter die Auflösung der Organisationen beschlossen und für den 30. Juli zu einer Mitgliederversammlung eingeladen hatten. Sie fand im Beisein eines Beamten der Gestapo statt. Einstimmig wurde die sofortige Auflösung beschlossen. 79 Brüder nahmen an der Versammlung teil. Von den fünf vereinigten Ordensämtern waren 77 von insgesamt noch 133 Mitgliedern anwesend. Veröffentlicht im „Amtlichen Anzeiger" wurde der Beschluss erst am 27. Februar 1937.[489] Schon einige Wochen vor dem Treffen der ehemaligen Großloge von Hamburg hatten die ehemaligen altpreußischen Großlogen, die ebenfalls unter massivem Mitgliederschwund litten, ihre Auflösung beschlossen, nachdem ein Versuch des Reichsbankpräsidenten und Wirtschaftsministers Hjalmar Schacht, des einzigen verbliebenen Freimaurers in hohen Staatsdiensten, Hitler persönlich zur Schonung der Freimaurerei zu bewegen, gescheitert war.[490] „Gewissenhaftigkeit, Sauberkeit und Uneingennützigkeit haben dann tatsächlich die Durchführung der Hamburger Liquidation in mustergültiger Weise ausgezeichnet", lautete das zweifelhafte Lob des Bruders der *Provinzialloge* Hans Schröder 1952.[491]

Die Liquidation des Vermögens

Liquidator der ehemaligen Großloge von Hamburg war zunächst ihr *Großmeister* Richard Bröse. Da er aber viel Vermögen dem Freimaurerkrankenhaus zukommen ließ, wurde er auf Befehl der Gestapo von Hans Freymuth abgelöst, dem es gelang, entgegen den Auflagen das restliche Vermögen nicht nach Berlin abzuführen, sondern in Hamburg zu halten.[492]

Vor allem die Logen in der Stadt Hamburg besaßen große Vermögenswerte, die *Vereinigten fünf Logen* neben Stiftungskapitel, dem Logenhaus sogar ein Krankenhaus. Es war folgerichtig, dass man versuchte, dieses Vermögen zu retten.[493] In der Tat schafften es die *Vereinigten fünf Logen*, und dabei insbesondere die *Absalom-Loge*, ihr Vermögen über die Zeit des Nationalsozialismus hinaus zu retten. Die *Absalom-Stiftung* wurde von der Loge getrennt und in eine „Hamburger mildtätige Stiftung von 1935" umgewandelt. Ebenfalls wurde das Freimaurerkrankenhaus in eine unabhängige Stiftung überführt und hieß fortan „Elisabeth-Krankenhaus". Beide Stiftungen wurden von dem Reichsstatthalter Karl Kaufmann genehmigt. Die SS wollte das Krankenhaus enteignen und in ein SS-Lazarett umwandeln. Dagegen legte Kaufmann, nun der starke Mann in Hamburg, sein Veto ein. Seine Schwester war nämlich in dem Krankennhaus behandelt worden. Das Krankenhaus überlebte so als selbstständige Einrichtung.[494]

Das enteignete Logenhaus in der Welckerstraße diente für eine Anti-Freimaurer-Ausstellung, wie sie in verschiedenen Städten in ehemaligen Logenhäusern organisiert wurden. 1937 wurde das Gebäude, das 1891 für 450.000 Goldmark errichtet worden war, für 7.000 Mark verkauft und abgerissen. Das Grundstück wurde von der Stadt Hamburg erworben. Der Erlös floss dem Krankenhaus zu. Übrigens ließ die Gestapo beim Abbruch jeden Stein einzeln abklopfen, um das freimaurerische Geheimnis zu finden.[495]

Das Logenhaus der Logen der Großloge von Preußen, Schwanenwik 31, wurde enteignet und zu einem Fremdarbeiterwohnheim für die Werft Blohm und Voss.[496] Auch im enteigneten Logenhaus an der Moorweidenstraße suchte die Gestapo nach dem freimaurerischen Geheimnis und demolierte die Inneneinrichtung. Das Haus, das für einen Spottpreis an die Stadt verkauft werden musste,[497] diente verschiedenen Zwecken, unter anderem als Unterkunft für zwangsverpflichtete Kriegsgefangene. Vor allem aber wurde das Logenhaus ab 1941 zur wichtigsten Sammelstelle für den Abtransport der Juden. 1983 wurde deshalb der Vorplatz in „Platz der Jüdischen Deportierten" umbenannt und eine Gedenktafel errichtet.[498]

Die *Provinzialloge* und die zu ihr gehörenden Logen schafften es, zum Teil ihre Wohlfahrtseinrichtungen 1940 in eine neue „Hansa-Stiftung" zu überführen und mit ihr weiterhin ziemlich ungestört für die Brüder und ihre Familien zu sorgen. Im Verwaltungsausschuss saßen nämlich nur (ehemalige) Freimaurer. Erreicht hatte dies der Liquidator der *Provinzialloge*, der (ehemalige) Provinzmeister Emil Artur, wiederum beim Reichsstatthalter Kaufmann. 1945 konnte die Stiftung unter dem Namen „Dr.-Emil-Artus-Gedächtnis-Stiftung" wieder der *Provinzialloge* von Niedersachsen zugeordnet werden. Sie besteht bis heute.[499]

Brüder in der NS-Zeit

Von einem Widerstand gegen das NS-Regime seitens Großlogen und Logen kann nicht gesprochen werden. Man versuchte zu retten, was zu retten war – wenn auch ohne Erfolg. Keine Großloge und keine Loge hatte vor 1933 – danach war dies nicht mehr möglich – einen Unvereinbarkeitsbeschluss gegenüber der NSDAP gefasst. Für einen politischen Widerstand seitens der Logen fehlten jeder Wille und alle Voraussetzungen, stattdessen hatte sich völkisches, nationalistisches und antisemitisches Gedankengut schon vor 1933 weit in die Freimaurerei vorgearbeitet – allerdings, wie wir gesehen haben, in ganz unterschiedlichem Maße, so dass Logen darüber zerbrechen konnten. Nicht alle waren dem rechten und rassistischen Zeitgeist anheimgefallen.

Politische Einstellungen und Verhalten der einzelnen Brüder waren sehr unterschiedlich. Es gab Nazis, die schnell die Logen verließen, andere, die mutig gegen Verleumdungen und Schikane protestierten, es gab Widerständler. Es gab Brüder, die an den neuen politischen Verhältnissen zerbrachen. Einige Beispiele seien genannt.

Rudolf Klophaus (1885–1957) begann 1916 seine Tätigkeit, schwer verwundet aus dem Krieg zurückgekehrt, als zunächst angestellter Architekt. 1920 machte er sich selbstständig. Zunächst mit Partnern, dann alleine, plante der unbestritten begabte Architekt Büro-,

Geschäfts- und mehrere Familienhäuser. 1933 wurde er Mitglied der NSDAP. 1938 entstand nach seinen Plänen das Hamburger Pressehaus, dessen Grundsteinlegung im Beisein von Propagandaminister Joseph Goebbels stattfand. Es diente als Sitz des „Hamburger Tageblatts“ der NSDAP. Der Treuhänder, der ab Juni 1945 die Zeitung abwickelte, war der Rechtsanwalt Gerd Bucerius.[500] Ab 1946 wurde dann hier „Die Zeit“ verlegt. Auch einige andere Blätter, unter anderem „Stern“ und „Der Spiegel“, wurden hier zeitweise herausgegeben. 2016 wurde das Haus in „Helmut-Schmidt-Haus“ umbenannt. – Während der NS-Zeit nahm Klophaus auch erfolgreich an einem Ideenwettbewerb für ein allerdings nicht realisiertes SS-Ehrenmal an der Moorweide teil. 1955 entstanden nach Plänen von Klophaus die monumentalen City-Hof-Hochhäuser am Klosterwall. Mehrere Gebäude von Klophaus standen und stehen unter Denkmalschutz, darunter waren auch die genannten Hochhäuser, die trotzdem 2019 abgerissen wurden. – Klophaus war Mitglied der Loge *Zur Hanseatentreue*, scheint aber vor der Meistererhebung ausgetreten zu sein.[501]

Der tapfere Dr. Eduard Uterharck (1889–1983) ist schon genannt worden.[502] Carl von Ossietzky (1889–1938) wurde in Hamburg in ärmlichen Verhältnissen geboren. Der Journalist wurde 1927 Herausgeber und verantwortlicher Redakteur der *Weltbühne*. Ossietzky starb 1938 in Folge seiner KZ-Inhaftierung. 1936 war ihm in Abwesenheit der Friedensnobelpreis zuerkannt worden. Ossietzky war Mitglied der Hamburger Loge *Menschentum*. In Berlin war er Freimaurerbruder in der Loge *Zur Morgenröte*, zu der auch Kurt Tucholsky gehörte.[503] Beide Logen gehörten zur Großloge *Zur aufgehenden Sonne*, die wegen ihrer monistischen und pazifistischen Ausrichtung von den übrigen deutschen Großlogen nicht anerkannt wurde (s. o.).

Leidtragende der Verfolgung der Freimaurerlogen durch den Nationalsozialismus waren natürlich vor allem die jüdischen Brüder. Hier sei beispielhaft der schon erwähnte Meister vom Stuhl der Loge *Absalom zu den drei Nesseln,* Cäsar Wolf, genannt.[504]

Cäsar Wolf (1874–1933) war ein Hamburger Privatbankier jüdischen Glaubens. Seit 1899 war er mit Elisabeth Meyer verheiratet. Als Patriot meldete er sich 1914 als Kriegsfreiwilliger, wurde aber aufgrund von Vorerkrankungen nicht eingezogen. 1901 trat er in die Loge *Absalom zu den drei Nesseln* ein. 1909 bis 1914 wählten die Brüder ihn das erste Mal zu ihrem Meister vom Stuhl. 1915 bis 1923 folgte eine zweite Amtszeit. Eine dritte folgte von 1926 bis 1931 (s. o.). Er war eine vielbeachtete und geschätzte Persönlichkeit in der Freimaurerei. 23 Logen und Großlogen machten ihn zum Ehrenmitglied.

Cäsar Wolf war vielfältig karitativ tätig. Seit 1921 war er geschäftsführender Vorsitzender der Krankenhausstiftung. Als ihm im Mai 1933 der Zugang zu „seinem" Krankenhaus verwehrt wurde, erschoss sich Cäsar Wolf vor der Klinik. Beigesetzt wurde er am 14. Mai auf dem Hauptfriedhof Ohlsdorf. Am 23. Mai hielt trotz der politisch angespannten Situation die *Absalom-Stiftung* eine Gedenkfeier ab. Die Trauerrede hielt Wolfs enger Freund und Mitarbeiter Hugo Leon, der selbst 1942 in das Konzentrationslager Theresienstadt deportiert wurde. Wolfs Frau Elisabeth Meyer beendete ihr Leben kurz bevor sie nach Riga deportiert werden sollte. Ihre gemeinsame Tochter rettete sich durch die Flucht nach Schweden.

Hamburger Freimaurer setzten 2009 sein Grab und die 2,4 Meter hohe Grabstele wieder instand. Alljährlich findet dort nun eine Gedenkfeier statt. Im Eingangsbereich des *Elisabeth Alten- und Pflegeheims* ist zu seinen Ehren eine Gedenktafel angebracht. In der Stadt erinnern drei Stolpersteine an den engagierten Freimaurer und Philanthropen.

Gedenkmedaille der Loge Absalom zu den drei Nesseln für Cäsar Wolf.

Freimaurerei im Exil

Die Freimaurerei in Hamburg erlosch im Jahre 1935. Aber: In Hamburg wurde zugleich der Keim eines Neuanfangs gelegt. Von hier aus ging nämlich das „Freimaurerische Licht", also die Kontinuität der Lehre und des Rituals, gleich zweimal ins Exil, um nach dem Zweiten Weltkrieg nach Deutschland zurückzukehren.

Am 28. Juni und 17. Oktober 1933 bevollmächtigte der (ehemalige) *Großmeister* Richard Bröse zwei Brüder aus Chile, die Organisation der Auslandslogen der *Großen Loge* zu übernehmen.[505] Vorangegangen war eine intensive Korrespondenz des Meisters vom Stuhl der Loge *Ferdinand zum Felsen*, Otto Arnemann. Der Exportkaufmann informierte die Brüder in Chile über die unheilvolle Entwicklung in Deutschland und schlug vor, dass die Hamburger Freimaurerei ins Exil nach Chile gebracht werden solle. Ein in Hamburg weilender deutsch-chilenischer Bruder brachte dann in der Tat symbolisch das Freimaurerische Licht mit dem Schiff in das südamerikanische Land.

Es wurde ein Ausschuss *Große Loge von Hamburg – Stellvertretender Ausschuß in Valparaiso/Chile* gegründet. Mitglieder waren die Brüder Adolf Wienecke aus Valparaiso und Carl O. Hepp aus Santiago, dazu als Vertreter der Großloge von Chile, Rene Garcia Valenzuela. 1942 wurde daraus die von der Großloge von Chile anerkannte *Große Loge von Hamburg im Exil.* 1937 feierte man in Valparaiso eine „Exil-200-Jahr-Feier" der Gründung der Loge *Absalom zu den drei Nesseln*, die der *Großmeister* der Exil-Großloge, Adolf Wienecke, leitete.[506]

Der faktische Einfluss dieser Großloge im Exil war natürlich gering. Während des Krieges war ein Wirken über Chile hinaus unmöglich. Aber die symbolische Bedeutung dieser Gründung auf Zeit war sehr groß. 1949 wurde das „Freimaurerische Licht" aus Chile in die neue Großloge von Deutschland eingebracht (s. u.). Am 30. April 1971 kehrte es zudem in den vor einigen Monaten neugebauten Tempelbau in der Welckerstraße 8 zurück.[507]

In Harburg hatte 1930 die Loge *Zur Erkenntnis* des *Freimaurerbundes zur aufgehenden Sonne* zu den Gründungslogen der *Symbolischen Großloge* gehört. Diese Loge wurde 1931 auch zur Patin einer Tochterloge in Jerusalem (s. o.). Später folgten weitere Logengründungen in Palästina. Am 15. April schloss der *Großmeister* Leo Müffelmann die Symbolische Großloge. Nachdem er 1933 einige Monate im KZ hatte zubringen müssen, reiste er nach Palästina und gründete dort die *Symbolische Großloge von Deutschland im Exil.* Müffelmann kehrte

1934 nach Deutschland zurück, wo er kurze Zeit später an den Folgen der KZ-Haft verstarb. Die „ausländischen" Logen in Israel wurden später bei der Gründung der *Großloge von Israel* in diese integriert.

Die *Symbolische Großloge* gehörte wegen ihrer undogmatischen, liberalen und international ausgerichteten Linie nicht zu den „anerkannten" Großlogen. Wie ihre gleichermaßen von den übrigen deutschen Großlogen nicht anerkannte Mutter-Großloge *Zur aufgehenden Sonne* beugte sie sich dem völkischen Denken nicht und machte gegenüber dem Nationalsozialismus keinerlei Kompromisse. Nach dem Krieg wurde diese von der Mehrheit der deutschen Freimaurer einst heftig verfemte Tradition zu einem Element des Neubeginns der deutschen Freimaurerei.[508] Deshalb wurde bei der Gründung der neuen Großloge 1949 das Freimaurerische Licht auch aus der *Loge der Symbolischen Großloge* im Exil in Israel nach Deutschland zurückgebracht (s. u.).

Die Hamburger Freimaurerlogen in der Stadt-Gesellschaft zwischen 1914 und 1945

Die Freimaurerei in Hamburg war Teil der Geschichte des Hamburger Bürgertums, sowohl in dem Sinne, dass sie sich vornehmlich aus den gehobenen bis oberen Schichten der Gesellschaft rekrutierte, als auch Teil deren Kultur und Anschauungen war. Zur Arbeiterschicht und deren Kultur hatte und wollte sie keinen Zugang. Freimaurer waren in der Sozialdemokratie, die in Hamburg zur stärksten politischen Kraft wurde, so gut wie nicht vertreten. In den städtischen Spitzenpositionen finden wir so gut wie keine Freimaurer mehr. Im Ersten Weltkrieg waren die Hamburger Freimaurer natürlich Patrioten. Ihre Sozialeinrichtungen und finanziellen Möglichkeiten setzten sie sowohl für die medizinische Betreuung verwundeter Soldaten als auch für die Zivilbevölkerung ein. Nach dem Ersten Weltkrieg erfassten die politischen Zerwürfnisse und Radikalisierungen die Freimaurerei, spalteten Logen und entfremdeten Brüder voneinander. Der grassierende Antisemitismus wurde zum Kernproblem der Freimaurerlogen in doppelter Hinsicht: Zum einen wurde die Frage nach der Mitgliedschaft von Juden in den Logen zum Dauerthema, zum anderen erschien es vielen freimaurerischen Funktionären, dass ein Bekenntnis zu Volk und Rasse auch von der Freimaurerei abgelegt werden müsse – einer

Suggestion, der sich nur wenige entzogen. Von einem international ausgerichteten, liberalen Denken hatte sich die große Mehrheit der deutschen Freimaurer, so auch in Hamburg, nach dem Ersten Weltkrieg weit entfernt, wenn es auch Gegenbeispiele, wie die *Logen des Freimaurerbundes* und der *Symbolischen Großloge* und einzelne Brüder gab. Ob solche, die sich dem völkischen Tendenzen hingegeben hatten, oder solche, die sich ihm verweigert hatten: Für alle war 1935 Schluss mit der Freimaurerei. Der Nationalsozialismus duldete keine Sondergemeinschaften oder -ideologien. Von politischem Widerstand aus Kreisen der Freimaurerei ist nichts bekannt.

Teil IV

Die Freimaurerei in Hamburg ab 1945:

Die Zeit der Erneuerung und Vielfalt

Hamburg seit 1945

Die Geschichte Hamburgs nach dem Zweiten Weltkrieg war – wie diejenige von ganz Deutschland – geprägt von der Dialektik von Kontinuität und Neuanfang. Sie betraf die Politik, die wirtschaftliche und soziale Lage und die Kultur gleichermaßen.

Die Politik

Die politische Verfassung sollte ein klarer Bruch mit der nationalsozialistischen Diktatur sein und zugleich korrigierend an die Stadtordnung in der Weimarer Republik anschließen.[509] Nach einer Übergangszeit mit längeren Beratungen und Diskussionen mit der britischen Besatzung konnte 1952 die neue Verfassung in Kraft treten. Sie orientierte sich an derjenigen von 1921. Die wichtigsten Veränderungen betrafen die Abschaffung von Volksentscheiden[510] und eine Wahlordnung, die eine Mischung von Verhältnis- und Mehrheitswahl war.[511] Das Verhältnis des Landes Hamburg zum Gesamtstaat war inzwischen durch das Grundgesetz geregelt worden.

Schwieriger als die juristisch-politische Neuordnung war die Gestaltung des politischen Lebens in Hamburg. Bei der Entnazifizierung wurden 327 000 Fälle bearbeitet.[512] 311 000 wurden als „unbelastet" bzw. „entlastet" eingestuft. 15 000 galten als Mitläufer und nur 1 084 wurden als „Minderbelastete" klassifiziert, während für die Kategorien „Hauptschuldiger" und „Belasteter" keine Zahlenangaben vorliegen. Das Prüfungsverfahren war umstritten, nicht nur bei Anhängern des Nationalsozialismus, sondern auch und gerade bei dessen Gegnern, weil es zahlreiche Möglichkeiten gab, sich von der eigenen Vergangenheit reinzuwaschen. Auch Reichsstatthalter und Gauleiter Karl Kaufmann wurde nur als „Minderbelasteter" eingestuft und musste sich nie vor einem Gericht verantworten. Schließlich befürchtete man, dass eine konsequente Entnazifizierung die öffentliche Verwaltung lahmlegen würde. Zudem war das allgemeine Interesse an einer Aufarbeitung der nationalsozialistischen Vergangenheit gering. Durch Gesetze im Mai 1950 und im Juli 1953 wurde die Entnatifizierung in Hamburg eingestellt.

Die Honoratioren der Stadt versuchten 1945 stattdessen bewusst an die Tradition der liberalen Kaufmannsrepublik anzuschließen und betonten – etwas opportunistisch gegenüber der Besatzungsmacht – die angelsächsisch geprägte Lebensart und Kultur der Hamburger.[513] Ab 1950 wurde alljährlich das Bild der weltoffenen Handelsstadt im

Mai bei den „Überseetagen“ des Übersee-Clubs gefeiert.[514] In der Tat war die Politik der kommenden Jahrzehnte durch Pragmatismus gekennzeichnet, der innen- und außenpolitisch allzu radikale Positionen vermied und auf liberale Kontinuität setzte. Bezeichnenderweise ernannte auch die britische Besatzungsmacht Rudolf Petersen, den jüngeren Bruder von Carl Wilhelm Petersen, der bis 1933 Erster Bürgermeister gewesen war, 1945 zum ersten Bürger der Stadt. Petersen war Mitbegründer und Inhaber einer Überseehandelsfirma und Vorsitzender mehrerer Wirtschaftsverbände.[515]

Von Vorteil für die Stabilität der neuen Ordnung erwies sich, dass im November 1946 der ehemalige Oberbürgermeister von Altona, Max Brauer, zum Ersten Bürgermeister der Hansestadt gewählt wurde. Brauer, ein gelernter Glasbläser, war als SPD-Politiker 1933 emigriert und damit völlig unbelastet. Mit einer Unterbrechung von 1953 bis 1957 war der charismatische Politiker bis 1960 Erster Bürgermeister und setzte sich tatkräftig für den sozialen und wirtschaftlichen Aufbau Hamburgs ein. Brauer vertrat eine wirtschaftspolitisch gemäßigte Position und unterstützte nicht Bestrebungen in der Hamburger SPD, die Wirtschaft zu sozialisieren.[516]

Brauers Partei verfolgte in Hamburg eine strikte antikommunistische Linie. Die Idee einer vereinigten Arbeiterpartei fand zwar zunächst auch unter den dortigen Sozialdemokraten Anhänger.[517] Die Erfahrungen mit der „Aktionseinheit“ in der sowjetischen Besatzungszone führten jedoch sehr schnell dazu, dass sich in der Hamburger SPD die antikommunistische Linie Kurt Schumachers durchsetzte. Ehemalige Mitglieder anderer kommunistischer und sozialistischer Parteien fanden zudem in der Hamburger SPD eine neue politische Heimat. Der prominenteste von ihnen war der ehemalige KPD-Funktionär Herbert Wehner.[518] Während die Kommunistische Partei seit ihrer Wiederbegründung 1945 anfängliche Erfolge verbuchen konnte, war sie bei ihrem Verbot 1956 nur noch eine unbedeutende Splitterpartei.[519] Die Hamburger SPD war stattdessen von nun an die meiste Zeit die wichtigste politische Kraft in der Stadt und spielte eine bedeutende Rolle in der deutschen Gesamtpartei. Außenpolitisch verfolgte sie aufgrund der besonderen Stellung Hamburgs als Stadt des größten westdeutschen Hafens und als bedeutende Handelsmetropole eine klare Westbindung. Innenpolitisch setzte die Hamburger SPD weiterhin, wie es ihre Tradition war, auf die Zusammenarbeit mit den Gewerkschaften. Das Verhältnis zur Wirtschaft war pragmatisch, und schon viel früher als die Gesamtpartei öffnete man sich der Entwicklung zu einer klassenübergreifenden Volkspartei.[520]

1945 wurde in Hamburg von ehemaligen katholischen Zentrumsmitgliedern die CDU gegründet. Aber der politische Zusammenschluss von Protestanten und Katholiken spielte in Hamburg keine Rolle. Zudem wurde durch den Eintritt von Rudolf Petersen und seinen Anhängern die Partei zu einer liberal-konservativen, stark von Unternehmern und Selbstständigen geprägten Partei. Die CDU wurde zum konservativen Gegengewicht gegenüber der SPD. Sie war immer mindestens die zweitstärkste politische Kraft in Hamburg. 1953 bis 1957 und dann erst wieder von 2001 bis 2011 stellte die CDU erneut den Ersten Bürgermeister.[521]

Die FDP entstand 1945 aus dem liberalen Widerstandskreis „Freies Hamburg". Dieser war 1933 von Friedrich Ablass mit ehemaligen Parteifreunden der Deutschen Staatspartei, die wiederum aus der DDP hervorgegangen war, ins Leben gerufen worden. Diese starken liberalen Wurzeln verhinderten, dass sich in den 1950er Jahren in der Hamburger FDP wie in einigen anderen Landesverbänden rechte und nationalistische Tendenzen breit machten. Sie war darüberhinaus von Anfang an ein Sammelbecken verschiedener liberaler Strömungen. Die FDP war bis 1978 durchgängig in der Hamburger Bürgerschaft vertreten, danach nur noch mit Unterbrechungen. Zur Zeit (2022) hat sie keinen Sitz im Hamburger Parlament.[522]

Auf die kleineren politischen Parteien der Nachkriegszeit muss an dieser Stelle nicht eingegangen werden. Entscheidender ist, dass mit den politischen und kulturellen Umbrüchen der ausgehenden 1960er Jahre auch in Hamburg eine Reihe neuer politischer Gruppierungen vertreten waren. Erwähnung verdient der Kommunistische Bund (KB), der in den 1970er Jahren in Hamburg aus dem Sozialistischen Arbeiter- und Lehrlingszentrum (SALZ) hervorging. Ende der 1970er Jahre waren von den insgesamt 2.500 Mitgliedern 1.500 in Hamburg beheimatet. In seiner Hochzeit war er in 42 Hamburger Betrieben mit 3.500 Anhängern aktiv. Seine Zeitung „Arbeiterkampf" war eine der beliebtesten Blätter im linken Milieu.[523] Aus dem Umfeld undogmatischer Linker, Spontis, kommunistischer Splittergruppen, der Friedensbewegung und ökologischer Aktivisten entstand schließlich die Grüne Alternative Liste (GAL). Seit 1982 sind die Grünen durchgängig in der Hamburger Bürgerschaft vertreten. 1997 gingen sie das erste Mal eine Koalition mit der SPD ein, 2008 bildete sie mit der CDU die Landesregierung, ab 2015 erneut mit der SPD. Seit der Bürgerschaftswahl 2020 sind die Grünen nach der SPD die zweitstärkste Partei in Hamburg.[524]

In den 1960er Jahren gehörte zu Hamburgs politischen Landschaft auch, dass in Altona Ulrike Meinhof für „Konkret" schrieb (s. u.). In den 1970er Jahren entstand in Hamburg eine starke Autonomen-Bewegung, aus der die Hausbesetzerszene hervorging. Die Hafenstraße und die Rota Flora im Schanzenviertel sind weit über Hamburg hinaus als Zentren der linksautonomen Szene bekannt geworden.

Die Wirtschaft

Nach dem Krieg gelang der Wiederaufbau der Stadt und des Hafens erstaunlich schnell. Dies war auch der Tatsache geschuldet, dass schon bald die Aufräumarbeiten von Unternehmen, die Maschinen einsetzten, professionell durchgeführt wurden.[525] Entscheidend für den wirtschaftlichen Aufschwung aber waren finanzielle Hilfen, vor allem der Marshallplan ab 1948. Da die Kaianlagen weitgehend intakt geblieben waren, konnte der Hafenbetrieb bald wieder aufgenommen und gesteigert werden. Das östliche deutsche Hinterland und Osteuropa waren als Handelsraum allerdings weitgehend weggefallen. Die Bedeutung des Hafens als direkter Arbeitgeber nahm ab. Um 1964 lebte von ihm direkt nur noch ein Zehntel der Hamburger Bevölkerung, indirekt allerdings ein weitaus größerer Teil.[526] Der Hafen wurde in wachsendem Maße zu einem immer komplexeren und hochtechnisierten Unternehmen, das mit immer weniger Personal auskommt. Dank der Erfindung des Containers nahm ab dem Ausgang der 1960er Jahre der Umschlag von Massengütern bei geringerem Personalbedarf erheblich zu.[527]

Ab den 1950er Jahren gab es nach sehr bescheidenen Anfängen – die Alliierten hatten im Potsdamer Abkommen 1945 den Bau von Schiffen und Flugzeugen untersagt – in Hamburg wieder Schiffsbau. Als am 4. April 1951 die Restriktionen fielen, gab es in Hamburg schulfrei und im Hafen hatten die Schiffe „über alle Toppen geflaggt". Die weltweite Nachfrage und der Koreakrieg sorgten dann zunächst für einen Aufschwung im Schiffbau.[528] Seine Bedeutung nahm allerdings im Laufe der Jahre ständig ab. Einschneidend wirkte ab den 1960er Jahren die asiatische Konkurrenz. Inzwischen bauen oder reparieren nur noch drei Hamburger Werften Schiffe: Blohm + Voss, die Norderwerft am Reiherstieg und Sietas in Neuenfelde. Blohm + Voss gehört inzwischen einem britischen Investor, Sietas einem russischen Schiffsbauunternehmen. Die drei Werften beschäftigen zusammen nur noch 1 500 Mitarbeiter.[529]

In den Dezennien nach dem Zweiten Weltkrieg wurde, wie schon im späten 19. Jahrhundert die Ansiedlung von Industrie forciert, zum Beispiel von Erdölraffinerien, was die Bedeutung des Hafens relativierte.[530] Wie das Beispiel der Holborn Mineralölraffinerie in Hamburg-Harburg zeigt, die in den 1970er Jahren sich dort niederließ, führte diese Ansiedlung jedoch nicht direkt zu einer bedeutenden Steigerung der Beschäftigungszahlen. Die gesamte hochtechnologisch ausgestattete und organisierte Raffinerie wird heute von nur 300 Mitarbeitern betrieben. Hinzu kommen noch 150 bis 300 Mitarbeiter aus Partnerfirmen und Subunternehmen.[531] Wie auch beim Güterhafen ist die indirekte Wirkung auf den Beschäftigungsmarkt viel größer als der direkte Beitrag zum Arbeitsmarkt.

Die wirtschaftliche Krise ab 1973 führte in Hamburg zu einem Umdenken in der Wirtschaftspolitik. Unter den Bürgermeistern Klose und von Dohnanyi wurden Überlegungen („Unternehmen Hamburg") angestellt, neben der stark energieabhängigen, traditionell auf weltweiten Im- und Export hin orientierten Wirtschaft den Binnenhandel zu stärken und vor allem Technologie und Wissenschaft zu fördern.[532] So ist zum Beispiel die Metropolregion Hamburg inzwischen führend in der Entwicklung erneuerbarer Energien. Auch die Meeres- und Offshoretechnik hat sich weiterentwickelt. Hamburg ist neben Seattle und Toulouse auch zu einem der führenden Standorte der zivilen Luftfahrtindustrie geworden. [533] Immer noch ist Hamburg so ein bedeutender, sich weiterentwickelnder Industriestandort.

Langfristig hat sich der Dienstleistungssektor günstig entwickelt.[534] Die internationale und nationale hervorragende Vernetzung der Stadt und der immer noch reiche internationale Handel befördern die Ansiedlung von Finanzunternehmen, Rechtsanwaltskanzleien, Beratungsfirmen und Holdinggesellschaften. In Hamburg haben 32 000 Handelsunternehmen mit über 125 000 Beschäftigten ihren Sitz. Damit ist Hamburg nach wie vor der größte Handelsplatz Deutschlands.[535]

Forschungs- und Bildungseinrichtungen haben inzwischen in der Region Hamburg einen hohen Stellenwert. Die Kultur- und Kreativwirtschaft wächst hier stärker als im Bundesdurchschnitt.[536] Hinzu kommen neue Wirtschaftszweige: Der Tourismus, der vor allem wegen des Hafens und neuerdings auch wegen der Kultureinrichtungen, vor allem der Elbphilharmonie, nach Hamburg kommt, hat sich zu einem wichtigen Wirtschaftsfaktor entwickelt. Seit 2004, als die „Queen Mary 2" zum ersten Mal Hamburg ansteuerte, ist Hamburg zu einem beliebten Ziel von Kreuzfahrten geworden, weil der Hafen in der Lage ist, die riesigen Schiffe aufzunehmen. Inzwischen kommen jährlich mehr als eine Million Kreuzfahrttouristen nach Hamburg.[537] Neben seiner Funktion als Warenumschlagsplatz hat der Hafen zusätzlich eine Art Metafunktion durch die touristische Besichtigung des Umschlagsortes erhalten.

Nichts verdeutlicht den ökonomischen Strukturwandel Hamburgs besser als die Speicherstadt. Sie gehört jetzt zum UNESCO Weltkulturerbe.[538] Wo ehedem Lagerarbeiter Kähne entluden und Säcke in staubigen Hallen stapelten, sind heute schicke Büros und Lofts. Cafés laden im Erdgeschoss am Wasser zum Verweilen ein.

Die Bevölkerung

Die wirtschaftliche Entwicklung der Stadt korreliert eng mit ihrer Bevölkerungsentwicklung.

Seit 1964, als die Einwohnerzahl bei 1,9 Millionen lag, sank sie zunächst leicht, um 2020 bei 1,841 Millionen zu liegen. Damit ist Hamburg nach wie vor die zweitgrößte Stadt Deutschlands.[539] Wichtiger als diese doch sehr konstante Zahl der Einwohner sind jedoch die Strukturveränderungen innerhalb der Bevölkerung.

Beim Wiederaufbau nach dem Zweiten Weltkrieg wurde die einstige dichte Besiedlung der Innenstadt nicht mehr angestrebt. Stattdessen wurden die Außenbezirke und eingemeindeten Vororte zu beliebten Wohngegenden. Hinzu kam der Bau neuer Wohnviertel. 1950 wurden die ersten Wohnhochhäuser in Deutschland am Grindelberg bezogen. Während dies damals als eine Lösung des wachsenden Wohnungsbedarfs gefeiert wurde, stießen solche dicht und hoch bebauten Trabantensiedlungen einige Jahre später auf heftige Kritik.[540] Auf jeden Fall wurde durch die wachsenden Vorstädte und neuen Siedlungen die schon Ende des 19. Jahrhunderts einsetzende Trennung von Wohn- und Arbeitsgebiet praktisch vollendet.[541] Vor allem seit den 1960er Jahren führte dies auch zu einer unattraktiven, öden Innenstadt, die nur noch Einkaufs- und Verwaltungszentrum ist. Erst seit etwa 2010 versucht man dieser Entwicklung durch Kultureinrichtungen und Gastronomie entgegenzusteuern. Auch die zahlreichen Nachteile des Wohnens außerhalb der Stadtzentren sind offensichtlicher geworden, wobei aber die hohen Miet- und Immobilienpreise eine Rückkehr in die Innenstadtbereiche für viele Menschen unmöglich machen.

In der Nachkriegszeit kamen viele Deutsche aus den Ostteilen Deutschlands und aus den deutschgeprägten Gebieten der östlichen

Nachbarstaaten auch nach Hamburg. Die Integration dieser „Flüchtlinge“ – ein Begriff mit durchaus pejorativem Unterton – verlief schwieriger, als es sich in der heutigen Rückschau ausmacht. Auch das jüdische Leben kehrte – in allerdings mit dem Vorkriegsniveau nicht zu vergleichendem Maße – wieder nach Hamburg zurück. Die jüdische Gemeinde zählt zur Zeit (2021) rund 2500 Mitglieder.[542]

1961 kamen infolge des Gastarbeiterabkommens zwischen der Bundesrepublik und der Türkei die ersten 600 türkischen Gastarbeiter nach Hamburg. 1971 waren es schon 17000. Sie arbeiteten zumeist in einfachen Berufen im Hafen.[543] 60 Jahre später leben schon vier Generationen türkischstämmiger Männer und Frauen in Hamburg. Sie bilden die stärkste Gruppe der Mitbürgerinnen und Mitbürger mit Migrationshintergrund. 2015 kamen Kriegsflüchtlinge aus dem Mittleren Osten, 2022 kommen sie aus der Ukraine. In einer Großstadt wie Hamburg, die zudem ein weltweit agierender Handelspunkt ist, wohnen darüber hinaus Menschen aus praktisch allen Ländern der Welt. Ende 2020 hatten mehr als ein Drittel aller Hamburgerinnen und Hamburger einen Migrationshintergrund.[544]

Ausbildung und Beschäftigung haben sich zugunsten höherer Schulbildung und einer Tätigkeit im Dienstleistungsbereich verschoben. Der schon im 19. Jahrhundert zunehmende Anteil der Angestellten nahm seit der Nachkriegszeit weiter zu.[545] Die Schulreformen und die Einführung des BAföG erlaubten es ab den 1970er Jahren zunehmend auch sogenannten bildungsfernen Schichten, ihre Kinder eine höhere Schule und eine Universität besuchen zu lassen. Die zunehmende Akademisierung, die Veränderungen der politischen Landschaft, dabei vor allem die wachsende Betonung von Ökologie und Wellness, der Trend zu Kosmopolitismus, Selbstoptimierung und Individualismus brachten dabei eine neue urbane Untergruppe des Mittelstandes hervor. Andreas Reckwitz hat die Differenzen zwischen diesem neuen Mittelstand und den traditionellen Mittelständlern eindrücklich beschrieben.[546] In der Stadtgesellschaft äußert er sich in der Gentrifizierung von Stadtvierteln, bei denen gut verdienende Angehörige dieser neuen sozialen Schicht zunehmend in traditionelle Innenstadtviertel ziehen und vom Mietpreisniveau bis zu den Freizeiteinrichtungen diese fundamental neu gestalten.

Die Hamburger Stadtbevölkerung ist also heutzutage erheblich bunter als unmittelbar nach dem Zweiten Weltkrieg. Das spiegelt sich auch in der Kulturszene wider. Neben einem reichen mehr konventionellen Theater- und Konzertleben, darunter das volkstümliche Ohnesorg-Theater, hat sich in Hamburg eine bedeutende Rock- und Jazzszene etabliert – das erst im Nachhinein als solches erkannte bedeutendste Ereignis waren die Konzerte der Beatles Anfang der 1960er Jahre auf der Reeperbahn.[547] Kurz zuvor, im Juli 1960, war der beliebteste Hamburger Volksschauspieler und Sänger Hans Albers gestorben.[548] Hamburgs Kunstsammlungen und Ausstellungen locken viele Interessenten an. Ein Höhepunkt war die Ausstellung von Funden im Grab des Pharaos Tutanchamun im Mai 1981, die 620000 Besucher anzog.[549] Zahlreiche Events und gastronomische Angebote vieler Nationalitäten machen die Stadt für Touristen genauso attraktiv wie der Gang über die Reeperbahn, die jedoch ihren ehemaligen Flair weitestgehend verloren hat. Weit über Hamburg hinaus haben die beiden Fußballvereine „HSV“ und „St. Pauli“ zahlreiche Fans.

Zur Kultur der Stadt gehört eine bedeutende Medienlandschaft, die auch ein nicht zu vernachlässigender Wirtschaftsfaktor ist. Seit 1926 ist Hamburg Standort des Rundfunks und später ein Ort der Fernsehproduktion und -sendung. Die bekannteste Sendung des NDR ist die aus Hamburg täglich gesendete „Tagesschau“. In Hamburg wurden und werden eine ganze Reihe von Zeitungen und Zeitschriften mit zum Teil überregionaler und landesweiter Bedeutung verlegt, von denen nur die wichtigsten erwähnt werden sollen. 1946 wurde in Hamburg „Die Zeit“ als zunächst konservativ-nationale Wochenzeitung gegründet, die ab den 1950er Jahren einen liberalen Kurs vertritt. 1949 übernahm Axel Springer die von den Briten gegründete überregionale Tageszeitung „Die Welt“. Aus dem britischen Nachrichtendienst für Deutschland entstand der Deutsche Pressedienst (später dpa). Seit 1946 erscheint „Der Spiegel“. Im Oktober 1962 machte die sogenannte Spiegel-Affäre, während derer ihr Herausgeber Rudolf Augstein und einige Redakteure wegen angeblichem Landesverrats verhaftet wurden, bundesweit Schlagzeilen.[550]

In Hamburg, genauer gesagt, in Altona, entstand das Magazin „Konkret“. Herausgegeben von Klaus Rainer Röhl, war seine Ehefrau Ulrike Meinhof eine der Starautorinnen. Finanziert wurde das Blatt in den Anfangsjahren von der DDR. Die Röhls verkehrten in einem sich modern fühlenden, schicken Milieu von Hamburger Presseleuten, Künstlern, Dichtern und reichen Mäzenen. Für die meisten von ihnen, wahrscheinlich von niemandem, war abzusehen, wie der weitere Lebensweg der intelligenten und unterhaltsamen Ulrike Meinhof verlaufen würde.[551]

An der Schnittstelle von Ökonomie, Soziales und Kultur liegt das Hamburger Stiftungswesen, das auch in der Gegenwart beachtlich ist. Umgerechnet auf die Bevölkerung beheimatet Hamburg die meisten gemeinnützigen Stiftungen und das größte Stiftungskapital in Deutschland. Ende 2011 gab es 1.200 solcher Stiftungen mit einem Gesamtkapital von mehr als sieben Milliarden Euro. Die Hamburger Stiftungen engagieren sich in allen Bereichen des sozialen und kulturellen Lebens, vom Altenheim über die Künstlerförderung bis hin zum Umweltschutz.[552]

Die Neuorganisation in der Freimaurerei in Hamburg

Nachdem die Freimaurerei 1935 verboten worden war, trafen sich Freimaurer nur noch in privatem Umfeld. So gab es beispielsweise ein Treffen unter dem Decknamen „Blauer Peter" in den Geschäftsräumen eines Bruders.[553] Brüder des *Freimaurerordens* trafen sich im Restaurant des Schauspielhauses.[554] Rituelle Arbeiten durchzuführen, war zu gefährlich. Dass es sich bei solchen Treffen um eine Form von Widerstand handelte, darf bezweifelt werden.[555] Immerhin ist mit Sicherheit anzunehmen, dass an ihnen nur Brüder teilnahmen, die dem Regime distanziert gegenüberstanden.

Nach dem Bombardement Hamburgs im Juli 1943 waren auch solche Treffen nicht mehr möglich. Die Brüder mussten für ihr nacktes Überleben in einer völlig zerstörten Stadt sorgen oder waren geflohen.[556]

Das Ende des Krieges bedeutete für die Freimaurerei Niederlage und Befreiung zugleich, Niederlage insofern, als ein Gutteil der Freimaurerei sich der Frage nach der eigenen Rolle im revanchistischen und rassistischen Regime stellen musste, und Befreiung insofern, als die Besatzungsmächte, abgesehen von der Sowjetunion, aus Kulturen kamen, in denen die Freimaurerei eine große Rolle spielt, und so von einer grundsätzlichen Sympathie für ihre Wiedererrichtung ausgegangen werden konnte. Von daher war die Erwartung berechtigt, dass sie in Westdeutschland und West-Berlin bald wieder zugelassen würde.[557] In der sowjetischen Besatzungszone hingegen war der Freimaurerei nach zaghaften Versuchen in Leipzig, Dresden und Cottbus, die Arbeit wieder aufzunehmen, keine Zukunft beschieden.[558]

Die westdeutsche Freimaurerei stand trotz der langfristigen günstigen Perspektiven vor dem schwierigen Problem, Kontinuität und Neuanfang miteinander zu verbinden. Die Zahl der Freimaurer war gegenüber 1932 von 73 300 Brüdern auf knapp 10 000 geschrumpft.[559] Es war also nicht zu erwarten, dass in Zukunft die Freimaurerei eine vergleichbare gesellschaftliche Rolle einnehmen würde wie vor dem Krieg. Der Bedeutungsverlust korrespondierte mit der Kontinuität der Bruderschaft. Schließlich waren die Brüder 1945 weit überwiegend dieselben wie 1935. Das Durchschnittsalter belief sich auf 65 Jahre.[560] Der Wille, die eigene Vergangenheit aufzuarbeiten, war deshalb gering. – Auf der einen Seite gab es Bestrebungen, die Freimaurerei in Deutschland jetzt endlich zu einigen, auf der anderen Seite war vor allem der *Freimaurerorden* nicht gewillt, sich in eine neue Großloge einzuordnen.[561] Unumstritten war, dass eine neue Großloge sich in die internationale Bruderschaft der Freimaurerei einfügen müsse. Ein Isolationismus war mit dem Untergang des sogenannten „3. Reiches" völlig undenkbar geworden. Offen war jedoch, in welche internationale Gemeinschaft man sich begeben wollte. Die bundesdeutsche Politik unter Konrad Adenauer gab der Aussöhnung und Zusammenarbeit mit Frankreich den Vorrang. Verbindungen zum *Grand Orient de France* waren von dem „irregulären" *Freimaurerbund zur aufgehenden Sonne*, dessen Logen jetzt ebenfalls integriert werden sollten,[562] gepflegt worden. Vor allem im deutschen Südwesten gab es dabei Verbindungen zwischen deutschen und französischen Freimaurern. Zumindest waren also eine Annäherung und ein Modus vivendi zwischen der Freimaurerei des *Grand Orient de France* und der deutschen Freimaurerei möglich und wünschenswert. Bekanntlich ist dieser Weg nicht beschritten worden.[563] Stattdessen wurde von Anfang an darauf hingearbeitet, sich der sogenannten „regulären" Freimaurerei unter der Führung der *United Grand Lodge of England* anzuschließen. Vor allem Theodor Vogel, der das Einigungswerk entscheidend bestimmte, stand für eine solche Ausrichtung der zukünftigen deutschen Freimaurerei.[564] Die einzelnen Schritte der Neuorganisation der deutschen Freimaurerei müssen an dieser Stelle nicht referiert werden. Hans-Hermann Höhmann hat sie konzis dargestellt. In unserem Zusammenhang sind sie nur so weit von Interesse, wie sie die Freimaurerei in Hamburg betreffen.[565]

Schon einen Monat nach Kriegsende genehmigte die britische Militärbehörde den Antrag einiger Hamburger Brüder, das Johannisfest mit zwanzig Brüdern zu feiern. Tempelarbeiten wurden noch nicht genehmigt. Ebenfalls 1945 trafen sich einige Brüder, um ehemalige Logen wieder einzurichten und wiederbegründeten die *Große Loge von Hamburg*. Ihr *Großmeister* wurde der ehemalige Hauptpastor an St. Katharinen und einstige stellvertretende *Großmeister*, Wilhelm Hinze. Der Gedanke einer vereinigten Großloge war in Hamburg sehr stark, weil hier einst auf engem Raum fast alle deutschen Großlogen vertreten gewesen waren, was die freimaurerische Landschaft zersplittert hatte. Im Laufe des Jahres schlossen sich deshalb Logen des Eklektischen Bundes, der Bayreuther Großloge *Zur Sonne* und der *Symbolischen Großloge* der neugegründeten Hamburger *Großen Loge* an.

Schon kurze Zeit nach ihrer Wiedererrichtung, im September 1945, wurde in Bensheim bei Darmstadt von ehemaligen humanitären Großlogen die *Bundesgroßloge von Deutschland* gegründet. Geplant war, dass die ehemaligen Großlogen nun zu Sprengelgroßlogen ihres Bereichs würden. Sie konnte jedoch nicht arbeiten, weil nach anfänglicher Genehmigung die Besatzungsmächte keine Organisation, die über die Grenzen der Zonen hinausreichten, duldeten.

In den Hamburger Logen wurden einige Aufnahmen ohne Erlaubnis der Militärregierung durchgeführt. Die Genehmigung, rituelle Arbeiten durchzuführen, wurde der *Großen Loge von Hamburg* erst mit der Verfügung 122 am 20. Mai 1948 erteilt. In Hamburg gehörten ihr zu dieser Zeit 15 Logen an, dazu je eine Loge in Lübeck, Kiel und Bremen.[566]

Schon im Vorjahr hatte sich die Hamburger Großloge der *Frankfurter Arbeitsgemeinschaft von Freimaurerlogen* angeschlossen. An dieser Dachorganisation nahmen Vertreter der (ehemaligen) deutschen Großlogen teil, allerdings ohne Beteiligung des *Freimaurerordens*. Daraus entstand die *Vereinigte Großloge der Freimaurer von Deutschland*, die im Oktober 1948 in Bad Kissingen aus der Taufe gehoben wurde. Feierlich eingesetzt wurde sie am 19. Juni 1949, also knapp nach der Gründung der Bundesrepublik Deutschland, in der Frankfurter Paulskirche, was ein unmissverständliches Bekenntnis zum neuen demokratischen Staat war. Ihr erster *Großmeister* wurde Theodor Vogel.[567] Die Feier war auch eine Sternstunde der Hamburger Freimaurerei: Der Bruder Otto Arnemann, der einst entscheidend dazu beigetragen hatte, dass die deutsche Freimaurerei in Chile im Exil überdauern konnte, brachte symbolisch das Freimaurerische

Licht von der einen Seite in die Paulskirche ein, während von der anderen Seite der Bruder Adolph Bünger das Licht zurückbrachte, das in Palästina bzw. Israel aufbewahrt worden war. Verpflichtet wurde der *Großmeister* Theodor Vogel von dem Meister vom Stuhl der ältesten Loge Deutschlands, Absalom zu den drei Nesseln, Bruder Eduard Uterharck, einem Verfolgten des Nazi-Regimes (s. o.).[568]

Zu der neuen Großloge schlossen sich 174 Logen aus allen bisherigen Großlogen und einige Neugründungen nach 1945 zusammen. Abseits stand jedoch die *Große Landesloge*, die aufgrund ihrer christlichen Ausrichtung und streng hierarchischen Organisation sich nicht einfügen konnte und wollte. Erst 1958 wurde sie Mitglied im neuen Großlogenverband *Vereinigte Großlogen von Deutschland (VGLvD)*, nachdem man ihr erhebliche Konzessionen gemacht hatte. Die neue Vereinigung war ein in der Welt einmaliger Großlogenverbund. Die bisherige VGL war nun die *Großloge der Alten und Angenommenen Maurer von Deutschland (AFuAM)*, die sich wiederum in Distriktlogen untergliederte. 1970 wurde die Großloge *Zu den drei Weltkugeln* Mitglied, nachdem schon 1949 zahlreiche ihrer westdeutschen Logen sich der VGL angeschlossen hatten. Im selben Jahr schlossen sich auch die *Grand Lodge of British Freemasons in Germany* und die *American Canadian Grand Lodge* der VGLvD an.[569]

Unter den britischen Militärs, die nach Deutschland kamen, waren natürlich auch eine Reihe Freimaurer.[570] Es gab Feldlogen, die mit den Regimentern zogen. Diese nicht-sesshaften Logen gehörten zu einer der drei Großlogen der britischen Inseln. Daneben gab es auch Freimaurerzirkel, in denen sogenannte *Lodges of Instruction* gehalten wurden: Übungen, in denen das auswendig zu lernende Ritual geprobt wurde. Deutschen waren sie nicht zugänglich. In Hamburg gab es mindestens einen solchen freimaurerischen Zirkel. Da die britischen Großlogen streng auf das Territorialprinzip achteten, gründeten sie jedoch keine Logen auf deutschem Boden. Erst als 1956 die *United Grand Lodge of England* die deutsche VGL anerkannte, konnten die britischen Brüder auch deutsche Logen besuchen. Logen konnten jetzt ebenfalls gegründet werden. Sie unterstanden, auch wenn sie britische Geschäftsordnungen, Umgangsformen und Rituale benutzten, der deutschen VGL. Grundsätzlich waren sie auch für Deutsche und andere Ausländer zugänglich. Die erste dieser „britischen" Logen wurde am 30. März 1957 in Rheindahlen, Hauptquartier der British Army of the Rhine, gegründet. Die erste Loge in Hamburg, *Anglo-Hanseatic Lodge*, folgte am 18. Januar 1958. Die „britischen" Logen bildeten innerhalb der VGL einen eigenen Distrikt. Mit der Gründung der VGLvD, des Deutschen Großlogenverbundes, wurden die britischen Logen Teil der Großloge AFuAM. Das Verhältnis entwickelte sich nicht spannungsfrei. 1962 wurden die englischsprachigen Logen in einer eigenen Provinzialgroßloge zusammengefasst. Am 23.10.1970 wurde sie nun selbstständig gleichberechtigter Partner innerhalb der VGLvD. Seit 1980 führt sie den Namen *Grandlodge of British Freemasons in Germany*, seit kurzem, um ihrem inzwischen internationalen Charakter Rechnung zu tragen, *Grandloge of British Freemasonry in Germany.*

Da die „britischen“ Logen auch Nicht-Briten zugänglich sind und waren, waren auch nicht alle Logen ausschließlich Gründungen von Militärs oder bestanden überwiegend aus Soldaten. So war die *Anglo-Hanseatic Lodge* nach Norbert Schön von Anbeginn an eine Loge, in der vor allem britische Banker, Versicherungsmakler und Kaufleute nebst US-Amerikanern und einem dänischen Bruder aktiv waren. Deutsche wurden nach seinen Recherchen in Hamburg allerdings erst Ende der 1970er Jahre aufgenommen.

Auch unter den Nordamerikanern, Soldaten aus den USA und Kanada, waren viele Freimaurer. Im Gegensatz zu den britischen Freimaurern erteilten jedoch verschiedene amerikanische Großlogen Patente für Logengründungen in Deutschland. Nach Gründung der VGL wurden diese Logen dann in die deutsche Großloge inkorporiert. Die weitere Entwicklung verlief dann ähnlich wie die der „britischen“ Logen. Über einen Logendistrikt innerhalb der VGL entwickelte sie sich zu einer eigenständigen und mit den anderen Großlogen gleichrangigen freimaurerischen Körperschaft, der American Canadian Grandloge (ACGL).[571] In Hamburg wurde erst 2013 eine Loge der ACGL gegründet (*Benjamin Franklin Lodge*).[572]

Entwicklungen der Freimaurerei in Hamburg

Der Neuanfang der Freimaurerei in Hamburg fand, wie überall in Deutschland unter schwierigen Bedingungen statt. Die wirtschaftliche Lage der einzelnen Brüder war schwierig, das Vermögen der Logen konfisziert, die meisten Logenhäuser enteignet oder abgerissen.[573] Rolf Appel hat eine eindrückliche Schilderung seiner Aufnahme am 22. Februar 1948 in die Loge *Globus* im Harburger Logenhaus gegeben, wo es so bitterkalt war, dass die Aufnahmezeremonie verkürzt werden musste. Nach der Initiation gab es ein für die damalige Zeit luxuriöses Essen: Linsensuppe mit Einlage. Anschließend bekam der neue Freimaurerlehrling zu seiner Freude einen Mantel und Schuhe geschenkt. Sie stammten aus einer Hilfssammlung der deutsch-chilenischen Brüder, die 1945 einen Hilfsausschuss für bedürftige deutsche Brüder gegründet hatten. Per Schiff gelangte von Chile eine riesige Menge an Kleidung, Lebensmitteln, Seife und allein 130 Kilogramm an Medikamenten nach Hamburg.[574]

Trotz der schwierigen Ausgangssituation ging es doch relativ schnell bergauf. Das Durchschnittsalter etwa der Loge *Absalom zu den drei Nesseln* sank von 65 Jahren 1946 auf 50 Jahre 1962. Die Mitgliederzahl stieg im gleichen Zeitraum von 39 auf 152 Brüder.[575] Allerdings war das Jahr 1962 auch der Höhepunkt der Mitgliederentwicklung, die danach bis auf 105 Brüder im Jahre 1998 zurückging.[576] Andere Logen entwickelten sich nicht so gut, hatten sogar mit Mitgliederverlusten zu kämpfen. Für alle Freimaurerlogen bedeuteten die ausgehenden 1960er, beginnenden 1970er Jahre einen tiefen Einschnitt. Die kulturellen Veränderungen, vor allem die Abkehr von traditionellen Sozialformen und der zunehmende Individualismus bewirkten einen Niedergang des gesamten Vereinswesens.

1987 soll es schließlich in Hamburg etwa 1400 Freimaurerinnen und Freimaurer gegeben haben.[577] 2022 belief sich ihre Zahl nur noch auf etwa 1300 Logenmitglieder. Dennoch ist Hamburg nach Berlin die zweitstärkte „Freimaurerstadt", bezogen auf die Bevölkerungszahl in Deutschland sogar führend.

Die Schwestern und Brüder sind in 43 Logen organisiert. Von diesen gehören innerhalb der *Vereinigten Großlogen von Deutschland* 19 Logen zur Großloge AFuAM, 14 zum *Freimaurerorden,* eine untersteht der VGLvD direkt, eine Loge gehört zur ACGL, eine zu den *Drei Weltkugeln* und zwei zur Großloge *British Freemasonry in Germany.* Hinzu kommen eine Loge der Frauen-Großloge (FGLD) und vier gemischte Logen der Großloge *Humanitas.*[578]

Im Einzelnen gehören (2022) in Hamburg innerhalb der *Vereinigten Großlogen von Deutschland* zur Großloge AFuAM knapp 700, zum *Freimaurerorden* 400 Brüder.[579] Die Nachfolger der ehemaligen *Großen Loge von Hamburg* und der anderen Vorkriegsgroßlogen, die jetzt in der AFuAM organisiert sind, weisen also im Vergleich zum Vorkriegsniveau vergleichsweise niedrige, aber konstante Mitgliederzahlen auf.

Die *Große Loge von Hamburg* wurde als rechtliche Körperschaft 1962 aufgelöst. An ihre Stelle trat die Hamburger *Distriktloge* der Großloge AFuAM.[580] In ihr sind die einzelnen Logen Mitglied und zugleich ihrerseits eingetragene Vereine. Selbstständige Vereine sind die *Vereinigten fünf Logen* als Besitzer des Logenhauses in der Welckerstraße und die wohltätigen Stiftungen.[581] Zusätzlich sind auch einzelne Logen, die Besitzer der Logenhäuser und die wohltätigen Stiftungen eingetragene Vereine.

Der *Freimaurerorden* ist auch nach der Vereinigung eines Großteils der Hamburger Freimaurerei nach wie vor die zweitgrößte Obödienz in der Hansestadt. Der zahlenmäßige Rückgang im Vergleich zur Zeit vor 1933 betrifft aber vor allem seine Logen, was vermutlich darauf zurückzuführen ist, dass auch das Hamburger Bürgertum zunehmend säkularisiert ist und die liberal-protestantische Ausrichtung abgenommen hat. Seine Struktur hat der *Freimaurerorden* unverändert beibehalten. Die *Provinzialloge von Niedersachsen* mit Sitz in Hamburg wurde nach dem Krieg wiedererrichtet. Sie erlangte durch Bescheid des Hamburger Senats vom 2. Oktober 1948 wieder ihre Rechtsfähigkeit.[582]

Zur *Grand Lodge of British Freemasonry in Germany* gehören 116 und zur *American Canadian Grand Lodge* 16 Brüder.[583] In deren zwei bzw. einer Loge sind neben Briten bzw. Nordamerikanern und Deutschen, die Interesse an deren Kultur haben, vor allem Ausländer Mitglieder, die nicht in der deutschen Kultur beheimatet, sondern stärker in einer globalen Welt zuhause sind. Diese Logen bilden damit den internationalen Zweig der Hamburger Freimaurerei.

Rund 100 Schwestern und Brüder sind Mitglied in der Frauenlogen und den gemischten Logen.[584]

Insgesamt ist also ein vorsichtiger Trend zur Vielgestaltigkeit der Hamburger Freimaurerei erkennbar. Auch in der Mitglieder- und Führungsstruktur der einzelnen Logen macht er sich bemerkbar. Immer mehr Schwestern und Brüder haben einen Migrationshintergrund. Ihre Mitgliedschaft in den Logen zeigt, wie sich zunehmend auch Bürgerinnen und Bürger mit ausländischen Wurzeln in eine bisher mehr traditionelle bürgerliche Kultur einbringen. Gerade in dieser Integration von Schwestern und Brüdern vielfältiger Herkunft, unterschiedlicher Religion und verschiedener Kulturen liegt das große Zukunftspotenzial der Freimaurerei.

Im Gegensatz zur „hohen Politik“ der Großlogen, wo es im Zuge des Einigungsprozesses zu Spannungen kam, waren die Beziehungen zwischen den Logen der unterschiedlichen Lehrarten in Hamburg vor Ort nach 1945 in aller Regel harmonisch. So strebte zum Beispiel die älteste Loge der einstigen *Großen Loge von Hamburg, Absalom zu den drei Nesseln,* mit der dort ältesten Loge des *Freimaurerordens, Zu den drei Rosen,* eine engere Beziehung an, die durch eine „große Feier der brüderlichen Eintracht" unter Beteiligung von 300 Brüdern 1960 befestigt werden sollte.[585]

Auch die materielle Restitution der Hamburger Freimaurerei führte zu befriedigenden Ergebnissen.[586] Schon im Mai 1945 unternahmen die Brüder des *Freimaurerordens* die ersten Schritte zur Rückgabe des Logenhauses in der Moorweidenstraße.[587] Nachdem das Haus zwischenzeitlich von der britischen Militärregierung requiriert worden war, konnte das arg in Mitleidenschaft gezogene Logenhaus renoviert werden. Am 18. Oktober 1949 fand die Einweihungsfeier statt. – Ebenfalls wurde das Logenhaus in Hamburg-Harburg modernisiert. 1971 konnten die *Vereinigten fünf Logen* in der Welckerstraße den Grundstein für ihr drittes Logenhaus legen.[588]

Obwohl sich die Stadt in die Vororte als Wohnstätten und die Innenstadt als Geschäfts- und Arbeitsraum differenziert hat, hat dies nicht dazu geführt, dass sich in den Vororten Logen gebildet haben. Abgesehen von dem einst selbstständigen Hamburg-Harburg, bleibt die Freimaurerei ein gesamtstädtisches Phänomen, deren Logenhäuser in der Innenstadt liegen. Diese bilden Anker der bürgerlichen urbanen Kultur und tragen zur Identität Hamburgs bei. „Der klassische Bürger ist ein Stadtmensch, kein Vorortbewohner."[589] Dies bringen die Logenhäuser zum Ausdruck.

Soziales und kulturelles Engagement der Hamburger Freimaurer

Bedeutsam ist das soziale und kulturelle Engagement der Hamburger Freimaurer geblieben. Das freimaurerische Krankenhaus hat im Laufe seiner Geschichte manche Erweiterung erfahren.[590] 1882 war es vom Dammtorwall zum Kleinen Schäferkamp umgezogen. Ein neues, schöneres und größeres Gebäude wurde gebaut und 1884 eingeweiht. Schon neun Jahre später wurde ein Anbau errichtet. 1935 ging die Verwaltung in eine unabhängige Stiftung über und das Krankenhaus hieß fortan „Elisabeth-Krankenhaus" (s. o.). Im Kriege nicht zerstört, konnte es auch nach 1945 seinen Dienst fortführen. Der Ausbau des Krankenhauswesens in der Stadt führte jedoch dazu, über eine Funktionsänderung nachzudenken. 1985 wurde das Krankenhaus in das „Elisabeth Alten- und Pflegeheim der Freimaurer von 1795 e. V." umgewandelt, das seitdem in der Stadt einen hervorragenden Ruf genießt.[591]

Die *Zinnendorf-Stiftung* der *Großen Landesloge* konnte 1991 auf der Anscharhöhe ein Pflegeheim für 25 schwerstpflegebedürftige junge Menschen eröffnen.[592] Dieselbe Stiftung unterhält die Seniorenresidenz „Haus Rosenstift".[593]

Die 1876 von Brüdern der *Vereinigten fünf Logen* gegründete Kinderstiftung „Friedrich Ludwig Schröder" ist nicht nur die älteste ihrer Art, sondern unterstützt immer noch vaterlos aufwachsende bedürftige Kinder. Eine Besonderheit ist, dass im Vorstand auch immer Brüder anderer Logen vertreten gewesen sind.[594] Auch die Pestalozzi-Stiftung ist wieder aktiv, jetzt unter dem Dach der evangelischen Diakonie.[595] Daneben gibt es noch eine Reihe kleinerer sozialer Förderungen und Projekte der einzelnen Logen.

Nach den Enteignungen in der Zeit des nationalsozialistischen Regimes und den Restitutionen nach dem Zweiten Weltkrieg war des Öfteren eine Neuorganisation oder auch eine Neufundierung des Stiftungsvermögens erforderlich. So gründete zum Beispiel die Loge *Absalom zu den drei Nesseln* 1996 ihre *Absalom-Stiftung* neu. Sie wurde als rechtsfähige und gemeinnützige Stiftung eingetragen und nahm ein Jahr später ihre Arbeit auf. Unmittelbarer Anlass der Neuorganisation war, dass die Loge 1995 von dem Ehepaar Rolf und Annemarie Mirow zum Haupterben bestimmt worden war. Die Stiftung ist vor allem im Bereich der Kinder- und Jugendpflege und in der Förderung musischer Talente tätig.[596]

Freimaurerische Festkultur

Freimaurer feiern gerne. Das war und ist auch nach 1945 der Fall. Vor allem Stiftungsfeste, bei denen die Logen ihre runden Geburtstage feiern, sind nach wie vor wichtige Ereignisse in der Hamburger Freimaurerei. Zugleich dienen solche Feiern auch dazu, sich der eigenen Ursprünge bewusst zu werden und diese als Legitimation für die eigene Existenz sinnlich erfahrbar zu machen. Einige große Erinnerungsfeiern ragen aus dieser reichen Jubiläumskultur heraus.

1962 feierte die Loge *Absalom zu den drei Nesseln* ihr 225. Jubiläum.[597] Alleine zehn *Großmeister* nahmen an der Feier teil. 700 Brüder versammelten sich zur Festarbeit. 300 Vertreter aus Politik und Gesellschaft waren geladen. Die Festrede hielt Thomas Dehler, selbst Freimaurer. Die Feier fand im Logenhaus der *Provinzialloge* in der Moorweidenstraße statt, da die vereinigten fünf Logen zu diesem Zeitpunkt noch nicht wieder über ein Logenhaus verfügten.[598] In der

Staatsoper wurde eine exklusive Aufführung von Mozarts „Die Zauberflöte" gegeben. Anlässlich des Jubiläums der ersten Freimaurerloge in Deutschland erschienen auch zwei umfangreiche Darstellungen der Freimaurerei in diesem Land aus der Feder des Archivars bzw. Sekretärs der Loge.[599]

1987 folgte die 250-Jahr-Feier. Sie wurde zu einem Großereignis. Die „Festliche Tempelarbeit" am 5. Dezember und die „Öffentliche Morgenfeier" am folgenden Tag wurden im Congress Centrum Hamburg ausgerichtet. Mitausrichter waren die *Vereinigten Großlogen von Deutschland*. Eine Festschrift wurde anlässlich des Jubiläums herausgegeben.[600]

2012 folgte die 275-Jahr-Feier zusammen mit dem alle drei Jahre stattfindenden Konvent der *Vereinigten Großlogen von Deutschland*. Altbürgermeister Ole von Beust übernahm zusammen mit dem Regierenden Bürgermeister Olaf Scholz die Schirmherrschaft über die Festveranstaltungen. Diesmal fand die rituelle Festarbeit am 19. September im Hamburger „Michel" statt, dem ein Brunnen für das Foyer gestiftet wurde. Olaf Scholz lud 200 Gäste zum Empfang ein. Im Rathaus war eine Ausstellung zur Geschichte der Freimaurerei zu sehen, finanziert von Albert Darboven, unter dessen Vorfahren Freimaurer gewesen waren (s. o.).[601]

2017 schließlich lud Olaf Scholz anlässlich des 300-jährigen Bestehens der Freimaurerei – als ihre Geburtsstunde wird allgemein die Gründung der *Grand Lodge of England* 1717 in London angenommen – 400 Gäste zum Empfang ins Hamburger Rathaus ein, an dem unter anderem der *Großmeister* der *Großloge AFuAM*, Stephan Roth-Kleyer, und deren Distriktmeister für Hamburg, Thomas Stuwe, teilnahmen. Die Festrede hielt der Präsident des Deutschen Bundestages, Norbert Lammert.[602]

Mit einem gewissen Recht wurde durch diese Feiern die Bedeutung der Gründung der Loge *Absalom zu den drei Nesseln* 1737 im Hinblick auf die deutsche Freimaurerei insgesamt hervorgehoben. Verdeckt wurde damit jedoch die Tatsache, dass bis 1935 die stärkste Obödienz in Hamburg nicht die aus dieser Gründung hervorgegangene *Große Loge von Hamburg*, sondern die *Provinzialloge* des *Freimaurerordens* gewesen war, die eine andere Tradition von Freimaurerei vertritt als die *Große Loge*. Die Betonung der Wurzeln der Hamburger Freimaurerei im 18. Jahrhundert ließ das 19. und 20. Jahrhundert in der öffentlichen Wahrnehmung und im Selbstverständnis der Freimaurerei ins Hintertreffen geraten, wenn sie auch in den Festschriften nicht unerwähnt blieben. Eine kritische Aufarbeitung der Vergangenheit, vor allem der Umgang mit den jüdischen Brüdern hat erst ansatzweise stattgefunden, indem zum Beispiel das Engagement Cäsar Wolfs in der Festschrift zum 250 Jubiläum gewürdigt wurde.[603]

In den Feiern wurde auch befördert und sichtbar gemacht, dass die Freimaurerlogen in Hamburg nun zu einem anerkannten und respektierten Teil der Hamburger Gesellschaft geworden waren. Der Schwerpunkt dieser Festkultur war es, eine Brücke zu schlagen zwischen der Teilhabe an einem als aufklärerisch wahrgenommenen 18. Jahrhundert und an einer liberal-demokratischen Gesellschaft ab 1945/1949, die sich so gegenseitig legitimieren. Die Abfolge der Feste machte sichtbar, dass zumindest die *Großloge AFuAM* sich der Öffentlichkeit öffnen will. Bei den Veranstaltungen 2012 wurde auch nach außen sichtbar gemacht, dass inzwischen Freimaurerei nicht mehr eine reine „Männerangelegenheit“ ist, sondern die Frauen-Logen zu einem wichtigen und unverzichtbaren Teil geworden sind.[604]

Freimaurer in der Hamburger Politik und Gesellschaft nach 1945

Je näher wir der Gegenwart kommen, desto schwieriger ist es, Aussagen darüber zu treffen, ob und welche Freimaurer in Politik und Gesellschaft Hamburgs eine Rolle gespielt haben. Die politische und religiöse Einstellung wird in der „regulären“ Freimaurerei nicht erfasst. Die Logen geben keine Auskunft über ihre Mitglieder, und für die Zeit nach dem Zweiten Weltkrieg können wir keine Akten einsehen, die Auskünfte über Brüder geben könnten. Deshalb sind wir also für diese Zeit grundsätzlich auf indirekte Zeugnisse und Selbstauskünfte angewiesen. Über einige Persönlichkeiten des öffentlichen Lebens, die Freimaurer waren, sind wir jedoch unterrichtet.[605]

Politiker

Der schon erwähnte Architekt und Freimaurer Paul August Raimund Frank (1878–1951), der in der Weimarer Republik der DDP angehört hatte, war ab 1946 Abgeordneter der FDP in der Hamburger Bürgerschaft.

Ralf Dahlgrün (1908–1969) (FDP) war von 1933 bis bis 1945 Mitglied der NSDAP und im Krieg NS-Führungsoffizier. Seit 1949 war er Mitglied der FDP. Von 1953 bis 1957 war Dahlgrün Mitglied der

Hamburgischen Bürgerschaft, anschließend des Deutschen Bundestages. Von 1962 bis 1966 war er Bundesminister der Finanzen. Er war Freimaurerbruder in der 1957 gegründeten Loge *Die Brückenbauer*.

Peter-Heinz Müller-Link (1921–2009) war Mitglied in derselben Loge. Er war FDP-Mitglied und saß von 1953 bis 1974 in der Hamburgischen Bürgerschaft. Von 1961 bis 1966 war er Bausenator in Hamburg.

Journalisten

Fritz Sänger (1901–1984) stammte zwar aus Stettin und starb in München, aber er wird hier erwähnt, weil der Journalist 1955 in Hamburg der erste Geschäftsführer des Deutschen Pressedienstes (später dpa) wurde. Während der Zeit des Nationalsozialismus hatte der Sozialdemokrat Sänger Kontakt zu Widerstandskreisen und half Juden und politisch Verfolgten. In der Bundesrepublik tat sich Sänger vor allem als einer der Väter des Godesberger Programms der SPD hervor. Er war in zahlreichen Ämtern des deutschen Pressewesens und der SPD aktiv. Er war zeitweise Mitglied des Deutschen Bundestages. Er war aktives Mitglied der Humanistischen Union und gehörte der Loge *Die Brückenbauer* an.

Axel Cäsar Springer (1912–1985) wurde in Altona geboren. Seine Pressekarriere begann nach dem Zweiten Weltkrieg in Hamburg mit der „Hör zu!“, 1952 folgte „Bild“, die zur umsatzstärksten Boulevardzeitung Europas wurde. Sie erschien bis 2008 in Hamburg, danach in Berlin. 1953 übernahm Axel Springer „Die Welt“. 1966/1967 zog die Hauptzentrale des Springer-Verlages nach Berlin um. Axel Springer wurde 1958 Mitglied der Hamburger Loge *Die Brückenbauer*, zog sich jedoch bald aus der Freimaurerei zurück.

Paul Sethe (1901–1967) war ein deutscher Journalist, einer der Gründungsherausgeber der FAZ. Später schrieb er unter anderem für „Die Welt“, „Die Zeit“ und den „Stern“. Er war Mitglied der Hamburger Loge *Die Brückenbauer*.

Walter Hilpert (1908–1962) war der erste Intendant des NDR 1956–1962. 1957 wurde er auch Vorsitzender der ARD. 1962 wurde er ebenfalls Mitglied der Loge *Die Brückenbauer*.

Sonstige Berufe

Ein bekannter Architekt war Gerd Pempelfort (1928–1986). Er war Mitglied der AFuAM-Loge *St. Michael am Strom*. Hamburg verdankt ihm eine Reihe von Wohn- und öffentlichen Gebäuden. 1968 erstellte er die evangelische Petrikirche in Hamburg Lokstedt. Nach seinen Plänen entstand das neue Logenhaus der *Vereinigten fünf Logen* in der Welckerstraße.

Lawrence Winters (1915–1965) war ein aus South Carolina stammender, sehr bekannter Opern- und Musicalsänger, der von 1961 bis zu seinem frühen Tod Mitglied des Ensembles der Hamburgischen Staatsoper war. Er spielte unter anderem den Porgy in der ersten Inszenierung des Musicals „Porgy and Bess“ von Gershwin. Er war Mitglied in der Loge *Die Brückenbauer*.

Der Arzt Ernst Fromm (1917–1992) trat 1933 in die Marine-SA, ein Jahr später in die SS ein. Wegen einer Erkrankung wurde er Bakteriologe und Laborarzt. 1966 wurde er Honorarprofessor für Gegenwartsprobleme des ärztlichen Standes an der Universität Hamburg. Fromm war Mitbegründer des Marburger Bundes. 1959–1973 war er Präsident der Bundesärztekammer. Er war im Wehrmedizinischen Beirat der Bundeswehr tätig. Fromm war Mitglied der Loge *Die Brückenbauer*.

Schaut man sich zusammenfassend diese kurze Liste an, so fällt als erstes auf, dass in der Nachkriegszeit wieder bekannte Politiker in den Hamburger Logen zu finden sind. Dabei ist die Überschneidung mit dem Journalismus auffällig. Weiterhin sind viele der prominenten Freimaurer in der Loge *Die Brückenbauer* zu finden. Diese wurde 1957 mit dem Ziel gegründet, einflussreiche Persönlichkeiten für die Freimaurerei zu gewinnen. Der Name war Programm. Ihr erster Meister vom Stuhl war niemand anderes als Theodor Vogel, der Neubegründer der deutschen Freimaurerei. In der Tat gelang es ihm, mit der Neugründung einige bekannte Namen, darunter die genannten, für die Freimaurerei zu gewinnen.[606] Sie spiegeln dabei die Widersprüchlichkeit der politischen Landschaft der frühen Bundesrepublik zwischen Kontinuität und Neubeginn wider.

Allerdings gelang es langfristig nicht, mit den *Brückenbauern* eine Prominentenloge, die ein Bindeglied zwischen Freimaurerei und gesellschaftlich-politischer Elite sein sollte, zu etablieren. Ein zweiter, ähnlicher Versuch 2002 in Berlin mit der Gründung der Loge *Gustav Stresemann* scheint ebenfalls nicht von Erfolg gekrönt zu sein.

Inwieweit dabei die Hamburger Freimaurerei noch in den führenden Kaufmannsfamilien verankert ist, muss weitere Forschung ergeben. Für das architektonische und das künstlerische Feld in Hamburg scheint sie, bis auf die genannten Persönlichkeiten, keine große Rolle mehr zu spielen.

Freimaurerei und Stadtgesellschaft in Hamburg ab 1945

Die Hamburger Freimaurerei hat inzwischen eine gewisse Vielfalt erreicht, die sicherlich noch nicht abgeschlossen ist, aber in die Richtung von mehr Diversität weist. Dabei sind die Aufgaben, die in der Zukunft anstehen, klar zu erkennen: Die Integration der Frauen in die Freimaurerei ist nach wie vor unbefriedigend. Die unteren Schichten sind in der Freimaurerei genauso unterrepräsentiert wie die führenden Kreise der Hamburgischen Gesellschaft. Dem Versuch, mit Hilfe der Loge *Die Brückenbauer* die gesellschaftlichen Eliten zu erreichen, war kein langfristiger Erfolg beschieden. Freimaurerei ist bisher eine Veranstaltung der bürgerlichen Mitte geblieben. Inwieweit man dabei zum „neuen Mittelstand" (Andreas Reckwitz) mit seiner hohen Akademisierung, seiner individualistischen und zugleich feministisch-egalitären und ökologischen Ausrichtung dauerhaft Zugang findet, ist noch nicht abzusehen.

Politisch dürfte die Mehrheit der Freimaurer einem liberal-konservativen Milieu zuzurechnen sein, wobei in Hamburg hierzu inzwischen auch die SPD gehört. Zum linksalternativen Milieu hat man so gut wie keine Beziehungen. Rechtsextremen versucht man den Zutritt zu den Logen zu verwehren. Von der Bürgerschaft werden die Freimaurer wohlwollend wahrgenommen, wie die Teilnahme führender Politiker an Jubiläumsveranstaltungen zeigt.

Allerdings würde es die Leistungsfähigkeit der Freimaurerei bei weitem übersteigen, wenn man erwarten würde, dass sie alle sozialen Schichtungen, politischen, kulturellen und religiösen Strömungen einer Stadtgesellschaft im gleichen Maße umfangreich abbildet und anspricht. Das hat sie in ihrer Geschichte nie geleistet. Sie hat immer eine gewisse Neigung zu spirituellen Themen, die Bereitschaft, sein Leben zu reflektieren, Freude am Zeremoniellen und an bürgerlicher Ästhetik und ein offenes Herz für die Nöte der Mitmenschen vorausgesetzt. Sie ist keine Kirche, die für alle Menschen eine Heilsanstalt sein soll, sondern ein moralisch-ästhetisches Ferment in der Gesellschaft. Mit der Vorstellung, dass Bildung und Selbstformung für den Einzelnen und für die Gesellschaft etwas bewirken können, ist sie zutiefst bürgerlich.

Zur Hamburgischen Sozialkultur gehören nach wie vor die freimaurerischen karitativen Einrichtungen, Stiftungen und Projekte. Sicherlich gibt es Privatpersonen und Organisationen, deren Zuwendungen größer sind, aber mindestens genauso entscheidend wie die Höhe der Spenden ist der Geist, aus dem heraus sie erfolgen. Toleranz und Humanität als Werte, denen sich die Freimaurerei als Selbstverpflichtung immer wieder selbst stellen muss, sind dabei eine höchst zeitgemäße Grundlage sozialen Handelns.

Freimaurerei will durch Rituale und Symbole, die aus dem alten Bauhandwerk entnommen sind, zur Reflexion über den eigenen Charakter, zum menschlichen Zusammenleben und zur Ordnung der Welt anregen. Auch dies ist höchst zeitgemäß – kann sie doch eine Plattform sein, auf der sich Menschen ganz unterschiedlicher Herkunft, Religion und Standes (und hoffentlich auch bald beiderlei Geschlechts) begegnen können. Darüber hinaus pflegt Freimaurerei eine bürgerliche Festkultur, deren Tafellogen, Bankette und Jubiläumsfeiern vielen Außenstehenden antiquiert erscheinen mögen. Aber auch hiermit kann die Freimaurerei in einer Gesellschaft, die zu stark auseinanderzudriften scheint und in der über den Individualismus der Gemeinsinn oft ins Hintertreffen gerät, eine integrative bildende Funktion einnehmen.

Deutsche Freimaurer erzählen oft und gerne von der ruhmreichen Vergangenheit ihres Bundes im 18. Jahrhundert, in Hamburg vor allem von Lessing, Claudius, Schröder und natürlich von Friedrich dem Großen. Dabei wird oft zu wenig bedacht, dass von Anfang an die Geschichte der Freimaurerei wie die Geschichte des Bürgertums insgesamt immer eine Zeit von viel Licht und von viel Schatten gewesen ist. Dies gilt auch für die Geschichte der Freimaurerei in Hamburg. Die Ausrichtung der gegenwärtigen Freimaurerei an den Idealen der Aufklärung und ihr Bewusstsein, Teil einer weltweiten Gemeinschaft zu sein, die diesen Idealen verpflichtet ist, sollten deshalb eine ständige Mahnung und Herausforderung und weniger Selbstlegitimierung sein. Dann – und man möchte sagen, nur dann – kann der Freimaurerei gerade in einer von liberalen Traditionen und kosmopolitischem Geist geprägten Stadt wie Hamburg auch in Zukunft eine wichtige Rolle zukommen.

Glossar

Altpreußische Großlogen: Die „Große National-Mutterloge zu den drei Weltkugeln", die „*Große Landesloge*", die „*Große Loge* Royal York zur Freundschaft" [ab 1915 „*Große Loge* von Preußen"]. Vertraten eine Freimaurerei auf christlicher Grundlage (die „*Große Loge Royal York zur Freundschaft* mit zeitweisen Einschränkungen).

Andreasloge: In der *Großen Landesloge* Loge der weiterführenden Grade 4 – 6.

Anerkennung: Es gibt mehrere Verbünde von Großlogen, die sich gegenseitig „anerkennen". Ein Teil der Großlogen lässt sich von der Großloge von England anerkennen, die damit als *Mother Grand Lodge* über die Rechtmäßigkeit der Großlogen wacht. Diese Freimaurerei sieht sich selbst als „regulär" an.

Arbeit: Rituelles Zusammensein der Freimaurer.

Freimaurerorden: Die *Große Landesloge* (Zinnendorfsche Lehrart der Freimaurerei).

Geselle: 2. Grad der Freimaurerei.

American Canadian Grand Lodge (ACGL): Großloge im Rahmen der Vereinigten Großlogen von Deutschland, entstanden in Folge der Besatzungszeit, die die Freimaurerei in nordamerikanischer Tradition pflegt.

Grand Lodge of British Freemasons in Germany (GL BFG): Großloge im Rahmen der Vereinigten Großlogen von Deutschland, entstanden in Folge der Besatzungszeit, die die Freimaurerei in britischer Tradition pflegt. Seit 2022 *Grand Lodge of British Freemasonry in Germany (GL BFG).*

Grad: Die Freimaurerei ist in Grade mit jeweiligen Erkennungszeichen und „Geheimnissen" unterteilt, die dem Kandidat schrittweise mitgeteilt werden.

Großloge: Zusammenschluss mehrerer Logen. Weltweit zumeist, aber nicht durchgängig, nach dem Territorialprinzip organisiert. In Deutschland galt dieses Territorialprinzip weitgehend nicht.

Große Landesloge: von Johann Wilhelm Kellner von Zinnendorf 1770 gegründetes System nach Schwedischem Vorbild. Christlich-gnostisch ausgerichtet. Auch *Freimaurerorden* genannt.

Große Loge zu (von) Hamburg: 1811 gegründeter Bund Hamburger und auswärtiger Logen. 1823 von der Großloge von England anerkannt. 1863 erhielt sie vom Hamburger Senat die Rechtsfähigkeit verliehen und änderte ihren Namen von *Große Loge zu Hamburg* in *Große Loge von Hamburg.*

Großloge AFAM: 1949 als *Vereinigte Großloge von Deutschland* gegründeter Zusammenschluss von Logen verschiedener Obödienzen. 1958 nach der Gründung der erweiterten *Vereinigten Großlogen von Deutschland* Namensänderung in Großloge der Alten und Angenommenen Freimaurer von Deutschland".

Humanitäre Großlogen: Die Großlogen von Hamburg, Frankfurt , Bayreuth, Darmstadt, Sachsen und die *Deutsche Bruderkette.* Sie setzten bei ihren Brüdern nicht ein Bekenntnis zum Christentum voraus.

Illuminaten: 1776 Von dem Ingolstädter Professor Adolf Weishaupt gegründetes System, das eine sittliche Vervollkommnung des Einzelnen und eine aufklärerische Umgestaltung von Staat und Gesellschaft anstrebte. Mehrfach verboten, wurde der Orden 1785 aufgelöst.

Johannis-Loge: Loge der ersten drei Grade.

Königliche Kunst: Freimaurerei.

Lehrling: 1. Grad der Freimaurerei.

Loge: engl. „Lodge" – Bauhütte. Sowohl der Versammlungsraum der Freimaurer als auch ihr rituell geregeltes Zusammensein.

Meister: 3. Grad der Freimaurerei.

Meister vom Stuhl: Vorsitzender der Loge. Im *Freimaurerorden* heißt er *Logenmeister.*

Obedienz oder *Obödienz*: Zugehörigkeit einer Loge zu einer Großloge bestimmter Lehrart.

Obedienzakte oder *Obödienzakte*: Schriftliches Treueversprechen des Kandidaten in der *„Strikten Observanz"*

Ordenskapitel: In der *Großen Landesloge* Versammlung der Rittergrade VI – X.

Provinzial-Großloge: Die Großlogen von England, Schottland und Irland sind in *Provincial Grand Lodges* gegliedert. Auch im Ausland fassen sie Logen, die ihrer Obedienz zugehören, in *Provincial Grand Lodges* oder *District Grand Lodges* zusammen. Die *Provinzial-Großloge* (der Großloge von England) von Hamburg und Niedersachsen bestand mit Unterbrechungen von 1740 – 1811.

Provinzialloge: Gliederung der *Großen Landesloge.* 1777 wurde die *Provinzialloge für Niedersachsen zu Hamburg* gegründet.

Ritual: Die Freimaurerei besteht aus durch *Rituale* geregelte Zusammenkünfte. Diese sind Theaterstücken vergleichbar. Allerdings sind die anwesenden Brüder gleichzeitig Akteure und Zuschauer der Aufführung. In diesen *Ritualen* werden die Kandidaten in die drei Grade eingeweiht und ihnen die geheimen Erkennungszeichen mitgeteilt.

Schottenloge: Loge eines weiterführenden Grades, der aus England nach Deutschland kam. Die erste Schottenloge in Deutschland war die 1742 Loge *L'Union* in Berlin. Vermutlich handelt es sich bei dem Grad um ältere aus Schottland stammende Ritualteile (Snoek 2017: S. 240–270).

Strikte Observanz: System aus freimaurerischen Logen und Ritterkapiteln. Basiert auf der Legende, dass der Templerorden in Schottland weiter existiert habe und sich dort mit der Freimaurerei verbunden hätte. Das System brachte der Reichsfreiherr von Hund Anfang der 1750er Jahre von Frankreich nach Deutschland.

Tafelloge: Zeremoniell gestaltetes Bankett nach einer *Tempelarbeit*.

Tempelarbeit: Aufführung eines freimaurerischen Rituals.

Anmerkungen

1 Eine auch nur ansatzweise erschöpfende Bibliographie der Vereins- und Freimaurerforschung kann an dieser Stelle nicht aufgelistet werden. Siehe zur deutschen Vereinsgeschichte u.a. Dülmen (1986) u. Hardtwig (1984).
2 Hoffmann (2000): 59.
3 Koselleck (1959); Habermas (1962).
4 Siehe den Forschungsabriss bei Wirkner (2019): S. 3–19.
5 Snoek (2010).
6 Dotzauer (1977), dort auch der Hinweis auf weitere Detailstudien des Verf.
7 Zaunstöck (1999).
8 Meyer (2010). Siehe auch den kurzen Beitrag von Hilke Langhammer zu Celle: Langhammer (2009).
9 Wirkner (2019).
10 Gerlach (1996).
11 Hoffmann (2000).
12 Ebd. S. 45–47.
13 Wieber (1905); Kneisner (1902); Kneisner (1921); Kneisner (1927a); Kneisner (1927b); Kneisner 1934); Appel (2000); Appel (2011).
14 Polscher (2012). Vgl. auch das ähnlich konzipierte Werk für Wien von Minder (2021).
15 Henkel / Polscher (2022).
16 Loose (Hg.) (1982); Jochmann (Hg.) (1986).
17 Klessmann (1981).
18 Krieger (2014).
19 Bürger (2020).
20 Kopitzsch / Brietzke (Hg.) (2006ff.)
21 Lane's Masonic Records: Serial Number 155; Wiebe (1905): S. 14 u. 18; Kneisner (1921): S. 61f.
22 Seit dem 18. Jahrhundert gab es auch gemischte und reine Frauenlogen, allerdings in weitaus geringerer Zahl als solche für männliche Freimaurer. Im 19. Jahrhundert nahm die Misogynität deutlich zu. Seit Ende des 19. Jahrhunderts entstanden dann gemischte und im 20. Jahrhundert Frauengroßlogen, die jedoch von der sich an Englands Großloge orientierenden Freimaurerei nicht anerkannt werden. Erst in jüngster Zeit ist es zwischen den Frauengroßlogen und den Männergroßlogen wenigstens zu einem partnerschaftlichen Miteinander gekommen.
23 Freudenthal (1968): S. 59.
24 Kopitzsch, Franklin: Zwischen Hauptrezeß und Franzosenzeit 1712–1806, in: Loose (Hg.) (1982): S. 358, 366f.
25 Krieger (2014): S. 76f.
26 Loose, Hans-Dieter: Das Zeitalter der Bürgerunruhen und der großen europäischen Kriege 1618–1712, in: Loose (Hg.) (1982): S. 332.

27 Erst mit der Unabhängigkeit der einst englischen Kolonien öffnete sich der nordamerikanische Markt für die Hamburger: Krieger (2014): S. 77.
28 Krieger (2014): S. 78; Kopitzsch, in: Loose (Hg.) (1982): S. 374f; Postel, Rainer: Reformation und Gegenreformation 1517–1618, in: Ebd. S. 251; Loose, in: Ebd. S. 333f; Kopitzsch, in: Ebd. S. 374–377.
29 Siehe hier und im Folgenden Krieger (2014): S. 83–90.
30 Polscher (2012): Heft 3, S. 14–16.
31 Krieger (2014) S. 84f.; Kopitzsch, in: Loose (Hg.) (1982): S. 379.
32 Bürger (2020): S. 66–68.
33 Siehe im Folgenden Kopitzsch, in: Loose (Hg.) (1982): S. 380ff. und Krieger (2014): S. 91ff.
34 Krieger (2014): S. 92.
35 Ebd.; siehe auch Freudenthal (1968): S. 38.
36 Krieger (2014): S. 95f; Kopitzsch, in: Loose (Hg.) (1982): S. 385.
37 Kopitzsch, in: Loose (Hg.) (1982): S. 385.
38 Ebd. S. 387; Freudenthal (1968): S.65ff.
39 Bürger (2020): S. 43f.
40 Postel, in: Loose (1982) (Hg.): S. 240 u. 249; Loose, in: Loose (Hg.) (1982): S. 325f.
41 Postel, in: Loose (1982) (Hg.): S. 250.
42 Bürger (2020): S. 58–64.
43 Kleßmann (1981): S. 257–260.
44 Kopitzsch, Franklin, in: Loose (Hg.) (1982), S. 391–395.
45 Loose, in: Loose (Hg.) (1982): S. 266.
46 Siehe im Folgenden: Kopitzsch, in: Loose (Hg.) (1982), S. 396–399.
47 Goetschel (1995): S. 197f.
48 Kopitzsch, in: Loose (Hg.) (1982): S. 396.
49 Ebd. S. 397.
50 Ebd. S. 398.
51 Ahrens, Gerhard: Von der Franzosenzeit bis zur Verabschiedung der neuen Verfassung 1806–1860, in: Loose (Hg.) (1982): S. 423.
52 Erhellend ist der Vergleich mit Bremen, wo das Klima deutlich „enger" war und von einer calvinistischen Gesinnung geprägt war und ein konfessionsübergreifendes Vereinswesen sich in der ersten Hälfte des 18. Jahrhundert kaum entwickelte. Dort fasste die Freimaurerei deutlich schwerer Fuß und blieb zunächst im Verborgenen: Meyer (2010): S. 48ff.
53 Die einschlägigen Dokumente mit Einführung bei Kneisner (1920); siehe im Folgenden weiterhin Kneisner (1927a): passim und Wiebe (1905): passim.
54 Zu Charles Sarry siehe Gerlach (2014): S. 73f. u. 257.
55 Zu Oberg, Carpser, Stüven und Krafft, „die Stifter unserer Loge" siehe Kneisner (1927a): S. 8–10. Den „dienenden Bruder" Schulze rechnete Kneisner nicht zu den Logengründern. Zu Stüven siehe auch Gerlach (2021): Art. „Bielfeld, Jakob Friedrich Freiherr v.".
56 Abgedruckt bei Kneisner (1920): S. 59–65.

57 Vgl. Wiebe (1905): S. 17.
58 Kneisner (1920): S. 62.
59 Wiebe (1905): S. 24–28.
60 Hoffmann (2000): S. 34; Hardtwig (1989): S. 66.
61 Wiebe (1905): S. 29.
62 Die Aufnahme des Kronprinzen ist das bekannteste Ereignis in der deutschen Freimaurerei des 18. Jahrhundert. Sie ist u.a. ausführlich mit Quellen dokumentiert in Kneisner (1920): S. 97–100; Wiebe (1905): S. 31–37; Richert (1990): S. 161–175. Ich folge vor allem der Darstellung bei Gerlach (2021): Art. „Bielfeld, Jakob Friedrich Freiherr v."; Art. „Friedrich II. König von Preußen".
63 Art. „Albrecht Wolfgang (Schaumburg-Lippe)", in: Wikipedia, Zugriff 23.07.2021.
64 Stüven war aber im letzten Augenblick erkrankt und konnte nicht mitreisen: Wiebe (1905): S. 37.
65 Vgl. auch zum weiteren Verhältnis Friedrichs II. zur Freimaurerei: Richert (1992) u. Hachtmann (1997).
66 Wiebe (1905): S. 38f.
67 Siehe hier und im Folgenden Wiebe (1905): S. 41ff. und Kneisner (1927a): S. 12–20.
68 Kneisner (1927a): S. 13.
69 Siehe das Mitgliederverzeichnis ebd. S. 136–172.
70 Ebd. S. 25f.
71 Evans (1987): S. 162.
72 Das Patent in: Wiebe (1905): Anhang III.
73 Der Name leitete sich von der St. Georgs-Kirche, eigentlich Dreifaltigkeits-Kirche im Stadtteil St. Georg, ab. Die Grundsteinlegung für den Neubau der Kirche erfolgte am Tage der Logengründung: Appel (2000): S. 11. – Der Kaiserhof war eines der besten Hotels in der Hamburger Altstadt. Er war in Besitz der Stadt, die dort hohe Gäste unterbrachte: Art. „Hotel Kaiserhof (Hamburg), in: Wikipedia, Zugriff 23.07.2021.
74 Detailliert zur Loge St. Georg bei Kneisner (1927a): S. 20–23; siehe auch Appel (1993); Art. „St. Georg zum Kaiserhof Hamburg", in: Wikipedia, Zugriff 23.07.2021.
75 Siehe hier und im Folgenden Wiebe (1905): S. 61–69.
76 Vgl. ebd. S. 130.
77 Ebd. S. 66.
78 Kneisner (1927b): S. 331.
79 Siehe die Aufstellung bei Wiebe (1905): S. 70f.
80 Gerlach (2021): Art. „Friedrich II. König von Preußen".
81 Art. „Strikte Observanz", in: Wikipedia, Zugriff 23.07.2021; Bauer / Müller (2000): S. 24–54.
82 Gerlach (2021): Art. „Schubart, Edler von dem Kleefelde, Johann Christian".
83 Siehe hier und im Folgenden zur Strikten Observanz in Hamburg ausführlich Wiebe (1905): S. 71–127.

84 Ebd. S. 129.
85 Ebd. S. 84.
86 Ebd. S. 86.
87 Wiebe (1905): S. 91–94.
88 Kneisner (1927a): S. 39.
89 Ebd. S. 37–40 u. 172.
90 Lane's Masonic Records: Serial Number 238 u. 248.
91 Wiebe (1905): S. 115.
92 Ebd. S. 119.
93 Kneisner (1927a), S. 173; Art. „St. Georg zum Kaiserhof Hamburg“, in: Wikipedia, Zugriff 23.07.2021.
94 Kneisner (1927a): S. 39.
95 Wiebe (1905): S. 107.
96 Ebd. S. 130.
97 Die komplexen Verhältnisse zwischen den Johannislogen, den schottischen Logen, Provinzial-Großloge und der Großloge von England sind geschildert ebd. S. 105–114 u. 136–143.
98 Appel (2000): S. 12.
99 Zur Biographie Schröders siehe Appel (2000): S. 19–26. Art. „Schröder, Friedrich Ludwig, in: Lennhoff u.a. (2003): S. 759f. Siehe auch: Krone-Balcke (2007): [Online-Version: https://www.deutsche-biographie.de/pnd118610813.html#ndbcontent, Zugriff 21.03.2021. – Trotz der Bedeutung Friedrich Ludwig Schröders für die deutsche Freimaurerei fehlt bis heute eine wissenschaftliche Biographie.
100 Wiebe (1905): S. 130.
101 Zur Schröderschen Ritualreform siehe: Appel (2000): S. 21; Art. „Schrödersche Lehrart“, in: Freimaurer-Wiki, Zugriff 21.03.2021.
102 Zu Sieveking siehe Grab (1966): passim. Dort auch weitere Literaturangaben zum Kreis um Georg Heinrich Sieveking und Caspar Voght.
103 Wiebe (1905): S. 137.
104 Ebd. S. 138. Die Ansprache ebd. Anlage XI.
105 Appel (2000): S. 22.
106 Wiebe (1905): S. 158.
107 Appel (2000): S. 72.
108 Art. „Schrödersche Lehrart“, in: Freimaurer-Wiki, Zugriff 21.03.2021.
109 Der Emulation Rite entstand nach der Vereinigung der Antients und der Moderns als Kompromiss zwischen den Traditionen der beiden englischen Großlogen 1813 (Hinweis von Norbert Schön).
110 Art. „Rite français“, in: Wikipedia, Zugriff 8.8.2021.
111 Art. „Schröder, Friedrich Ludwig“, in: Lennhoff (u.a.) (2003): S. 759f.
112 Art. „Engbünde“, in: Ebd. S. 253f.
113 Wiebe (1905): S. 61f.
114 Appel (2000): S. 14.
115 Ebd. S. 22; Kneisner (1902): S. 177f.
116 Protokoll der ersten Sitzung des Ausschusses am 11. Januar 1793; zit. nach: Appel (2000): S. 15.

117 Ebd. S. 15–17. Siehe zur Geschichte des Freimaurerkrankenhauses auch das sehr ausführliche Werk Schaub (1970).
118 Siehe hier und im Folgenden zum Bau und zur Einweihung des Logenhauses an der Drehbahn Appel (2000): S. 31–33; Wiebe (1905): S. 155.
119 Appel (2000): S. 32.
120 Siehe zur Hamburger Freimaurerei in der französischen Besatzungszeit Kneisner (1902): S. 240–247; Appel (2000): S. 25 u. 37.
121 Wiebe (1905): S. 241f.
122 Zur Unabhängigkeitserklärung siehe ebd. S. 166–169; Appel (2000): S. 37f. In Hamburg war bis zu Beginn des 20. Jahrhunderts die Große Loge faktisch (nicht juristisch) identisch mit den Vereinigten fünf Logen. Zur Großen Loge gehörten zusätzlich im zunehmenden Maße eine Reihe von auswärtigen Tochterlogen im In- und Ausland.
123 Appel (2000): S. 24.
124 Ebd. S. 38.
125 Siehe hier und im Folgenden Kneisner (1902): S. 40ff.
126 Ebd: S. 41.
127 Zit. nach ebd. S. 45.
128 Ebd. S. 43 u. 45.
129 Ebd. S. 52 und S. 111.
130 Ebd. S. 67ff., 73ff.,123ff., 150ff.; Kneisner (1934).
131 Die Schilderung des Festes bei Kneisner (1902): S. 177f.
132 Ebd. S. 179.
133 Ob die Vereinigten fünf Logen es mit der Anwesenheit von Gattinen und Fremden, die nicht Freimaurer waren, bei Festivitäten im 18. Jahrhundert anders hielten, konnte nicht geklärt werden.
134 Ebd. 191f. u. 214.
135 Schreiben der Logenmeister der Logen Zu den drei Rosen, Zur goldenen Kugel und Zum rothen Adler an die Große Landesloge vom 24.10.1805; zit. nach: Kneisner (1902): S. 196.
136 Kneisner (1902): S. 251.
137 Ebd. S. 258–261.
138 Ebd. S. 241f.
139 Ebd. S. 254f.
140 Ebd. S. 240–247.
141 Ebd. S. 160f.
142 Ebd. S. 206 u. 249.
143 Ebd. S. 206f.
144 Ebd. S. 201f.
145 Siehe hierzu die ausführliche Darstellung bei Schneider (1951): S. 166ff.
146 Von Rosenberg an Zinnendorf, 15.10.1771: zit. nach: Schneider (1951): S. 178.
147 Zinnendorf an Lessing, 19.10.1771; zit. nach: Schneider (1951): S. 24.
148 Vgl. Art. „Juden“, in: Lennhoff (u.a.) (2003): S. 441f.
149 Kneisner (1927a): S. 30.

150 Wiebe (1905): S. 134.
151 Ob die Gründung der „Rosenloge“ diesbezüglich eine Ausnahme war (s.o.), muss offenbleiben.
152 Siehe hier und im Folgenden Appel (2000): S. 28f.; siehe auch Art. „Ecker und Eckerhoffen, Hans Karl, in: Lennhoff (u.a.) (2003): S. 240f.
153 Wiebe (1905): S. 136.
154 Art. „Melchisedeck-Loge“, in: Lennhoff (u.a.) (2003): S. 559.
155 Wiebe (1905): S. 147; Kneisner (1927a): S. 173.
156 Siehe hier und im Folgenden Grab (1966): S. 38–67.
157 Siehe hier und im Folgenden ebd. S. 95–101.
158 Zitiert nach ebd. S. 96.
159 Schütz, Friedrich Wilhelm von (1824): Freie Bekenntnisse eines Veteranen der Maurerei und anderer geheimer Gesellschaften. Leipzig: S. 43; zit. nach ebd. S. 97.
160 Kneisner (1902): S. 623; Kneisner (1927a): S. 173; Vgl. Gerlach (2014): S. 40.
161 Appel (2000): S. 50.
162 Pauli (2022): S. 83.
163 Siehe unten Näheres zur Stellungnahme des Großmeisters der Großen Loge von Hamburg zum Lessing-Bund; siehe zu diesen Überlegungen innerhalb der Freimaurerei Pauli (2022): S. 63–83.
164 Ahrens, in: Loose (Hg.) (1982): S. 435f.
165 Ebd. S. 442f. u. 447.
166 Ebd. S. 444–446.
167 Ebd. S 463.
168 Ebd. S. 448f.
169 Ebd. S. 450.
170 Ebd. S. 457.
171 Ebd. S. 453.
172 Bürger (2020): S. 71–73.
173 Ahrens, in: Loose (Hg) (1982): S. 461.
174 Reincke, Heinrich (1925): Hamburg, S. 212; zit. nach ebd. 440.
175 Siehe hier und im Folgenden ebd. S. 465ff.; eindrucksvoll: https://shmh.de/de/hamburgwissen/dossiers/der-grosse-brand, Zugriff 23.04.2021.
176 Bürger (2020): S. 15.
177 Ahrens, in: Loose (Hg) (1982): S. 467f.
178 Ebd. S. 470; Bürger (2020): S. 15.
179 Appel (2000): S. 57 u. Kneisner (1927b): S. 346ff.
180 Ahrens, in: Loose (Hg) (1982): S. 468–470; Bürger (2020): S. 15.
181 Ahrens, in: Loose (Hg) (1982): S. 471 u. 473f.
182 Siehe hier und im Folgenden detalliert: Ebd. S. 475ff.
183 Ebd. S. 484f.
184 https://www.dasjuedischehamburg.de/inhalt/emanzipation, Zugriff 04.02.2022.

185 Klessmann (1981): S. 532–535; siehe auch Art. „Hamburgische Bürgerschaft", in: Wikipedia, Zugriff 29.09.2021.; Böhm, Ekkehard: Der Weg ins Deutsche Reich, in: Loose (Hg.) (1982): S. 484; Jochmann, Werner: Handelsmetropole des Deutschen Reiches, in: Ders. (Hg.) (1986): S. 80–83;
186 Böhm, Ekkehard: Der Weg ins Deutsche Reich, in: Loose (Hg.) (1982): S. 492–495.
187 Ebd. S. 502f.
188 Krieger (2014): S. 114.
189 Böhm, in: Loose (Hg.) (1982): S. 526.
190 Ebd. S. 530.
191 Ebd. S. 514–520.
192 Ebd. S. 533.; Jochmann, Werner: Handelsmetropole des Deutschen Reiches, in: Ders. (Hg.) (1986): S. 27.
193 Evans (1987); Klessmann (1981): S. 526–530.
194 Jochmann, in: Ders. (Hg.) (1986): S. 92.
195 Ebd. S. 45–47.
196 Ebd. S. 64–69.
197 Ebd. S. 70f.
198 Ebd. S. 41.
199 Ebd. S. 40.
200 Ebd. S. 60–64.
201 Ebd. S. 43.
202 Hertz, Wilhelm, der Lotse, 1901, S. 789; zit. nach ebd.
203 Siehe hier und im Folgenden Jochmann, in: Ders. (Hg.) (1986): S. 74ff.; zum Antisemitismus im Kaiserreich siehe Wehler (1983): S. 110–114.
204 Pomplun, Jan-Philipp: Art. „Deutschnationaler Handlungsgehilfen-Verband", in: Benz (2012): S. 197–199; Büttner (1985): S. 127f.
205 Büttner (1985): S: 128; Nipperdey (1994): S. 374–381.
206 Jochmann, in: Ders. (Hg.) (1986): S. 58.
207 Ebd. S. 56ff.
208 Kopitzsch, in: Loose (Hg.) (1982): S. 458.
209 Krieger (2014): S. 119.
210 Ebd. S. 85f.
211 Behr (2019): S. 74f.
212 Haller (2019): S. 324–327.
213 Schiefler (1985): S. 293–295.
214 Behr (2019) : S. 96f.
215 Haller (2019): S. 326.
216 Behr (2019): S. 6 –63.
217 Ebd. S. 54f.; https://galerie.gutowski.de/der-reiz-des-sammelns-von-historischen-wertpapieren/wirtschaftspolitischer-hintergrund-bei-historischen-wertpapieren/sammelgebiete-nach-laendern/sammelgebiete-deutschland/zoologische-gaerten-als-aktiengesellschaften/zoologische-gesellschaft-in-hamburg, Zugriff 05.05.2022.
218 Kneisner (1927a): S. 173ff.

219 Kneisner (1927b): S. 7.
220 Appel (2000): S. 105.
221 Ebd. S. 107.
222 Die Zahlen und Angaben nach: Kneisner (1902): S. 623f.; Kneisner (1927b): S. 7–12.
223 Siehe die Angaben bei van Dalen (1914).
224 https://www.loge-zur-erkenntnis.de/geschichte/, Zugriff 03.06.2021.
225 Kneisner (1902): 452.
226 Freundlicher Hinweis von Dirk Niemeyer.
227 Hoffmann (2000): S. 137.
228 Vgl. Kneisner (1927b): S. 7–9.
229 Hoffmann (2000): S. 136f.
230 Ebd. S. 123. Siehe auch ebd. S. 141 und Pauli (2022): S. 88.
231 Vierteljahrtausend (1987): S. 72f.
232 Hoffmann (2000): S. 139; dies unterschied die gesamte deutsche von der westeuropäischen Freimaurerei. Sowohl in Frankreich als auch in Großbritannien gab es reichlich Verbindungen zum Arbeitermilieu, zu den Gewerkschaften und zur sozialistische Bewegung. Im 20. Jahrhundert hatten die Kommunisten allerdings keinerlei Sympathien für die „bürgerlichen" Freimaurer.
233 Hoffmann (2000): S. 145.
234 Vgl. ebd. S. 148f.
235 Jochmann, in: Ders. (Hg.) (1986): S. 38.
236 Hoffmann (2000): S. 149.
237 Ebd. S. 139 und 141.
238 Pauli (2022): S. 76.
239 Hoffmann (2000): S. 102f. u. 140f.; Pauli (2022): S. 76.
240 Vgl. die Aufstellung der Logenvertreter in den sogenannten Zirkeln: Staatsarchiv Hamburg 614 – 1/072 (5.1.10 Nr. 74). Ich danke Dirk Niemeyer für den Hinweis. Siehe auch die Aufstellung der Redner in der Loge Absalom bei Kneisner (1907): S. 80–82.
241 Hoffmann (2000): passim; Pauli (2022): S. 232–234.
242 Berger (2020): S. 592.
243 Hoffmann (2000): passim.
244 Ebd. S. 164–175.
245 Ebd. S. 145 u. 239.
246 Pauli (2022): S. 89–92, das Zitat S. 90.
247 Appel (2000): S. 79.
248 Ausführlich ist der Settegast–Streit zuletzt quellennah dargestellt worden von Pauli (2022): S. 127–142. Siehe auch Art. „Settegast", in: Lennhoff (u.a.) (2003): S. 779f.
249 Runkel, Bd. 3: S. 420; Pauli (2022): S. 130.
250 Kneisner (1902). S. 608f.
251 Pauli (2022): S. 141f.
252 Appel (2000): S. 82.

253 https://avz-im-logenhaus.de/history/, Zugriff 01.02.2022.
254 Pauli (2022): S. 62–66.
255 Haller (2019): S. 267, vgl. auch die Einleitung Claus Gosslers: ebd. S. 23.
256 Ebd. S. 441.
257 Verfassung (1902): § 8.
258 Kneisner (1902): S. 620f.
259 Kneisner (1934).
260 Kneisner (1902): S. 624; Kneisner (1934): S. 165.
261 Dass aber bisweilen der Weingenuss doch ein Problem sein konnte, zeigt die Anordnung Friedrich Ludwig Schröders, bei der Tafelloge nur noch halbe Flaschen zu servieren: siehe Appel (2000): S. 22.
262 Hier und im Folgenden nach: Kneisner (1902): S. 329–332.
263 Ebd. S. 282.
264 Ebd. S. 326–328.
265 Ebd. S. 611; vgl. auch Pauli (2022): S. 90f.
266 Kneisner (1902): S. 557–559.
267 Kneisner (1927a): S. 86–90.
268 Kneisner (1902): S. 571.
269 Kneisner (1927b): S. 22.
270 Kneisner (1902): S. 283.
271 Ebd. S. 325.
272 Ebd. S. 546–548.
273 Ebd. S. 328f.
274 1867 erschien ein Probedruck der Zeitschrift, die Nr. 1 dann 1868. Der Titel wurde vermutlich 1911 durch den Zusatz Hamburger präzisiert. Seit 1967 erscheint das Hanseatische Logenblatt der Distrikte Hamburg und Schleswig-Holstein/Mecklenburg-Vorpommern der Großloge AFAM von Deutschland. Siehe zur Publikationsgeschichte nach 1949 Appel (2016).
275 Kneisner (1902): S. 524–526.
276 Jochmann, in: Ders. (Hg.) (1986): S. 38–40.
277 Ebd. S. 48f.
278 Ahrens, in: Loose (Hg.) (1982): S. 454.
279 Jochmann, in: Ders. (Hg.) (1986): S. 94.
280 Hamburger Logenblatt, herausgegeben von der Großen Loge von Hamburg und ihren Hamburger Tochterlogen, 39. Jahrgang, No. 382, Februar 1906, S. 138–139 (freundlicher Hinweis von Dirk Niemeyer).
281 Appel (2000): S. 61f.; Kneisner (1927a): S. 97f.
282 siehe oben S. 47 zur Einrichtung einer Sterbekasse 1784; vgl. Oexle (1996).
283 Kneisner (1902): S. 423.
284 Appel (2000): S. 57.
285 Kneisner (1902): S. 510.
286 Appel (2000): S. 57.
287 Ebd. S. 61.
288 Ebd. S. 57.
289 Ebd. S. 64; Reher (2014).

290 Appel (2000): S. 58.
291 Ebd.
292 Kneisner (1902): S. 457–459.
293 Ebd. S. 422f.
294 https://freimaurerei.hamburg/die-zeitkapsel/; https://www.bbc.com/news/av/world-us-canada-30461291 (22.02.2022). Bericht über die Öffnung einer 220jahre alten Zeitkapsel, die im Fundament des Massachusetts State House unter freimaurerischer Beteiligung in den Grundstein eingelassen worden war.
295 Vgl. Appel (2000): S. 32.
296 Polscher (2012): Heft 1, S. 23.
297 Appel (2000): S. 68.
298 Polscher (2012): Heft 1, S. 60.
299 Zit. nach Kneisner (1927b): S. 27.
300 https://www.freimaurer.de/johannisloge/unser-logenhaus/ (20.02.2022).
301 Harland-Jacobs (2007); Burt (2015); Burt (2020).
302 Davon ein sogenanntes „Kränzchen" in Windhoek, das erst 1928 zu einer vollgültigen Loge wurde (Niemeyer 2021: S. 262).
303 Kneisner (1902): S. 420f. nennt seinerzeit zehn „Hamburger" Logen in Blumenau (Brasilien), Brooklyn, Buenos Aires, Konstantinopel, Concepcion, Lima, Lissabon, Santiago de Chile, Kopenhagen und Valparaiso. Zur Großloge Die Drei Weltkugeln sollen 1902 die Loge Prometheus in Sao Paulo und die Loge Germania in Shanghai gehört haben. Die Großloge Zur Sonne soll fünf Tochterlogen in Norwegen gehabt haben. – Die Loge Zur Friedenspalme in Blumenau wurde 1885 unter der Großen Loge von Hamburg konsekriert. Die Kolonie Blumenau war 1850 von einem Hamburger gleichen Namens gegründet worden. Er war Freimaurer der Loge Absalom zu den drei Nesseln (Vierteljahrtausend, 1987: S. 77).
304 Appel (2000): S. 190.
305 Alle folgenden Einzel-Informationen nach Niemeyer (2017) und Niemeyer (2021).
306 Bley, Helmut (1968): Kolonialherrschaft und Sozialstruktur in Deutsch-Südwestafrika 1894–1914. Hamburg: S. 241; zit. nach: Niemeyer (2021): S. 258.
307 Niemeyer (2017): S. 157.
308 Niemeyer (2021): S. 255.
309 Niemeyer (2017): S. 124f.
310 Ebd. S. 135.
311 Ebd. S. 154.
312 Vgl. Harland-Jacobs (2007): vor allem S. 282–297.
313 Bürger (2020): S. 210f.
314 Vgl. ebd. S. 227.
315 Seidler (2016): S. 100f.
316 Diese Informationen finden sich nur bei Appel (2000): S. 29.
317 Appel (2000): S. 47; Wiebe (1905): S. 239f.

318 Seidler (2016): S. 103f. nach Zahlenangaben der Magisterarbeit von Thomas Held, Juden und Freimaurer in Hamburg. Eine historisch-quantifizierende Untersuchung. Hamburg 1983; vgl. Hoffmann (2000), S 178ff. Ein hoher Anteil jüdischer Mitbürger in den Freimaurerlogen findet sich auch in den Logen Frankfurts und Leipzigs: Hoffmann (2000): S. 123.

319 Appel (2000): S. 79.

320 Wiebe (1905): S. 250f.

321 Kneisner (1902): S. 376.

322 Wiebe (1905): S. 276.

323 Seidler (2016): S. 378f., 386f., 389.

324 Hoffmann (2000): S. 197.

325 Ebd.

326 dasjuedischehamburg.de/inhalt/logenwesen, Zugriff 09.09.2021; siehe auch Bürger (2000): S. 134–136.

327 Polscher (2012): Heft 2, S. 24.

328 Alle Personenangaben im Folgenden nach: www.hamburger-persoenlichkeiten.de, Zugriff 09.09.2021, Polscher (2012), Henkel; Polscher (2022), den einschlägigen Wikipedia-Artikeln und der Hamburgischen Biografie (Kopitzsch / Brietzke 2006ff.).

329 Kopitzsch, in: Loose (Hg.) (1982): S. 476f.

330 Siehe zu Riessers Lebens und Berufsweg vor allem Wippermann, Karl: Art. „Riesser, Gabriel", in: Allgemeine Deutsche Biographie, Bd. 28 (1889), S. 586–689; online: Wikisource, Zugriff 09.09.2021.

331 https://freimaurer-wiki.de/index.php/Zur_aufgehenden_Morgenröthe, 09.09.2021.

332 Vgl. Hoffmann (2000), S. 58 u. 71 zur Leipziger Loge Minerva. Siehe oben zur Stellung der evangelischen Geistlichkeit in der Freimaurerei.

333 Siehe zum Beispiel auch die drei Pastoren Theodor Hugues, Heinrich Christian Heimbürger und Christoph Ernst Greiling, die von 1851 bis 1865 Meister vom Stuhl der Loge Zum hellleuchtenden Stern in Celle leiteten: Langhammer (2009), S. 146–148.

334 https://www.hamburg.de/ehrenbuerger/biographien/ehrenbuerger-vor-1900/, Zugriff 05.03.2022.

335 Eine Schilderung der Korrektur des Turmes der Domkirche durch den Domherrn Friedrich Johann Lorenz Meyer bei Polscher (2012), Heft 8, S. 12.

336 Siehe auch: Art. „Carl Ludwig Wimmel", in: dewiki.de, Zugriff 10.09.2021.

337 Behr (2019): S. 70.

338 Siehe auch Art. „Martin Haller", in: dewiki.de, Zugriff 10.09.2021.

339 Hipp, Hermann: Art. „Martin Haller", in: Kopitzsch / Brietzke (Hg.) (2006ff.): Bd. 6, S. 119.

340 Lubitz, Jan, Art. „Bach, Franz Albert", in: Ebd. Bd. 5, S. 32.

341 Appel (2000): S. 55.

342 Kneisner (1927b): S. 430–435.

343 Vgl. Seidler (2016): S. 98–105 u. 162.

344 Schiefler (1985): S. 298–301.
345 Jochmann, Werner: Handelsmetropole des Deutschen Reiches, in: Ders. (Hg.) (1986): S. 108–112.
346 Ebd. S. 123.
347 Wehler (2003): S. 106.
348 Jochmann, in: Ders. (Hg.) (1986): S. 112, 115 u. 119; Büttner, Ursula: Der Stadtstaat als demokratische Republik, in: Ebd. S. 152.
349 Wehler (2003): S. 169.
350 Jochmann, in: Ders. (Hg.) (1986): S. 125.
351 Ebd. S. 113f.
352 Wehler (2003): S. 109.
353 Büttner, in: Jochmann (Hg.) (1986): S. 132f. u. 139f.
354 Wehler (2003): S. 111.
355 Büttner, in: Jochmann (Hg.) (1986): S. 132–134 u. 194.
356 Art. „Ernst Thälmann", in: Wikipedia (Zugriff 01.04.2022).
357 Büttner, in: Jochmann (Hg.) (1986): S. 167–171.
358 Ebd. S. 159f. u. 197.
359 Ebd. S. 150.
360 Ebd. S. 159–161.
361 Wehler (2003): S. 355f.; Wahlergebnisse im Hamburger Staat 1907–1933, in: Jochmann (Hg.) (1986): S. 474f.
362 Büttner, in: Jochmann (Hg.) (1986): S. 256–260.
363 Ebd. S. 171–173.
364 Ebd. S. 190–196; Wahlergebnisse im Hamburger Staat 1907–1933, in: Ebd. S 474f. und Sitzverteilung in der Hamburger Bürgerschaft, in: Ebd. S. 475.
365 Büttner, in: Ebd. S. 171.
366 Jochmann, in: Ders. (Hg.) (1986): S. 120.
367 Es gab allerdings auch Teile der Oberschicht, die schon im Krieg die politische Lage außerordentlich kritisch einschätzen und für eine demokratische Neuordnung eintraten. Siehe z.B. Art. „Ballin, Alfred", in: Wikipedia, Zugriff 01.04.2022.
368 Büttner, in: Jochmann (Hg.) (1986): S. 152–155.
369 Ebd. S. 156–159 u. 200f.
370 Ebd. S. 197.
371 Bürger (2020): S. 252.
372 Jochmann, in: Ders. (Hg.) (1986): S. 109.
373 Leicht, Johannes: Art. „Alldeutscher Verband", in: Benz (2012): S. 9–12; Hering (2003): S. 223–318.
374 Büttner (1985): S. 127.
375 Ebd. S. 129; Lohalm, Uwe: Art. „Reichshammerbund", in: Benz (2012): S 517–519; Hofmeister, Björn, Art. „Deutschvölkischer Schutz- und Trutzbund", in: Ebd. S. 210–213; https://juedische-geschichte-online.net/beitrag/ulmer-klebemarken, Zugriff 23.03.2022.; Wehler (2003): S. 501f.
376 Büttner (1985): S. 133.
377 Wehler (2003): S. 510f.

378 Jochmann, Werner: Handelsmetropole des Deutschen Reiches, in: Ders. (Hg.) (1986): S. 114f.
379 Wehler (2003): S. 312.
380 Büttner, Ursula: Der Stadtstaat als demokratische Republik: In: Jochmann (Hg.) (1986): S. 164f.
381 Wehler (2003): S. 312.
382 Ebd. S. 317f.
383 Krieger (2014): S. 125.
384 Wehler (2003): S. 299f. u. 307f.
385 Ebd. S. 310.
386 Ebd. S. 321.
387 Büttner, in: Jochmann (Hg.) (1986): S. 219–223.
388 Krieger (2014): S. 123.
389 Büttner, in: Jochmann (Hg.) (1986): S. 219; Jochmann, in: Ders. (Hg.) (1986): S. 114.
390 Büttner, in: Jochmann (Hg.) (1986): S. 223–228.
391 Wehler (2003): S. 308f.
392 Bütter, in: Jochmann (Hg.) (1986): S. 235.
393 Ebd. S. 234.
394 Ebd.; https://de.wikipedia.org/wiki/Hamburgische_Sezession, Zugriff 03.03.2022;
395 Bürger (2020): S. 116–130.
396 https://hamburg.rotary.de/#Ueber-uns, Zugriff 03.03.2022.
397 https://ueberseeclub.de/100jahre/100-jahre-ueberseeclub-das-jubilaeums-jahr/, Zugriff 03.03.2022.
398 https://de.wikipedia.org/wiki/%C3%9Cbersee-Club, Zugriff 03.03.2022; Büttner (1985): S. 133.
399 Johe, Werner: Das Dritte Reich 1933–1945, in: Jochmann (Hg.) (1986): S. 266–268.
400 Helmut Stubbe da Luz, Helmut: Art. „Kaufmann, Karl“, in: Kopitzsch / Brietzke (Hg.) (2006ff.): Bd. 3. S. 195–197.
401 https://www.dasjuedischehamburg.de/inhalt/deportationen, Zugriff 03.03.2022; Krieger (2014): S. 127.
402 Johe, in: Jochmann (Hg.) (1986): S. 366f.
403 Ebd. S. 370–372.
404 Sywotteck, Arnold: Hamburg seit 1945, in: Jochmann (Hg.) (1986): S. 405f.
405 Johe, in: Jochmann (Hg.) (1986): S. 343; Sywotteck, in: Ebd. S. 379.
406 Wehler (2003): S. 16f.
407 Jochmann, in: Ders. (Hg.) (1986): S. 108.
408 Vgl. Kneisner (1927b): S. 86.
409 Ebd. S. 87f.
410 Kneisner (1927a): S.104ff.
411 Appel (2000): S. 109.
412 Ebd. S. 113.
413 Kneisner (1927b): S. 88f.

414 Kneisner (1927b): S. 86f.
415 Ebd. S. 89f.
416 Vgl. ebd. S. 136f.
417 Die Zahlen bei: Kneisner (1927a): S. 174. Für die Logenneugründungen der Großen Loge im 20. Jahrhundert liegen keine Mitgliedszahlen vor. Sie dürften den vorliegenden Trend aber bestätigen.
418 Appel (2000): S. 108.
419 Ebd. S. 107.
420 Kneisner (1927b): S. 135–139.
421 Alle Zahlen nach Kneisner (1934): S. 165f.
422 Pauli (2022): S. 29 u. 311.
423 Ebd. S. 309; Bösch (2005).
424 Pauli (2022): S. 310.
425 Appel (2000): S. 121.
426 Kneisner (1927b): S. 139f.
427 Van Dalen (1922): S. 197ff.
428 Art. „Freimaurerbund zur aufgehenden Sonne (F.z.a.S.)“, in: Lennhoff (u.a.)(2003): S. 309f.; Art. „Symbolische Großloge von Deutschland“, in: Ebd., S. 824; https://www.loge-zur-erkenntnis.de/#portfolio, Zugriff 04.04.2022; https://www.freimaurer-wiki.de/index.php/Symbolische_Grossloge_von_Deutschland_im_Exil, Zugriff 04.04.2022; https://www.freimaurer-wiki.de/index.php/Freimaurerbund_zur_aufgehenden_Sonne, Zugriff 04.04.2022.
429 Pauli (2022): S. 375–379, die Zitate S. 377 u. 379.
430 Ebd. S. 383.
431 Kneisner (1927b) S. 167ff.
432 Vgl. Kneisner (1927b): S. 165.
433 Schröder (1952): S. 111.
434 Kneister (1927b): S. 180f.
435 Ebd. S. 158ff. u. 180f.
436 Appel (2000): S. 125.
437 Ebd. S. 85.
438 Pauli (2022): S. 320.
439 Kneisner (1927b): S. 202.
440 Art. „Verein deutscher Freimaurer“, in: Lennhoff (2003): S. 870–872; Pauli (2022): S. 313.
441 Appel (2000): S. 113.
442 Pauli (2022): S. 314 u. 316.
443 Höhmann (2011): S. 56.
444 Appel (2000): S. 122.
445 Ebd. S. 114.
446 Ebd. S. 115.
447 Kneisner (1927a): 103f.
448 Kneisner (1927b): S. 153–155.
449 Gemeint ist die sogenannte Arbeitstafel, auf der die Symbole des jeweiligen Grades dargestellt sind.

450 Kneisner (1927b): S. 155.
451 Pauli (2022): S. 198f. u. 337ff.
452 Luckas (1996); Neuberger (2001): S. 242ff.
453 Art. „Deutschland“, in: Lennhoff (u.a.) (2003): S. 221.
454 Vgl. Höhmann (2011): S. 64f. u. 69; Neugebauer (2001). Siehe auch Hoffmann (2000) und Pauli (2022) mit Verweis auf die weitere Literatur.
455 Appel (2000): S. 114; http://altetreue.de/, Zugriff 03.05.2022.
456 Kneisner (1927b): S. 123–125.
457 Siehe hier und im Folgenden Schulze-Robinson (2005).
458 Vgl. auch Pauli (2022): S. 347f.
459 Hierzu detailliert Kneisner (1927b): S. 127–130. Das Zitat aus der Rede eines Bruders S. 129.
460 Pauli (2022): S. 403–406; Böttner (1988): S. 109f; die Zitate bei Pauli (2022): S. 403.
461 Pauli (2022): S. 404f.
462 Ich danke Manuel Pauli und Reinhard Markner für diesen Hinweis.
463 https://shmh.de/de/hamburgwissen/revolution/die-erste-hamburgische-buergerschaft-von-1919, Zugriff 19.05.2022.
464 Lohalm (1970): S. 86f. u. 237ff.
465 Vgl. Pauli (2022): S. 349f.
466 Pauli (2022): S. 408f.
467 Appel (2000): S. 89.
468 Kneisner (1927a): S. 119f.; https://www.freimaurer-wiki.de/index.php/C%C3%A4sar_Wolf, Zugriff 05.05.2022.
469 Alle Personenangaben hier und im Folgenden nach: www.hamburger-persoenlichkeiten.de, Zugriff 09.09.2021, Polscher (2012), den einschlägigen Wikipedia-Artikeln und der Hamburgischen Biografie (Kopitzsch / Brietzke (Hg.) 2006ff.).
470 https://www.darboven.com/de-de/uber-uns/historie, Zugriff 05.05.2022.
471 Siehe auch Schröder (1952): S. 102f.
472 Siehe hier und im Folgenden Neuberger (2001): S. 157ff.
473 Neuberger (2001): S. 242ff.
474 Schröder (1952): S. 70.
475 Vierteljahrtausend (1987): S. 39.
476 Appel (2000): S. 119; Neuberger (2001): S. 230.
477 Appel (2000): S. 124f. und 128.
478 Neuberger (2001): S. 229.
479 Richard Bröse im Namen des bisherigen Groß-Beamtenrates an die Tochterlogen der Großen Loge von Hamburg. Hamburg, den 15. April 1933, in: Appel (2000): S. 129.
480 Appel (2000): S. 135ff. Das Zitat S. 137.
481 Richard Bröse an die Tochterlogen der Großen Loge von Hamburg. Hamburg, den 18. April 1933, in: Appel (2000): S. 130.
482 „rechtsfähiger Verein“.
483 Richard Bröse an die Tochterlogen der Großen Loge von Hamburg. Ham-

burg, den 28. April 1933, in: Appel (2000): S. 131.

484 Appel (2000): S. 138.

485 http://www.kielerfreimaurer.de/index.php/sample-levels/level-21, Zugriff 04.05.2022; Appel (2000): S. 139.

486 Neuberger (2001): S. 172ff.

487 Neuberger (2001): S. 253; Appel (2000): S. 141f.

488 Böttner (1988): Anm. 37.

489 Appel (2000): S. 142f.

490 Neuberger (2001): S. 254–263.

491 Schröder (1952): S. 74.

492 Böttner (1988): Anm. 40.

493 Siehe im Folgenden Neuberger (2001): S. 228ff.

494 Appel (2000): S. 140.

495 Detailliert: Böttner (1988): Anm. 40; Polscher (2012): Heft 1, S. 24f; Appel (2000): S. 144.

496 Appel (2000): S. 163.

497 Schröder (1952): S. 84f.

498 Polscher (2012): Heft 2, S. 11f.

499 Schröder (1952): S. 64, S. 110; Koch, Herbert: Was lehrt uns das Erleben der Verbotszeit von 1933 bis zur Neukonstitution der Gr. L. L, in: Ebd: S. 260.

500 Bürger (2020): S. 79.

501 Art. „Rudolf Klophaus", in: Wikipedia. de, Zugriff 03.06.2022; https://de.wikipedia.org/wiki/City-Hof, Zugriff 03.06.2022; http://www.hamburgerpersoenlichkeiten.de, Zugriff 03.06.2022; https://www.horizont.net/medien/nachrichten/Zeit-Verlag-Hamburger-Pressehaus-heisst-jetzt-Helmut-Schmidt-Haus-138164; Polscher (2012): Heft 5: passim; Bürger (2020): S. 79–90.

502 Siehe auch: https://freimaurer-cuxhaven.de/wp-content/uploads/2018/11/CN_2018-11-14.pdf, Zugriff 03.06.2022.

503 http://www.hamburgerpersoenlichkeiten.de, Zugriff 03.06.2022; zu Ossietzkys pazifischer und monistischer Einstellung siehe Kraiker / Suhr (2015).

504 Im Folgenden nach Böttner (1988); Kneisner (1927a): S. 71ff.; Art. „Cäsar Wolf", in: Wikipedia. de, Zugriff 03.03.2022; Art. „Cäsar Wolf", in: Freimaurerwiki.de, Zugriff 03.03.2022.

505 Siehe hier und im Folgenden im Folgenden Appel (2000): S. 145ff; S. 156ff.

506 Appel (2011): S. 207f.

507 Appel (2000): S. 167.

508 https://www.freimaurer-wiki.de/index.php/Freimaurerbund_zur_aufgehenden_Sonne, Zugriff 05.06.2022; https://www.loge-zur-erkenntnis.de/#portfolio, Zugriff 05.06.20220; Art. „Müffelmann, Leo", in: Lennhoff (u.a.) (2003): S. 583f; Höhmann (2011): S. 96.

509 Siehe zur neuen Verfassung Hamburgs Sywotteck, Arnold: Hamburg seit 1945, in: Jochmann (Hg.) (1986): S. 389–391.

510 1996 wieder eingeführt: http://www.verfassungen.de/hh/verf52-i.htm, Zugriff 01.04.2022.
511 Die Wahlordnung wurde bis 1957 in ein Verhältniswahlrecht geändert, vgl. https://de.wikipedia.org/wiki/CDU_Hamburg, Zugriff 01.04.2022.
512 Siehe hier und im Folgenden zur Entnazifizierung in Hamburg detalliert: https://geschichtsbuch.hamburg.de/epochen/nachkriegszeit/entnazifizierung/, Zugriff 01.04.2022. Sywotteck, in: Jochmann (Hg.) (1986): S. 386.
513 Sywotteck, in: Jochmann (Hg.) (1986): S. 385f.
514 https://geschichtsbuch.hamburg.de/epochen/nachkriegszeit/, Zugriff 01.04.2022.
515 https://www.wikiwand.com/de/Rudolf_Petersen_(Politiker); https://www.wikiwand.com/de/Carl_Wilhelm_Petersen, Zugriff 01.04.2022.
516 Sywotteck, in: Jochmann (Hg.) (1986): S. 394ff.; https://geschichtsbuch.hamburg.de/epochen/nachkriegszeit/, Zugriff 01.04.2022.
517 Christier (1975): S. 79–105.
518 Sywotteck in: Jochmann (Hg.) (1986): S. 397.
519 Ebd. S. 391f.
520 Sywotteck, in: Jochmann (Hg.) (1986): S. 391, 397f. u. 442.
521 Sywotteck, Arnold: Hamburg seit 1945, in: Jochmann (Hg.) (1986): S. 392f; https://www.wikiwand.com/de/CDU_Hamburg.
522 https://de.wikipedia.org/wiki/Gruppe_Freies_Hamburg, Zugriff 15.04.2022; Festschrift (2005); Sywotteck, in: Jochmann (Hg.) (1986): S. 393f.
523 Koenen (2001): S. 306–309; Stengl (2011): S. 71.
524 https://de.wikipedia.org/wiki/B%C3%BCndnis_90/Die_Gr%C3%BCnen_Hamburg, Zugriff 15.04.2022; https://de.wikipedia.org/wiki/B%C3%BCrgerschaftswahlen_in_Hamburg.
525 Krieger (2014): S. 133.
526 Sywotteck, in: Jochmann (Hg.) (1986): S. 378f.; Krieger (2014): S. 136.
527 Preuß (2016): S. 44–57.
528 Die Welt, 15.11.2009; Bahnsen / von Stürmer: S. 59–62.
529 Preuß (2016): S. 80f.
530 Krieger (2014): S. 136; Böhm, in: Loose (Hg.) (1982): S. 530f.
531 https://www.holborn.de/ueber-uns/daten-fakten/, Zugriff 15.04.2022.
532 https://geschichtsbuch.hamburg.de/epochen/siebziger-und-achtziger/, Zugriff 15.04.2022.
533 https://metropolregion.hamburg.de/branchen/243390/wirtschaftsbranchen-im-ueberblick/, Zugriff 15.04.2022.
534 Krieger (2014): S. 137.
535 https://www.hamburg-invest.com/branchen/2036936/dienstleistungen/, Zugriff 15.04.2022.
536 https://metropolregion.hamburg.de/branchen/243390/wirtschaftsbranchen-im-ueberblick/, Zugriff 15.04.2022.
537 Preuß (2016): S. 84f.
538 https://www.unesco.de/kultur-und-natur/welterbe/welterbe-deutschland/speicherstadt-und-kontorhausviertel-mit-chilehaus, Zugriff 03.06.2022.

539 Sywotteck, in: Jochmann (Hg.) (1986): S. 379; Eurostat (google), Zugriff 15.04.2022.
540 Sywotteck, in: Jochmann (Hg.) (1986): S. 380.
541 Ebd. S. 379f. Siehe auch https://www.statistik-nord.de/zahlen-fakten/hamburger-melderegister/bevoelkerungsstand/dokumentenansicht/bevoelkerung-in-den-hamburger-stadtteilen-2020-63421, Zugriff 15.04.2022.
542 https://www.ndr.de/geschichte/schauplaetze/Auf-Spuren-juedischen-Lebens-in-Hamburg,juedischesleben102.html, Zugriff 16.04.2022.
543 https://www.mopo.de/hamburg/60-jahre-tuerkische-gastarbeiter-in-hamburg-so-fing-es-damals-an/#:~:text=17.000%20t%C3%BCrkische%20Gastarbeiter%20kommen%20nach,Bildung%20auf%20mehr%20als%2017.000, Zugriff 15.04.2022.
544 https://www.statistik-nord.de/zahlen-fakten/hamburger-melderegister/dokumentenansicht/bevoelkerung-mit-migrationshintergrund-in-den-hamburger-stadtteilen-2020-63010, Zugriff 15.04.2022.
545 https://www.statistik-nord.de/zahlen-fakten/dokumentenansicht/erwerbstaetige-in-hamburg-2010-53989, Zugriff 15.04.2022.
546 Reckwitz (2017).
547 Krieger (2014): S. 138.
548 Bahnsen / von Stürmer: S. 98–101.
549 Ebd. S. 169.
550 Krieger (2014): S. 138; Sywotteck, in: Jochmann (Hg.) (1986): S. 422f.
551 Bürger (2020): S. 265–268; https://de.wikipedia.org/wiki/Ulrike_Meinhof, Zugriff 15.04.2022.
552 Bahnsen / von Stürmer (2012): S. 253–260.
553 Appel (2000): S. 139.
554 Schröder (1952): S. 77f.
555 Vgl. die gegenteilige Ansicht bei Appel (2000): S. 139.
556 Schröder (1952): S. 78.
557 Höhmann (2011): S. 89f.
558 Ebd. S. 92f.
559 Ebd. S. 93.
560 Ebd. S. 92.
561 Ebd. S. 93f.
562 Ebd. S. 96.
563 Dieser Sachverhalt ist bis heute nicht erforscht worden.
564 Ebd. S. 94.
565 Siehe im Folgenden: Ebd. S. 88–114 und Appel (2011).
566 Appel (2011): S. 207.
567 Höhmann (2011): S. 95–99.
568 Appel (2000): S. 152.
569 Höhmann (2011): S. 94 u. 99f; Art. „Deutschland. Deutschland nach 1945“, in: Lennhoff (u.a.) (2003): S. 224f.
570 Im Folgenden siehe Schön (2019).
571 Curtius / Schoenwandt (2019).

572 Auskunft von Andreas Schoenwandt.
573 Höhmann (2011): S: 90f.
574 Appel (2011): S. 206f.; Appel (2000): S. 156; vgl. zu „freimaurerischen“ Hilfslieferungen aus dem Ausland auch Höhmann (2013): S. 91.
575 Vierteljahrtausend (1987): S. 104f.
576 Appel (2000): S. 166.
577 https://www.youtube.com/watch?v=vOJN42OgHXo [Sendung des NDR 1987], Zugriff 03.06.2022.
578 https://freimaurerinnen.de/index.php/logen; https://gemischte-freimaurerei.org/index.php/logen-der-humanitas/, Zugriff 03.06.2022.
579 Freundliche Auskunft von Andreas Mengelsen und Stefan Mayer.
580 Appel (2000): S. 159.
581 Ich danke Thomas Stuwe und Ole Bunke für die einschlägigen Auskünfte.
582 Barnewitz (2011): S. 63; Schröder (1952): S. 83.
583 Freundlicher Hinweis von Norbert Schön.
584 Freundlicher Hinweis von Nadine Mazoni-Frasconi.
585 Vierteljahrtausend (1987): S. 105.
586 Barnewitz (2011):
587 Siehe im Folgenden Schröder (1952): S. 87.
588 Appel (2000): S. 164.
589 Osterhammel (2011): S. 1102.
590 Schaub (1970).
591 Polscher (2012): Heft 9, S. 8 u. 11.
592 https://www.freimaurer.de/johannisloge/haus-zinnendorf-in-hamburg/, Zugriff 03.06.2022.
593 https://www.diakonie-hamburg.de/de/visitenkarte/Zinnendorf-Stiftung-Freimaurerische-Seniorenresidenz-Haus-Rosenstift-845030, Zugriff 03.06.2022.
594 http://www.fls-kinderstiftung.de/images/FLS%20Kurzinformation.pdf, Zugriff 03.06.2022.
595 Reher (2014); https://pestalozzi-hamburg.de, Zugriff 04.06.2022
596 Absalom.de/stiftung/, Zugriff 03.06.2022.
597 Siehe im Folgenden Appel (2000): S. 157.
598 Polscher (2012): Heft 2, S. 6f.
599 Steffens, Manfred (1962): Freimaurer in Deutschland: Bilanz eines Vierteljahrtausends. Flensburg; Böttner, Friedrich John (1962): Zersplitterung und Einigung. 225 Jahre Geschichte der deutschen Freimaurer. Halle/Westf.
600 Vierteljahrtausend (1987).
601 https://www.youtube.com/watch?v=vOJN42OgHXo [Sendung des NDR 1987], Zugriff 03.06.2022; https://www.abendblatt.de/hamburg/persoenlich/article109536490/Freimaurer-erobern-das-Hamburger-Rathaus.html; http://wilhelm-zu-den-drei-saeulen.de/wp/2012/03/275-jahre-freimaurer-in-deutschland/, Zugriff 03.06.2022;
602 https://freimaurerei.de/senatsempfang-fuer-freimaurer-in-hamburg/, Zugriff 03.06.2022.

603 Vierteljahrtausend (1987): S. 83–87.

604 https://www.abendblatt.de/hamburg/persoenlich/article109536490/Freimaurer-erobern-das-Hamburger-Rathaus.html, Zugriff 03.06.2022.

605 Alle Personenangaben im Folgenden nach: www.hamburger-persoenlichkeiten.de, Zugriff 09.09.2021, Polscher (2012); den einschlägigen Wikipedia-Artikeln und der Hamburgischen Biografie (Kopitzsch / Brietzke (Hg.) 2006ff.).

606 https://www.freimaurer-wiki.de/index.php/Axel_Springer, Zugriff 03.05.2022; https://loge-diebrueckenbauer.de/

Literatur

Appel, Rolf (1993): Die Kaiserhof-Loge. 250 Jahre St. Georg. Hamburg.

Appel, Rolf (2000): Schröders Erbe. 200 Jahre Vereinigte fünf Hamburgische Logen. Seit 1811 *Große Loge von Hamburg*. Hamburg.

Appel, Rolf (2011): Der Neuanfang der Freimaurerei in Hamburg nach dem Zusammenbruch 1945, in: Quatuor Coronati Jahrbuch 48, S. 201–208.

Appel, Rolf (2016): Es erschien erstmals im Jahre 1866, in: Hanseatisches Logenblatt Nr. 1, 1867, S. 8–10.

Barnewitz, Lars Christian (2011): Die Entschädigung der Freimaurerlogen nach 1945 und nach 1989. Berlin/Boston.

Bahnsen, Uwe / von Stürmer, Kerstin (2012): Die Geschichte Hamburgs von 1945 bis heute. Erfurt.

Bauer, Joachim / Müller, Gerhard (2000): „Des Maurers Wandeln, es gleicht dem Leben“. Tempelmaurerei, Aufklärung und Politik im klassischen Weimar. 1. Auflage. Rudolstadt /Jena.

Benz, Wolfgang (Hg.) (2012): Handbuch des Antisemitismus. Judenfeindschaft in Geschichte und Gegenwart, Bd. 5. Berlin.

Behr, Karin von (2019): Martin Haller 1835–1925. Privat- und Luxusarchitekt aus Hamburg. Hamburg.

Berger, Joachim (2020): Mit Gott, für Vaterland und Menschheit? Eine europäische Geschichte des freimaurerischen Internationalismus (1845–1935). Göttingen.

Bösch, Frank (2005): Militante Geselligkeit. Formierungsformen der bürgerlichen Vereinswelt zwischen Revolution und Nationalsozialismus, in: Geschichte und Gesellschaft. Sonderheft, vol. 21: Politische Kulturgeschichte der Zwischenkriegszeit 1918–1939, S. 151–182.

Böttner, Friedrich John (1988): Aus der Geschichte der großen Loge von Hamburg, 1914–1935 – Cäsar Wolf zum Gedächtnis, in: Quatuor Coronati Jahrbuch 25, S. 107–127.

Büttner, Ursula (1985): Politische Gerechtigkeit und sozialer Geist. Hamburg zur Zeit der Weimarer Republik. Hamburg.

Bürger, Jan (2020): Zwischen Himmel und Elbe. Eine Hamburger Kulturgeschichte. München.

Burt, Roger (2015): ‚Wherever Dispersed‘. The Travelling Mason in the Nineteenth Century. Prestonian Lecture 2015. Quatuor Coronati London.

Burt, Roger (2020): Miners, Mariners & Masons: The Global Network of Victorian Freemasonry. Exeter.

Christier, Holger (1975): Sozialdemokratie und Kommunismus. Die Politik der SPD und der KPD in Hamburg 1945–49. Hamburg.

Crusius, Philipp / Schoenwandt, Andreas (2019): American Freemasonry in Post-World-War II Germany. Unveröffentlichtes Manuskript des Vortrags gehalten auf der Tagung der Forschungsloge Quatuor Coronati „Britische und Amerikanische Freimaurerei in Deutschland" 2019 in Hannover.

Dalen, Carl van (1914): Kalender für Freimaurer auf das Jahr 1922, Zweiundsechzigster Jahrgang. Reichenberg.

Dalen, Carl van (1922): Kalender für Freimaurer auf das Jahr 1922, Zweiundsechzigster Jahrgang. Reichenberg.

Dotzauer, Winfried (1977): Freimaurergesellschaften am Rhein. Aufgeklärte Sozietäten auf dem linken Rheinufer vom Ausgang des Ancien Régime bis zum Ende der napoleonischen Herrschaft. Wiesbaden.

Dülmen, Richard (1986): Die Gesellschaft der Aufklärer. Zur bürgerlichen Emanzipation und aufklärerischen Kultur in Deutschland. Frankfurt a. M.

Evans, Richard J. (1987): Death in Hamburg. Society and Politics in the Cholera Years. Oxford (Oxford University Press) und New York u.a. 1990.

Festschrift (2005): 60 Jahre politischer Liberalismus in Hamburg (https://www.fdphamburg.de/wp-content/documents/festschrift-60-jahre-fdp-hh.pdf). Hamburg.

Freudenthal, Herbert (1968): Vereine in Hamburg. Ein Beitrag zur Geschichte und Volkskunde der Geselligkeit. Hamburg.

Gerlach, Karlheinz (1996): Die Berliner Freimaurer 1783. Eine sozialgeschichtliche Untersuchung, in: Helmut Reinalter u. Karlheinz Gerlach (Hg.), Staat und Bürgersinn im 18. und frühen 19. Jahrhundert, Frankfurt a. M., S. 191–245.

Gerlach, Karlheinz (2014): Die Freimaurer im Alten Preußen 1738–1806. Die Logen in Berlin. Innsbruck. Online verfügbar unter http://www.oapen.org/search?identifier=497779.

Gerlach, Karlheinz (2021): Lebensläufe – Zeitläufte: Freimaurerbiographien im Alten Preußen 1738–1806. Leipzig.

Goetschel, Willi (1995): Juden, in: Werner Schneiders (Hg.): Lexikon der Aufklärung. Deutschland und Europa. München, S. 197–198.

Grab, Walter (1966): Demokratische Strömungen in Hamburg und Schleswig-Holstein zur Zeit der ersten Französischen Republik. Hamburg.

Große Loge von Hamburg (Hg.) [o.J.]: Die deutsche Freimaurerei im öffentlichen Leben. Hamburg.

Habermas, Jürgen (1962): Strukturwandel der Öffentlichkeit. Darmstadt /Neuwied.

Hachtmann, Rüdiger (1997): Friedrich II. von Preußen und die Freimaurerei, in: Historische Zeitschrift 264, S. 20–54.

Haller, Martin (2019): Die Lebenserinnerungen des Hamburger Architekten Martin Haller (1835–1925). Porträt einer großbürgerlichen Epoche der Hansestadt, hg. von Claus Gossler. Göttingen.

Hardtwig, Wolfgang (1984): Strukturmerkmale und Entwicklungstendenzen des Vereinswesens in Deutschland 1789–1848, in: Otto Dann (Hg.): Vereinswesen und bürgerliche Gesellschaft in Deutschland (Historische Zeitschrift, Beiheft 9). München, S. 11–53.

Hardtwig, Wolfgang (1989): Eliteanspruch und Geheimnis in den Geheimgesellschaften des 18. Jahrhunderts, in: Helmut Reinalter (Hg.), Aufklärung und Geheimgesellschaften. Zur politischen Funktion und Sozialstruktur der Freimaurerlogen im 18. Jahrhundert. München, S. 63–85.

Harland-Jacobs, Jessica L. (2007): Builders of Empire. Freemasons and British Imperialism, 1717–1927. Chapel Hill.

Held, Thomas (1983): Juden und Freimaurer in Hamburg. Eine historisch-quantifizierende Untersuchung. Magisterarbeit Univ. Hamburg.

Henkel, Wolfgang / Polscher, Christian (2022): Spirit von Hamburg. Berlin.

Hering, Rainer (2003): Konstruierte Nation. Der Alldeutsche Verand 1890 bis 1939. Hamburg.

Hoffmann, Stefan-Ludwig (2000): Die Politik der Geselligkeit. Freimaurerlogen in der deutschen Bürgergesellschaft 1840–1918. Göttingen.

Jochmann, Werner (Hg.) (1986): Hamburg. Geschichte der Stadt und ihrer Bewohner. Bd. 2: Vom Kaiserrreich bis zur Gegenwart. Hamburg.

Keller, Susanne B. (Hg.) (2009): Königliche Kunst. Freimaurerei in Hamburg seit 1737. Katalog der Ausstellung im Altonaer Museum für Kunst- und Kulturgeschichte in Hamburg. München / Hamburg.

Klessmann, Eckart (1981): Geschichte der Stadt Hamburg. Hamburg.

Kneisner, Friedrich (1902): Geschichte der Provinzialloge von Niedersachsen zu Hamburg. Hamburg.

Kneisner, Friedrich (1920): Die Niederschriften der „Loge d'Hambourg" von 1737–1741. Berlin.

Kneisner, Friedrich (1927a): Geschichte der Loge Absalom zu den drei Nesseln zu Hamburg in den Jahren 1901–1926 mit einer Einführung in die Entstehungszeit nebst Stammatrikel 1717–1769 sowie mit 23 Abbildungen und 3 Kurven-Tafeln. Hamburg.

Kneisner, Friedrich (1927b): Geschichte der Provinzialloge von Niedersachsen zu Hamburg von 1902 bis 1927. Hamburg.

Kneisner, Friedrich (1934): Geschichte des Provinzial-Ordens-Kapitels von Niedersachsen „Inviolabilis" in Hamburg 1834–1934. Hamburg.

Koenen, Gerd (2001): Das rote Jahrzehnt. Unsere kleine deutsche Kulturrevolution 1967–1977. Köln.

Kopitzsch, Franklin; Brietzke, Dirk (Hg.) (2006ff.), Hamburgische Biographie. 7 Bde. Hamburg / Göttingen.

Kraiker, Gerhard / Suhr, Elke (2015): Carl von Ossietzky. Reinbek.

Koselleck, Reinhart (1959): Kritik und Krise. Freiburg.

Krieger, Martin (2014): Kleine Geschichte Hamburgs. München.

Krone-Balcke, Ulrike (2007), Art. „Schröder, Friedrich Ludwig“, in: Neue Deutsche Biographie 23: S. 555–556.

Langhammer, Hilke (2009): Logen als Spiegel der Stadtgesellschaft. Das Beispiel Celle 1748–1868, in: Susanne Keller (Hg.), S. 138–150.

Lane's Masonic Records 1717–1894. Lane's Masonic Records, version 2.0 (<http://www.dhi.ac.uk/lane>, 2020). Published by The Digital Humanities Institute, University of Sheffield. (2021). Online verfügbar unter https://www.dhi.ac.uk/lane/, zuletzt aktualisiert am 21.03.2021, zuletzt geprüft am 21.03.2021.

Lennhoff, Eugen; Posner Oskar; Binder, Dieter A. (2003): Internationales Freimaurerlexikon. Überarbeitung der Ausgabe von 1932. München.

Lohlam, Uwe (1970): Völkischer Radikalismus. Die Geschichte des Deutschvölkischen Schutz- und Trutz-Bundes. Hamburg.

Luckas, Jürgen (1996): Die Ritualänderungen der altpreußischen Großlogen 1933–1935, in: TAU I/96: S. 56–78.

Loose, Hans-Dieter (Hg.) (1982): Hamburg. Geschichte der Stadt und ihrer Bewohner. Bd. 1: Von den Anfängen bis zur Reichsgründung. Hamburg.

Meyer, Marcus (2010): Bruder und Bürger. Freimaurerei und Bürgerlichkeit in Bremen. Bremen.

Minder, Robert A. (2021): In the Footsteps of the Freemasons in Vienna: A Masonic City-Guide. Wien.

Neuberger, Helmut (2001): Winkelmaß und Hakenkreuz. Die Freimaurer und das Dritte Reich. München.

Niemeyer, Dirk (2017): Ein Orient am Ende der Welt – die Loge „Lessing“ in Valparaiso während Kaiserzeit und Weimarer Republik im Spannungsfeld zwischen Universalismus und Nationalismus (1877–1933), in: Quatuor Coronati Jahrbuch 54, S. 117–159.

Niemeyer, Dirk (2021): Deutsche Oriente in Afrika – die deutschen Auslandslogen der Großen Loge von Hamburg in Deutsch-Südwestafrika zwischen Universalismus und Nationalismus (1908–1933), in: Quatuor Coronati Jahrbuch 57/58, S. 253–290.

Oexle, Otto Gerhard (1996): Gilde und Kommune. Über die Entstehung von ‚Einung‘ und ‚Gemeinde‘ als Grundformen des Zusammenlebens in Europa, in: Peter Blickle (Hg.), Theorien kommunaler Ordnung in Europa. München, S. 75–97.

Osterhammel, Jürgen (2011): Die Verwandlung der Welt. Eine Geschichte des 19. Jahrhunderts. München.

Pauli, Manuel (2022): Die deutsche Freimaurerei in der langen Jahrhundertwende (1860–1935). Frankfurt u.a.

Polscher, Christian (2012): Streifzüge durch Hamburg. Auf den Spuren bekannter Freimaurer. Neun Wegbeschreibungen durch die Hamburger Innenstadt. Hamburg.

Preuß, Olaf (2016): Hafen Hamburg. Geschichte – Zahlen – Menschen. Kiel / Hamburg.

Reckwitz, Andreas (2017): Die Gesellschaft der Singularitäten. Berlin.

Reher, Karlheinz (2014): „Im Strom der Zeit" – Die Geschichte der Pestalozzi-Stiftung. Hamburg.

Richert, Thomas (1990): Quellen zur Freimaurerischen Tätigkeit Friedrichs des Grossen, in: Quatuor Coronati Jahrbuch 27, S. 157–214.

Richert, Thomas (1996): Zur freimaurerischen Tätigkeit Friedrich des Großen, in: Archiv für Kulturgeschichte 74, 173–189.

Runkel, Ferdinand (2006): Geschichte der Freimaurerei. In drei Bänden. Repr. von 1932. Königswinter.

Schaub, Karl (1970): 170 Jahre Dienst am Menschen – Das Freimaurer-Krankenhaus in Hamburg von 1795–1970. Hamburg.

Schiefler, Gustav (1985): Eine Hamburgische Kulturgeschichte 1890–1920. Bearbeitet von Gerhard Ahrens, Hans Wilhelm Eckardt und Renate Hauschild-Thiessen. Hamburg

Schneider, Heinrich (1951): Lessing. Zwölf biographische Studien. München.

Schön, Norbert (2019): Hamburgs Verbindungen zu Großbritannien. Unveröffentlichtes Manuskript des Vortrags gehalten auf der Tagung der Forschungsloge Quatuor Coronati „Britische und Amerikanische Freimaurerei in Deutschland" Hannover 2019.

Schröder, Hans (1952): Beiträge zur Geschichte der Provinzialloge von Niedersachsen zu Hamburg für die Jahre 1927–1952. Hamburg.

Schulze-Robinson, Kim (2005): Richtungsstreit und Logenübertritte: Die Große Loge von Hamburg am Rande der Spaltung (1924–1926), in: Quatuor Coronati Jahrbuch 42, S. 99–106.

Seidler, Guntram B. (2016): Die Juden in den deutschen Logen. Leipzig.

Snoek, Jan (2017): Formen und Inhalte freimaurerischer Rituale. Festschrift zum 70. Geburtstag, hg. von Martin Papenheim. Bayreuth.

Stengl, Anton (2011): Zur Geschichte der K-Gruppen. Marxisten-Leninisten in der BRD der Siebziger Jahre. Frankfurt a. M.

Verfassung der Großen Loge von Hamburg und der unter ihr vereinigten Tochterlogen (1902). Hamburg.

Ein Vierteljahrtausend Freimaurer in Hamburg 1737–1987. Aus dem Leben und Wirken der ältesten deutschen Loge (1987). Münster [größtenteils von Rolf Appel verfasst].

Wehler, Hans-Ulrich (1983): Das Deutsche Kaiserreich, 5. Auflage. Göttingen.

Wehler, Hans-Ulrich (2003): Deutsche Gesellschaftsgeschichte 1914–1949. München.

Wiebe, Carl (1905): Die Grosse Loge von Hamburg und ihre Vorläufer. Hamburg.

Wirkner, Christian (2019): Logenleben. Göttinger Freimaurerei im 18. Jahrhundert. Berlin /Boston.

Zaunstöck, Holger (1999): Sozietätslandschaft und Mitgliederstrukturen. Die mitteldeutschen Aufklärungsgesellschaften im 18. Jahrhundert. Tübingen.
ser_Dulsberg.

Abbildungsnachweis

S. 8: Hamburg, Stadtzentrum 1735, Kupferstich von Christian Fritzsch (Quelle: Wikimedia Commons/gemeinfrei)

S. 28: Titelblatt des Protokollbuchs der „Loge d'Hambourg" (Quelle: www.freimaurer-wiki.de, Loge Absalom zu den drei Nesseln, Hamburg)

S. 44: Friedrich Ludwig Schröder, Gemälde von Friedrich Carl Gröger, 1823, (Quelle: Wikimedia Commons/Logenhaus Hamburg Welckerstraße)

S. 49: Logenhaus an der großen Drehbahn, Kolorierte Lithographie von Peter Suhr, Hamburg um 1830, (Quelle: Sammlung Salier Verlag)

S. 72: Die Zerstörungen des Hamburger Brandes 1842 im Bereich der Kleinen Alster, Blick vom Dach der Börse in Richtung Lombardsbrücke, Daguerreotypie von Hermann Biow (Quelle: Wikimedia Commons/gemeinfrei)

S. 92: Die Logenbrüder, Gemälde von Lovis Corinth, 1898 (Quelle: Wikimedia Commons, © Städtische Galerie Lenbachhaus München)

S. 94: Logenblatt der Vereinigten Fünf Logen (Quelle: www.freimaurer-wiki.de)

S. 99: Logenhaus Welckerstraße 8, Hauptfassade (Quelle: www.freimaurerloge-ferdinande-caroline.de)

S. 100: Logenhaus Welckerstraße 8, Haupttempel (Quelle: www.freimaurerloge-ferdinande-caroline.de)

S. 101: Logenhaus Valentinskamp 76 (Quelle: www.freimaurer.de/wp-content/uploads/Chronik-final-fuer-250-Jahre-ZgK.pdf, Fortschreibung der Chronik der ehrwürdigen Johannisloge „Zur goldenen Kugel" von 1770 zu Hamburg für den Zeitraum Oktober 1990 – Oktober 2020)

S. 102: Logenhaus Moorweidenstrasse (Quelle: Sammlung Salier Verlag)

S. 105: Gedächtnismedaille der Loge „Lessing" in Valparaiso, Chile, zum 100jährigen Jubiläum (Quelle: www.condor.cl/2019/01/07/loge-lessing-valparaiso)

S. 118: Ernst Georg Sonnin, posthumes Porträt von Johann Marcus David (1802) (Quelle: Wikimedia Commons/gemeinfrei)

S. 140: Lazarettzug in Hamburg, (Quelle: Kneisner (1927a), nach S. 108)

S. 155: Hamburger Laubenganghaus, Oberschlesische Straße (Quelle: www.onlinestreet.de, Foto: Ajepbah/CC BY-SA 3.0)

S. 163: Gedenkmedaille der Loge Absalom zu den drei Nesseln für Cäsar Wolf (Quelle: www.freimaurer-wiki.de, aus: Geppert, Hamburger Freimaurermedaillen, Nr. 108)

Der Autor

Prof. Dr. Martin Papenheim ist Historiker. Seine Forschungsschwerpunkte sind die Historische Semantik und die europäische Religionsgeschichte, dabei vor allem die Freimaurerei, Neue Religiöse Bewegungen in der Bundesrepublik Deutschland und die Globalisierung des Religiösen. Er arbeitet am Centrum für Religionswissenschaftliche Studien der Universität Bochum. Er gehört zum Geschäftsführenden Vorstand der Forschungsloge „Quatuor Coronati“ und ist Vorsitzender des Wissenschaftlichen Beirats.